Lebensraum Berge   Seite 256

Im Kapitel Berge finden Sie die Pflanzen und Tiere, die sich an die klimatischen Bedingungen der Alpen und Mittelgebirge angepasst haben. Dazu gehören Pflanzen und Tiere der Bergwälder sowie der Bergwiesen und kahlen Berggipfel.

Lebensraum Küste   Seite 288

Das Kapitel Küste beschreibt Pflanzen und Tiere der küstennahen, salzigen Lebensräume von Nord- und Ostsee, wie Wattenmeer, Flussmündungen, Inseln, Strände, Dünen und Salzwiesen.

Extra:

Fährten und Spuren   Seite 320
Im Kapitel »Fährten« finden Sie die häufigsten Trittsiegel von Fuchs, Reh, Marder, Eichhörnchen und anderen Säugetieren. Im Kapitel »Spuren & Co.« eigenartige Gebilde wie Pflanzengallen und »Hexenringe« sowie Höhlen und Nester, Fraßspuren und andere »Hinterlassenschaften« der Tiere.

Essbare Pflanzen   Seite 336
Im Kapitel »Essbare Pflanzen« werden Wildkräuter und Früchte vorgestellt, die sich zum Verzehr eignen. Viele davon sind nicht nur sehr schmackhaft, sondern auch vitaminreich oder besitzen besondere Heilkräfte.

Giftpflanzen   Seite 340
Viele Pflanzen sind hochgiftig und können unter Umständen sogar tödlich wirken. Im Kapitel »Giftpflanzen« findet sich eine Zusammenstellung häufiger Arten, die man kennen sollte, um sich und seine Kinder vor Vergiftungen schützen zu können.

Frank und Katrin Hecker

Kosmos-
Naturführer
für unterwegs

KOSMOS

Die Pflanzen- und Tiersymbole

Innerhalb der einzelnen Lebensräume finden Sie die Pflanzen und Tiere stets in derselben Reihenfolge: von der Pflanze zum Tier und hier von den »Kleinen« zu den »Großen«. Das heißt, von den wirbellosen Tieren über die Vögel bis hin zu den Säugetieren.

Pilze: die häufigsten und schönsten Pilze unserer Wälder wie Steinpilz, Fliegenpilz und Pfifferling

Farnpflanzen: Hierzu zählen neben den eigentlichen Farnen auch Schachtelhalme und Bärlappe. Sie bilden keine Blüten aus, sondern produzieren zur Vermehrung Sporen.

Algen: die häufigsten und auffälligsten Algen an Ost- und Nordsee

Blumen: wildwachsende Blumen, von den Gräsern über das Gänseblümchen bis zum Enzian

Bäume und Sträucher: Das sind solche Pflanzen, die zumindest zum Teil verholzen.

Wirbellose: Hierzu zählen wir alles »Kleingetier« sowohl im Wasser als auch an Land: zum Beispiel Quallen, Schnecken und Muscheln, Würmer, Spinnen, Krebse, Insekten wie Libellen, Käfer, Wespen und Schmetterlinge sowie Seeigel und Seesterne.

Fische: Das sind sowohl die häufigsten Arten unserer Süßgewässer wie Aal, Hecht und Karpfen, als auch Meeresfische wie Hering, Scholle und Steinbutt.

Amphibien und Reptilien: Zu den Amphibien gehören die bekannten Arten wie Teichfrosch und Erdkröte, aber auch die weniger bekannten Molche und der Feuersalamander. Sie kommen, mit Ausnahme des Alpensalamanders, nur an Süßgewässern vor. Zu den Reptilien zählen Eidechsen und Schlangen sowie die schlangenähnliche Blindschleiche.

Vögel: Das Spektrum reicht von Reihern und Störchen über Enten und Gänse bis hin zu Greifvögeln wie Adler und Bussard, Küstenvögeln wie Möwen und Seeschwalben und unseren Singvögeln wie Amsel und Rotkehlchen.

Säugetiere: von der winzigen Spitzmaus über Igel, Marder und Fuchs bis zum Rothirsch

Inhalt

Mit dem Naturführer unterwegs 6

Lebensraum Wald 8

Pilze 10 Farne 16 Blumen 18
Bäume und Sträucher 38 Wirbellose Tiere 56
Vögel 70 Säugetiere 82

Lebensraum Wiese und Feld 88

Blumen 90 Bäume und Sträucher 120
Wirbellose Tiere 128 Reptilien 142
Vögel 144 Säugetiere 154

Lebensraum Siedlung 156

Blumen 158 Bäume und Sträucher 164
Wirbellose Tiere 168 Vögel 184
Säugetiere 200

Lebensraum Gewässer 204

Blumen 206 Wirbellose Tiere 218
Fische 232 Amphibien und Reptilien 236
Vögel 240 Säugetiere 252

Lebensraum Berge 256

Blumen 258 Bäume und Sträucher 270
Wirbellose Tiere 274 Amphibien 274
Vögel 276 Säugetiere 284

Lebensraum Küste 288

Algen 290 Blumen 292 Bäume und Sträucher 296
Wirbellose Tiere 298 Fische 308
Vögel 312 Säugetiere 318

Fährten und Spuren 320

Essbare Pflanzen 336

Giftpflanzen 340

Register der Arten und Spuren 344
Schautafel Vogeleier, auf der Innenseite des Buchumschlags

Mit dem Naturführer unterwegs

Auf der Suche nach Haselnüssen kommen Eichhörnchen auch in Gärten und in die Nähe unserer Häuser.

Einfach bestimmen nach Lebensräumen

Meist passiert es im Alltag und ganz nebenbei: ein Ohrenkneifer krabbelt über unseren Arm (kneift er nun oder nicht und was hat er eigentlich mit unseren Ohren zu tun?), ein Greifvogel segelt majestätisch über die Wiese neben der Straße (ein Bussard? Oder gibt es hier Adler – und wie sieht ein Falke aus?) oder die Wiesen sind plötzlich von einem rosafarbenen Blütenteppich überzogen. Und dann gibt es noch die immer wiederkehrenden Fragen nach der Gefährlichkeit von Libellen (stechen sie nun oder nicht – oder vielleicht nur einige?), Hornissen und anderem suspekten Kleingetier, die fast niemand so richtig befriedigend beantwortet.

Dieses Buch hilft Ihnen bei diesen und vielen weiteren Fragen. Um Ihnen ein rasches Auffinden der gesuchten Pflanzen und Tiere zu ermöglichen, sind diese so angeordnet, wie sie auch in der Natur vorkommen: nämlich sortiert nach den häufigsten Lebensräumen wie Wald (Nadel- und Laubwälder inklusive Lichtungen und Waldränder), Feld und Wiese (inklusive Hecken, Knicks, Kleingehölze und Wegränder), Gewässer (alle Süßgewässer vom Tümpel über Teiche und Seen bis zu Bächen und Flüssen) und Siedlungen (Gärten, Parks, Häuser, Keller und Schuppen), und damit das Buch auch mit »in Urlaub« darf: Berge (Schwerpunkt Alpen) und Küste (Dünen, Strände, Wattenmeer und küstennahes Meer an Nord- und Ostsee).

Artenauswahl und Abfolge

Innerhalb der einzelnen Kapitel finden Sie die Arten stets in derselben Reihenfolge: von den Pilzen und Pflanzen zu den Tieren und hier von den Wirbellosen über die Vögel bis hin zu den Säugetieren. Wir stellen Ihnen eine Auswahl der häufigsten, typischsten, am ehesten zu beobachtenden, aber auch der schönsten Pflanzen und Tiere vor. So eine Auswahl ist subjektiv und sicher hätten noch viel mehr und auch andere Arten eine Beschreibung verdient!

Entdecken und erkennen: Waldmeister für die Maibowle.

Üppig bewachsene Teiche zählen zu den pflanzen- und tierreichsten Lebensräumen.

Nicht alle Tiere sind so standorttreu wie beispielsweise der Alpensalamander, den man wirklich ausschließlich in den Bergen beobachten kann. So findet man z. B. die anpassungsfähige Amsel fast überall vom Wald über Hecken bis hin zu Gärten. Solche Arten, die im Siedlungsbereich des Menschen leben, haben wir bevorzugt auch hier eingeordnet, davon ausgehend, dass wir in unserer unmittelbaren Umgebung auch am ehesten Tiere wahrnehmen. Andere Tiere wechseln ganz einfach nach einer gewissen Zeit ihren Lebensraum: So wächst eine Libelle wie die Mosaikjungfer zunächst im Teich heran, später fliegt sie aber nicht selten über Waldwegen und sogar in Gärten; der Mäusebussard brütet versteckt im Wald, zu beobachten ist er aber auf seinen Jagdflügen über Wiesen und Feldern.

Auch bei den Pflanzen ist es so, dass nur wenige Arten wirklich in einem einzigen Lebensraum gedeihen. Die Seerose werden wir tatsächlich nur in Seen und Teichen antreffen, die Brennnessel dagegen wächst sowohl auf Feldern und Wiesen als auch an Gewässerufern, in Wäldern sowie in Gärten.

Wir haben uns jeweils für denjenigen Lebensraum entschieden, in dem Ihnen als Spaziergänger die jeweilige Pflanze oder das Tier am ehesten auffällt. Dabei haben wir den Schwerpunkt bewusst auf auffällige und gut zu beobachtende Arten gelegt. Natürlich gibt es viel mehr Käfer (in Mitteleuropa etwa 8000 Arten) als beispielsweise Vögel (in Mitteleuropa keine 400 Arten). Dennoch finden Sie in diesem Buch mehr Vögel als Käfer beschrieben, weil die meisten Vögel der Beobachtung leichter zugänglich sind und weil man darüber hinaus für die exakte Bestimmung vieler Insekten ganz spezielle Literatur benötigt.

Spuren und Fährten Zusätzlich finden Sie im Extrakapitel unter »Spuren und Fährten« Tierspuren und merkwürdige oder besondere Phänomene, die für den Erstbeobachter manchmal nur schwer zuzuordnen sind, z. B. die kreisförmig angeordneten Pilze (»Hexenringe«) im Wald, Fraßspuren an Bäumen, Gewölle von Eulen und Erdhöhlen wie etwa jene vom Dachs mit eingebauter Rutsche.

Lebensraum Wald

Pilze	10–15
Farne	16–17
Blumen	18–37
Bäume und Sträucher	38–55
Wirbellose Tiere	56–69
Vögel	70–81
Säugetiere	82–87

Wald: Pilze

- > kastanienbrauner Hut
- > geschätzter Speisepilz
- > wächst unter Fichten

Steinpilz, Herrenpilz >1 — *Boletus edulis*

Merkmale Kompakter, fester Pilz mit 5–25 cm Durchmesser. Hut glatt, hell- bis kastanienbraun, bei feuchtem Wetter klebrig. Die Röhren auf der Hut-Unterseite sind anfangs weißlich, später grünlich gelb. Stiel keulenförmig und weiß. Erscheint im September und November. **Vorkommen** In ganz Europa, meist in Nadelwäldern unter Fichten. **Wissenswertes** Einer der besten und bekanntesten Speisepilze. Der Name Herrenpilz stammt aus den Zeiten, als gefundene Steinpilze noch bei den jeweiligen Großgrundbesitzern, den »Herren«, abgegeben werden mussten.

- > guter Speisepilz
- > nur unter Birken
- > im Alter schwammig

Birkenpilz >2 — *Leccinum scabrum*

Merkmale Röhrenpilz mit 5–15 cm Hutdurchmesser. Hut graubraun, rötlich- oder dunkelbraun, Röhren weißlich. Schlanker, 5–20 cm langer, weißlicher Stiel mit schwärzlichen, abstehenden Schüppchen. **Vorkommen** Im Spätsommer und Herbst häufig unter Birken, auch in Mooren. **Wissenswertes** Birke und Birkenpilz bilden eine Symbiose. Durch die verflochtenen Feinwurzeln der beiden Partner bekommt der Baum Mineralien und Nährstoffe vom Pilz, der vom Baum organische Verbindungen erhält.

- > meist unter Kiefern
- > Speisepilz
- > schleimiger Hut

Butterpilz >3 — *Suillus luteus*

Merkmale Brauner Hut 5–12 cm im Durchmesser, hellgelbe Röhren und weißlicher Stiel. Stiel mit auffälligem, häutigem Ring. Die bei Feuchtigkeit schleimige und klebrige Huthaut lässt sich leicht abziehen. Fleisch gelblich mit angenehmem Geruch. **Vorkommen** Im Spätsommer und Herbst weit verbreitet und häufig in Nadelwäldern, meist unter Kiefern. **Wissenswertes** Butterpilze sind zwar schmackhafte Speisepilze. Manche Menschen reagieren aber nach dem Verzehr allergisch.

- > honiggelbe Hüte
- > büschelig an Holz
- > in manchen Jahren massenhaft

Hallimasch >4 — *Armillaria mellea*

Merkmale Wächst büschelig, Hüte 2–12 cm Durchmesser, honiggelb mit schwarzen Schüppchen (können vom Regen abgewaschen sein). Lamellen und Stiel weißlich. Erscheint von September bis November. **Vorkommen** Auf der ganzen Welt verbreitet und häufig. Wächst parasitisch an lebenden Laub- und Nadelbäumen und auf Baumstümpfen. **Wissenswertes** Der Hallimasch ist ein gefürchteter Forstschädling. Seine Pilzgeflechte durchziehen ganze Wälder, in einigen Jahren sprießen aus ihnen überall die Pilze hervor. Roh ist er giftig, abgekocht wird er von den meisten Menschen vertragen.

Wald: Pilze

- > Hut meist grün
- > tödlich giftig!
- > unter Eichen

Grüner Knollenblätterpilz >1 *Amanita phalloides*

Merkmale Hut 4–12 cm Durchmesser, variabel gefärbt, meist grünlich, aber auch rein weiß. Lamellen und Stiel weiß. Stiel mit Manschette, zum Grund hin knollig. Erscheint von Juli bis November. **Vorkommen** In Laubmischwäldern, oft unter Eichen. **Wissenswertes** Einer der gefährlichsten Giftpilze. Es gibt kein Gegenmittel. Der Verzehr führt zunächst zu Brechdurchfällen und endet bei scheinbarer Genesung nach einigen Tagen in 50–90 % der Fälle tödlich. Äußerste Vorsicht beim Sammeln: Dem Knollenblätterpilz sehr ähnlich sind einige Champignon-Arten.

- > rot mit weißen Punkten
- > giftig!
- > wächst unter Birken und Fichten

Fliegenpilz >2 *Amanita muscaria*

Merkmale Hut meist 5–20 cm im Durchmesser, leuchtend rot bis orange, häufig mit weißen Flocken, die aber vom Regen abgewaschen sein können. Lamellen und Stiel weiß. Erscheint von Juli bis November. **Vorkommen** Auf der ganzen Nordhalbkugel in Nadel- und Laubwäldern, oft unter Birken und Fichten. **Wissenswertes** Sein deutscher Name weist auf die frühere Verwendung: Der Hut wurde zerbrochen, in Milch gelegt und zum Fang von Fliegen aufgestellt. Bei nordischen Völkern wurde er in getrocknetem Zustand als Rauschmittel eingesetzt.

- > wächst aus »Hexeneiern«
- > stinkt widerwärtig
- > lockt Fliegen und Schnecken

Stinkmorchel >3 *Phallus impudicus*

Merkmale Junger Pilz zunächst eiförmig (»Hexenei«), 3–5 cm groß. Platzt er auf, wächst daraus der 10–20 cm lange Pilz mit weißem Stil und glockenförmigem Hut. Hut 3–4 cm lang, trägt ein wabenartiges Muster, das von einer olivgrünen bis schwarzgrünen Sporenmasse überzogen ist, die aasartig stinkt. Erscheint Juni bis Oktober. **Vorkommen** Oft in Laub- und Nadelwäldern, Gärten und Parks. **Wissenswertes** Von dem Aasgeruch werden Fliegen und Schnecken angelockt, sie fressen die Sporen, scheiden sie wieder aus und tragen so zur Verbreitung bei.

- > dottergelb
- > geschmackvoller Speisepilz
- > selten geworden

Echter Pfifferling >4 *Cantharellus cibarius*

Merkmale Trompetenförmiger, dottergelber Pilz. Hut meist 2–7 cm im Durchmesser, anfangs gewölbt, später trichterförmig vertieft. Die Lamellen laufen weit am gleich gefärbten Stiel herab. Erscheint von Juni bis November. **Vorkommen** Weit verbreitet in Europa. Wächst in Laub- und Nadelwäldern, ist vielerorts selten geworden. **Wissenswertes** Leicht zu verwechseln mit dem häufigen Falschen Pfifferling *(Hygrophoropsis aurantiaca)*. Dieser ist kein Speisepilz; sein Verzehr führt zu Verdauungsstörungen.

Wald: Pilze

Dickschaliger Kartoffel-Bovist >1 — *Scleroderma citrinum*

- giftig!
- ähnelt einer Kartoffel
- auf sandigen, sauren Böden

Merkmale 4–10 cm großer Pilz ohne Stiel, der einer am boden herumliegenden Kartoffel ähnelt. Färbung ockerbraun mit schwarzen Warzen. Ist der Pilz reif, bricht die Schale auf und gibt eine schwarze, pulverartige Sporenmasse frei. Erscheint von Juli bis November. Giftpilz. **Vorkommen** In Laub- und Nadelwäldern auf sandigen und sauren Böden, gern am Stammgrund von Bäumen. Auch in Mooren unter Birken und Kiefern. **Wissenswertes** Es gibt auch essbare Boviste, diese sind im Unterschied zu den giftigen innen stets ganz weiß.

Echter Zunderschwamm >2 — *Fomes fomentarius*

- Baumpilz
- »brennt wie Zunder«
- bringt Bäume zum Absterben

Merkmale Wächst wie ein korkig harter Hut aus der Rinde von Bäumen heraus. Wird 10–30 cm breit und etwa ebenso hoch. Typisch sind die farbenfrohen Ringe (Zuwachsränder) auf der Oberseite. Ganzjährig. **Vorkommen** Wächst parasitisch an geschwächten Laubbäumen, hauptsächlich an Buchen, Birken, Eichen und Kastanien. **Wissenswertes** Der Pilz verursacht Weißfäule. Der deutsche Name weist auf die frühere Verwendung hin: Gekocht und in Salpetersäure getränkt, wurde der Pilz als Zunder zum Feuermachen benutzt.

Geweihförmige Holzkeule >3 — *Xylaria hypoxylon*

- auf totem Holz
- geweihförmiger Wuchs
- häufig auf Buchenstümpfen

Merkmale 2–6 cm hoch, seitlich abgeflacht, einfach oder geweihförmig verzweigt. Unterer Teil schwarzfilzig, oberer Teil weißlich bestäubt. **Vorkommen** Ganzjährig und häufig auf abgestorbenem Laubholz, besonders gerne auf Baumstümpfen. **Wissenswertes** Holzkeulen gehören zur Gruppe der sogenannten Saprophyten: Darunter versteht man Pilze mit einer Lebensweise, bei der abgestorbenes organisches Material wie Blätter oder Holz besiedelt und aufgezehrt wird.

Zinnoberroter Pustelpilz >4 — *Nectria cinnabarina*

- überzieht Zweige und Äste
- Fruchtkörper wie winzige Himbeeren
- ganzjährig sehr häufig

Merkmale Hauptfruchtform etwa 2–5 mm im Durchmesser, besteht aus mehreren 0,2–0,4 mm kleinen Fruchtkörpern und erinnert an eine kleine zinnoberrot bis dunkelrot gefärbte Himbeere. Oft gemeinsam mit der blassrosa bis hellroten, kissenförmigen Nebenfruchtform (Konidienform), bildet 5–6 mm große Pusteln. **Vorkommen** Ganzjährig. Überall häufig auf toten Laubholzzweigen, seltener an Nadelholz oder lebendem Holz parasitierend. **Wissenswertes** Die kleinen Pilze spielen eine wichtige Rolle beim Abbau organischer Substanz.

Wald: Farne

- > größter heimischer Farn
- > Wedel wie Adlerflügel
- > giftig und krebserregend

Wedel 3- bis 4-fach gefiedert

Adlerfarn >1 — *Pteridium aquilinum*

Merkmale Bis zu 2 m hoch. Blätter drei- bis vierfach gefiedert, entspringen einzeln dem unterirdisch kriechenden, weit verzweigten Spross. Bildet oft dichte Bestände. **Vorkommen** Häufiger, anspruchsloser Farn in allen Waldtypen, weltweit verbreitet. **Wissenswertes** Der Adlerfarn breitet sich nach Waldbränden und Kahlschlägen oft massenhaft aus und verhindert durch die Schattenwirkung seiner Wedel das Hochkommen von Jungbäumen. Sein Wurzelgeflecht wird länger als 50 m und älter als 1000 Jahre. Enthält verschiedene Giftstoffe.

- > trichterförmig
- > eingerollte Blätter bilden »Bischofsstäbe«
- > Bandwurm-Mittel

Gewöhnlicher Wurmfarn >2 — *Dryopteris filix-mas*

Merkmale Dunkelgrüne, in Trichterform angeordnete, etwa 1 m lange Wedel, die im Unterschied zum größeren Adlerfarn nur zweifach gefiedert sind. Blätter anfangs schneckenförmig eingerollt (»Bischofsstäbe«). **Vorkommen** In fast allen Wäldern auf lehmigen, nährstoffreichen Böden. **Wissenswertes** Seit alters wird sein Wurzelstock als wirksames Mittel gegen Bandwürmer verabreicht (Name!). Wegen immer wieder auftretenden Vergiftungen wird er aber heute nur noch ausnahmsweise und in besonders hartnäckigen Fällen eingesetzt.

- > grazil
- > giftige Art
- > wie ein kleiner Tannenbaum

Wald-Schachtelhalm >3 — *Equisetum sylvaticum*

Merkmale 15–50 cm hoch. Gegliederte, hohle Sprosse anfangs bleich und unverzweigt, später ergrünend und in mehreren Etagen quirlig verzweigt. Seitenäste quirlig verzweigt und bogenförmig überhängend. Die Sporenbehälter sitzen am Sprossende und fallen nach der Reife ab. **Vorkommen** Verbreitet und häufig in feuchten Laub- und Mischwäldern, seltener in reinen Nadelwäldern. **Wissenswertes** Schachtelhalme sind in Stängelabschnitte mit dazwischen liegenden Knoten gegliedert und lassen sich leicht auseinanderziehen.

- > »Schlangenmoos«
- > nur an ungestörten Plätzen
- > steht unter Naturschutz

mit keulenförmigen Sporenständen

Keulen-Bärlapp >4 — *Lycopodium clavatum*

Merkmale Über 1 m langer, am Boden kriechender Stängel mit kleinen, nadelartigen Blättern, die in heller Haarspitze enden. Im Juni und Juli mit gelblichen Sporenbehältern, diese meist zu zwei bis drei auf senkrecht nach oben wachsenden, 10–30 cm langen Stielen. **Vorkommen** In Nadelwäldern auf kargen, kalkarmen Böden. **Wissenswertes** Das Sporenpulver (»Hexenmehl«) findet vielfache Verwendung: Leicht entzündbar, erzeugt es bei Feuerwerken Blitzeffekte, in der Pharmazie dient es als Wundpulver, in der Homöopathie ist es ein wichtiges Konstitutionsmittel.

Wald: Blumen

- Frühjahrsblüher
- »Osterblume«
- oft in Massenbeständen

mit gefingerten Blättern

Buschwindröschen >1 — *Anemone nemorosa*

Merkmale Hahnenfußgewächse *(Ranunculaceae)*. 5–25 cm hohe und zarte Waldblume. Pro Stängel eine leuchtend weiße (auch rötlich überlaufene), 2–4 cm große Blüte aus meist sechs Blütenblättern. Etwa in der Mitte des Stängels entspringt ein Quirl aus drei zerschlitzten Blättern. Blütezeit März bis Mai. **Vorkommen** Laub- und Mischwälder. **Wissenswertes** Das Buschwindröschen ist ein typischer Frühjahrsblüher des Waldes (»Osterblume«). Es entfaltet seine Blätter ab Februar und seine Blüten ab Mitte März, solange die Bäume über ihm noch unbelaubt sind. So nutzt es optimal das im Wald begrenzte Lichtangebot. Nicht selten streckt es seine Blätter durch die Schneedecke hindurch. Die Blüte hält an, bis die Bäume Laub tragen. An geeigneten Standorten bildet es große Bestände aus.

- Märzblümchen
- »Die Blümelein, sie schlafen«
- Blattform leberähnlich

typisches, dreilappiges Blatt

Leberblümchen >2 — *Hepatica nobilis*

Merkmale Hahnenfußgewächse *(Ranunculaceae)*. 5–15 cm hohe, zartlila blühende Waldblume. Blüten aus sechs bis zehn Blütenblättern einzeln am Ende des Stängels, 2–3,5 cm im Durchmesser. Die Blüten erscheinen vor den Blättern (»Tochter vor der Mutter«). Blätter dreilappig, ledrig, oberseits oft braunfleckig, sie entspringen am Grund. Blütezeit März bis Mai. **Vorkommen** Vorzugsweise in Kalk-Buchenwäldern. **Wissenswertes** Der Name Leberblümchen bezieht sich auf ihre leberähnliche Blattform, ihr zweiter Name »Märzblümchen« auf ihre frühe Blütezeit. Wie in dem bekannten Kinder-Schlaflied »Die Blümelein, sie schlafen ...« schließt das Leberblümchen abends seine tagsüber weit geöffneten Blüten und »schläft« mit nickenden Blütenköpfchen.

- junge Blätter essbar
- »Zigeunersalat«
- gelbe Blütenteppiche im Frühjahr

Scharbockskraut >3 — *Ranunculus ficaria*

Merkmale Hahnenfußgewächse *(Ranunculaceae)*. 5–30 cm hoher Frühjahrsblüher mit niederliegendem oder aufsteigendem Stängel. Blüten 2–3 cm groß, aus acht bis zwölf glänzend gelben Blütenblättern. Blätter herzförmig, fleischig und glänzend. Blütezeit März bis Mai. **Vorkommen** In feuchten Wäldern und Gebüschen, oftmals in großen Beständen. **Wissenswertes** Das Scharbockskraut überzieht im April stellenweise den Waldboden mit einem gelben Blütenteppich. Der Name »Scharbock« kommt von »Skorbut« – das ist eine Vitamin-C-Mangelkrankheit, gegen die das Kräutlein Abhilfe schafft. Seine jungen Blätter sind sehr Vitamin-C-haltig und können als Salat verspeist werden. Vom Genuss älterer Blätter muss hingegen abgeraten werden, sie schmecken scharf und bitter, woran man den Gehalt an giftigem Protoanemonin erkennt.

Wald: Blumen

- > Giftpflanze!
- > blüht lila, weiß und rot
- > Frühjahrsblüher

Hohler Lerchensporn >1 — *Corydalis cava*

Merkmale Erdrauchgewächse *(Fumariaceae)*. 20–30 cm hohe Waldblume mit 10–20 Blüten am Stängelende. Die Blüten sind 2–3 cm lang, tragen einen langen, abwärtsgekrümmten Sporn und können lila, rötlich oder weiß gefärbt sein. Blätter zart, zerschlitzt. Blütezeit März bis Mai. **Vorkommen** In feuchten Wäldern und Gebüschen. **Wissenswertes** Der Name bezieht sich auf die walnussgroße, innen hohle Wurzelknolle (sie ist der giftigste Teil der Pflanze!) sowie auf die Blüten, die einen langen Sporn tragen. In ihn wird reichlich süßer Nektar abgeschieden, den Bienen mit ihren langen Rüsseln heraussaugen. Als Gratisdienst bestäuben sie dabei die Blüten. Andere Insekten, die so nicht an den süßen Saft herankommen, stehlen ihn häufig, indem sie einfach den Sporn hinten abbeißen.

Blüte mit namensgebendem Sporn

- > Samen mit Haarschopf
- > Pionierpflanze
- > leuchtend purpurrote Blüten

Schmalblättriges Weidenröschen >2 *Epilobium angustifolium*

Merkmale Nachtkerzengewächse *(Onagraceae)*. 0,5–1,5 m hoch wachsend mit zahlreichen, weithin leuchtenden, purpurroten Blüten am Stängelende. Einzelblüte schüsselförmig flach, aus vier Blütenblättern bestehend, 2–3 cm im Durchmesser. Blätter schmal und bis 15 cm lang, ähneln Weidenblättern (Name!). Blütezeit Juni bis August. **Vorkommen** Sehr häufige Pflanze auf steinig sandigem Boden, besiedelt Waldlichtungen und Ödländer, in den Alpen Felsschutt. **Wissenswertes** Die hübsche Pflanze taucht urplötzlich auf neu entstandenen Lichtungen und Schutthaufen auf (Pionierpflanze) und breitet sich hier über Wurzelausläufer rasant aus. Jede Pflanze produziert Hunderttausende von Samen. Mit federleichten Haarschöpfen ausgestattet, werden sie vom Wind weit in alle Richtungen verfrachtet.

Einzelblüte mit vier Blütenblättern

- > schwach giftig
- > blüht im Schatten
- > dreiteiliges Kleeblatt

Wald-Sauerklee >3 — *Oxalis acetosella*

Merkmale Sauerkleegewächse *(Oxalidaceae)*. 5–15 cm hohe Waldpflanze mit typischem, dreiteiligem Kleeblatt und lang gestielten, weißen Blüten. Blüte 1–2 cm groß, aus fünf Blütenblättern bestehend, mit deutlich sichtbaren, violetten Adern und gelbem Fleck am Grund. Blütezeit April/Mai. **Vorkommen** Häufig auf feuchten Waldböden. **Wissenswertes** Der Sauerklee ist eine typische Schattenpflanze. Er blüht auch noch unter voll belaubten Bäumen an Stellen, die nur noch von 1% des Sonnenlichts erreicht werden. Damit ist er Rekordhalter unter den mitteleuropäischen Schattenpflanzen. In seinen Blättern enthält er die schwach giftige Oxalsäure und Oxalate (Kleesalze), weshalb man Zurückhaltung beim beliebten Genuss seiner Blätter empfehlen muss! Die seltenen vierblättrigen Kleepflanzen gelten als Glücksbringer.

Wald: Blumen

- liebt es feucht
- meist in größeren Beständen
- Frühblüher

Wechselblättriges Milzkraut >1   *Chrysosplenium alternifolium*

Merkmale Steinbrechgewächse *(Saxifragaceae)*. 5–20 cm hoch. Blüten zu 10–20 doldenartig angeordnet zwischen gelben Hochblättern, unscheinbar grünlich gelb, 3–5 mm im Durchmesser. Blätter rundlich mit grob gezähntem Rand. Stängel dreikantig. Blütezeit März bis Mai. **Vorkommen** In feuchten Laubwäldern, Auwäldern und Erlenbrüchen. **Wissenswertes** Im Mittelalter erwartete man wegen der milzförmig gestalteten Blätter eine Heilwirkung bei Milzerkrankungen. Dies hat sich aber in der Kräuterheilkunde nicht bestätigt.

- köstliche Waldfrucht
- Blüten und Früchte häufig zeitgleich

Wald-Erdbeere >2   *Fragaria vesca*

Merkmale Rosengewächse *(Rosaceae)*. 10–30 cm hohe, aufrechte Staude. Blüten weiß mit fünf Blütenblättern. Blätter dreiteilig, unterseits seidig behaart. Früchte zur Reife rot. Blütezeit April bis Juni, reife Früchte Juli bis September. **Vorkommen** Lichte Laub-, Misch- und Nadelwälder. Häufig an Waldwegen oder Waldrändern. **Wissenswertes** Erdbeeren bilden lange Ausläufer, die sich bewurzeln und Tochterpflänzchen bilden. Unsere angepflanzten »Monats-Erdbeeren« sind Zuchtformen.

- Volksname: Ruprechtskraut
- riecht eklig
- Frucht storchenschnabelförmig

Stinkender Storchschnabel >3   *Geranium robertianum*

Merkmale Storchschnabelgewächse *(Geraniaceae)*. 20–50 cm hoch. Blüten rosa mit drei weißlichen Längsstreifen auf jedem Blütenblatt. Gefiederte Blätter. Stängel und oft auch Blätter rötlich überlaufen. Blütezeit Mai bis Oktober. **Vorkommen** Häufig in lichten Wäldern, an Wegrändern und auf Schotterflächen. **Wissenswertes** Die Art kann an stark sonnigen Standorten sowie im Schatten wachsen und sogar recht weit in Höhlen vordringen. Der Name »Storchschnabel« rührt von den extrem lang geschnäbelten Früchten her, die an den Schnabel eines Storches erinnern.

typischer »Storchenschnabel«

- riecht nach Knoblauch
- oft gemeinsam mit Brennnesseln
- essbar als Gewürz und Salat

Knoblauchsrauke >4   *Alliaria petiolata*

Merkmale Kreuzblütlergewächse *(Brassicaceae)*. 30–100 cm hoch. Kleine, weiße Blüten traubenartig am Ende des Stängels und der oberen Äste. Vier Blütenblätter. Eindeutiges Merkmal ist der starke Geruch nach Knoblauch. Blütezeit April bis Juli. **Vorkommen** Häufig in feuchten Wäldern, an Waldrändern und in Gebüschen. **Wissenswertes** Wegen des Knoblauchgeschmacks lässt sich die Art in Salat, Suppe, Kräuterquark oder Kräuterbutter verwerten. Am besten nimmt man die frisch geernteten, noch jungen Triebe. Getrocknet verliert die Pflanze ihr Aroma.

Die Samen liegen in einer Schote.

Wald: Blumen

- > giftig!
- > riecht widerlich
- > rein männliche und weibliche Pflanzen

Wald-Bingelkraut >1 — *Mercurialis perennis*

Merkmale Wolfsmilchgewächse *(Euphorbiaceae)*. 10–40 cm hoch mit unverzweigtem Stängel, nur in der oberen Hälfte beblättert. Blätter eiförmig, 4–12 cm lang, Blüten unscheinbar, gelblich grün in länglichen Rispen. Blütezeit März bis Juni. **Vorkommen** Frühblüher in nährstoffreichen Laub- und Mischwäldern, wo es ein verlässlicher Zeiger für Sickerwasser ist. **Wissenswertes** Männliche und weibliche Blüten auf verschiedenen Pflanzen. Die männlichen sind reichblütig, die weiblichen tragen nur ein bis fünf Blüten. Schwach giftig, nicht essbar.

- > liefert »Ameisenbrötchen«
- > herzförmige Blätter
- > Blüte mit Nektar-Reservoir

typisches herzförmiges Blatt

Wald-Veilchen >2 — *Viola reichenbachiana*

Merkmale Veilchengewächse *(Violaceae)*. 10–20 cm hohe, zarte Waldpflanze mit herzförmigen Blättern. Die Blüten sind lang gestielt und gespornt, 1,5–2 cm groß, violett und duften süß. Blütezeit März bis Mai. **Vorkommen** Häufig in feuchten Wäldern. **Wissenswertes** Die Samen tragen nährstoffreiche Anhängsel, die gern von Ameisen gefressen werden (»Ameisenbrötchen«). Sie verschleppen die Samen und tragen so zur Verbreitung bei. Der Sporn dient als Reservoir, in dem sich süßer Nektar sammelt. Damit lockt er Hummeln und Bienen zur Bestäubung an.

- > für Maibowle verwendet
- > riecht nach Cumarin
- > gegen Schlaflosigkeit

Blattquirle in Stockwerken

Waldmeister >3 — *Galium odoratum*

Merkmale Rötegewächse *(Rubiaceae)*. 5–25 cm hoch, Blätter in Quirlen wie in Stockwerken übereinander. Blüten klein, weiß und vierzipflig. Blütezeit April bis Juni. **Vorkommen** Häufig in nährstoffreichen, feuchten Wäldern. **Wissenswertes** Waldmeister enthält Cumarine, die seinen charakteristischen Duft ausmachen. Er ist ein beliebter Zusatz zu Kräutertees. Frischer Waldmeister mit Weißwein ergibt die beliebte Maibowle. Verwendet wird das ganze oberirdische Kraut vor oder während der Blüte. Achtung: Zu viel Cumarin erzeugt Kopfschmerzen!

- > Frühlingskünder
- > goldgelbe, nickende Blüten
- > Blätter runzelig

langer Blütenkelch

Wald-Schlüsselblume >4 — *Primula elatior*

Merkmale Primelgewächse *(Primulaceae)*. 10–30 cm hoher Frühblüher mit runzeligen Blättern, die als Rosette am Boden wachsen. Daraus erheben sich die langen Blütenstiele mit jeweils 5–20 Blüten. Blüten goldgelb, 1–2 cm groß, hängend. Blütezeit März bis April. **Vorkommen** In feuchten, nährstoffreichen Wäldern mit lehmigen Böden. **Wissenswertes** Sie blüht sehr früh und ist eine der ersten Nektarpflanzen für Bienen und Hummeln. Als »Frühlingstee« hilft sie ausgezeichnet bei Herzbeschwerden.

Wald: Blumen

- meist sieben Blütenblätter
- bildet Ausläufer
- in kleineren Gruppen

Siebenstern >1 *Trientalis europaea*

Merkmale Primelgewächse *(Primulaceae)*. 5–20 cm hoch. Weiße Blüten, sternförmig in meist sieben blütenblattähnliche Zipfel (Name!) ausgezogen. Blüten einzeln auf langen, fadenförmigen Stielen. Stängel aufrecht und unverzweigt. Die oberen Blätter quirlig nahe der Stängelspitze angeordnet. Blütezeit Mai bis Juli. **Vorkommen** In lichten Fichten-, Kiefern- und Birkenwäldern mit feuchten, sauren und meist moosigen Böden, auch in Moorgebieten. **Wissenswertes** Der Siebenstern besitzt unterirdische Knollen mit Wurzelausläufern, an denen neue Pflanzen austreiben. Dies ist der Grund dafür, dass man die Art an ihrem Standort meist gruppenweise findet. In der Botanik sehr ungewöhnlich ist die Bedeutung der Zahl Sieben bei dieser Art: Sowohl der Kelch als auch die Blütenkrone sind fast immer siebenteilig.

weißer Stern mit sieben Zacken

- weißes Sternenmeer
- wirkt zerbrechlich
- bildet meist dichte Bestände

Große Sternmiere >2 *Stellaria holostea*

Merkmale Nelkengewächse *(Caryophyllaceae)*. 10–40 cm hoch. Meist 6–15 weiße Blüten pro Pflanze. Blüte 1,5–2,5 cm im Durchmesser, lang gestielt und mit fünf bis zur Hälfte ihrer Länge zweigeteilten Blütenblättern. Steife Blätter lanzettlich, 3–8 cm lang und 5–8 mm breit, in eine Spitze auslaufend. Stängel vierkantig. Blütezeit April bis Juni. **Vorkommen** Weit verbreitet und häufig in Laub- und Mischwäldern sowie Hecken und Gebüschen. **Wissenswertes** In feuchten Laubwäldern ist die nahe verwandte Wald-Sternmiere (*Stellaria nemorum*) weit verbreitet. Sie besitzt einen runden Stängel, hat eiförmige Blätter und ihre weißen Blütenblätter sind fast bis zum Grund zweigeteilt. Ihren deutschen und wissenschaftlichen Namen (»stella« = Stern) verdanken die Sternmieren ihren Blüten, die voll geöffnet wie kleine weiße Sternchen aussehen.

Blütenblätter tief eingeschnitten

- giftig!
- immergrün
- beliebter Bodendecker

Kleines Immergrün >3 *Vinca minor*

Merkmale Immergrüngewächse *(Apocynaceae)*. 10–20 cm hoch. Hellblau bis blauviolette Blüten 2–3 cm im Durchmesser. Blütenblätter wirken auffällig gestutzt. Blätter immergrün, lanzettlich, lederartig. Stängel niederliegend-kriechend, mitunter am Grunde verholzt. Blütezeit März bis Juni, gelegentlich zweite Blüte im Spätsommer oder Herbst. **Vorkommen** In Laubwäldern und Gebüschen, mitunter massenhafte Bestände bildend. Oft in Gärten, Parks und Friedhöfen angepflanzt und von dort aus verwildert. **Wissenswertes** Das Immergrün erfreut sich als ganzjährig grüner Bodendecker großer Beliebtheit in Gärten. Da es bevorzugt im Halbschatten wächst, eignet es sich gut zur Bepflanzung unter Büschen. Im Handel sind Zuchtformen mit hellgrün gemusterten Blättern sowie weißen oder rosa Blüten erhältlich.

Wald: Blumen

> beliebte Gartenpflanze
> dicht behaarte Blätter
> himmelblau

Wald-Vergissmeinnicht ›1 *Myosotis sylvatica*

Merkmale Raublattgewächse *(Boraginaceae)*. 15–50 cm hoch. Blütenstand mit 5–25 anfangs violett überhauchten, dann blauen Blüten mit gelbem Ring am Schlundeingang. Kelch mit abstehenden, hakig eingekrümmten Haaren. Blätter dicht behaart. Blütezeit April bis September. **Vorkommen** Gesellig in Laub- und Laubmischwäldern. **Wissenswertes** Nicht nur in der deutschen, sondern auch in der niederländischen, englischen, dänischen, schwedischen und norwegischen Sprache findet sich der Name »Vergissmeinnicht«: Die Blüten erinnern an himmelblaue Augen mit einer goldgelben Iris. Wer sie seiner/ihrem Verehrten schenkt, bleibt mit den Äuglein bei der/dem Geliebten – vielleicht gar mit bewachenden Blicken …

> raue Blätter
> Heilpflanze
> junge Blätter essbar

Echtes Lungenkraut ›2 *Pulmonaria officinalis*

Merkmale Raublattgewächse *(Boraginaceae)*. 10–30 cm hoch. Blütenstand mit 10–20 anfangs rot, später violett gefärbten Blüten. Blätter abstehend behaart, oft hellfleckig. Blütezeit März bis Mai. **Vorkommen** In krautreichen Laub- und Mischwäldern. **Wissenswertes** Das Echte Lungenkraut gilt als Hustenmittel. Einen Erkältungstee bereitet man aus zwei bis drei Teelöffeln zerkleinerter Blätter pro Tasse, den man etwa 10 Min. ziehen lässt.

> Blätter wie Brennnesseln
> Regenschutz für Insekten
> Nektarpflanze

Nesselblättrige Glockenblume ›3 *Campanula trachelium*

Merkmale Glockenblumengewächse *(Campanulaceae)*. 40–90 cm hoch. 5–15 glockenförmige Blüten in lockerer Traube. Blätter eiförmig, brennnesselblattartig gesägt. Stängel scharfkantig und steifhaarig. Blütezeit Juli bis September. **Vorkommen** In krautreichen Laub- und Mischwäldern sowie auf Waldlichtungen. **Wissenswertes** Insekten verkriechen sich bei Regen gerne in die glockenförmigen Blüten. Da die Art eine beliebte Äsungspflanze für Rehe ist, findet man relativ oft abgebissene Exemplare.

> krallenförmig gekrümmte Blüten
> essbare Wurzeln
> lockt Schwebfliegen an

Blätter oft mit schwarzen Flecken

Ährige Teufelskralle ›4 *Phyteuma spicatum*

Merkmale Glockenblumengewächse *(Campanulaceae)*. 20–60 cm hoch. Grünlich weiße oder gelblich weiße Blüten in anfangs eiförmiger, später walzenförmiger Ähre. Einzelblüte vor dem Aufblühen krallenartig nach innen gekrümmt (Name!). Griffel reicht weit aus Blüte hervor. Blütezeit Mai bis August. **Vorkommen** In krautreichen Laub- und Mischwäldern. **Wissenswertes** Alle Teufelskrallen-Arten haben rübenförmige Wurzeln, die roh, gebraten oder gekocht essbar sind.

Wald: Blumen

- > stark giftig!
- > pinkfarbene Glocken
- > Hummelblume

Roter Fingerhut >1 — *Digitalis purpurea*

Merkmale Braunwurzgewächse *(Scrophulariaceae)*. 0,5–1,5 m hoch, mit auffallender Blütentraube. Blüten 3–5 cm groß, glockig und nickend, pinkfarben mit schwarzen Flecken, die weiß umrandet sind. Blätter eiförmig, die meisten am Grund. Blütezeit Juni bis August. **Vorkommen** Auf Waldlichtungen. **Wissenswertes** Ihren Namen trägt sie wegen ihrer fingerhutähnlich geformten Blüten. Die gesamte Pflanze ist stark giftig. Sie enthält mehr als 25 verschiedene Glykoside und Saponine, die Erbrechen und Atemnot bewirken. In der modernen Pharmazie werden diese Digitalis-Glykoside bei Herzbeschwerden in kleinsten Dosen verabreicht und für Kreislauf-Medikamente genutzt. Der Rote Fingerhut ist eine wichtige Nektarpflanze für Hummeln, die man fast ständig in die Blüten hineinfliegen sieht.

Blüten hübsch gepunktet

- > gefährliche Giftpflanze!
- > braunviolette Glocken
- > schwarz glänzende Beeren

Tollkirsche >2 — *Atropa bella-donna*

Merkmale Nachtschattengewächse *(Solanaceae)*. 50–150 cm hoch mit eiförmigen Blättern. Blüten 2,5–3,5 cm groß, glockig, braunviolett. Frucht eine schwarz glänzende, etwa 1 cm große Beere. Blütezeit Juni bis August. **Vorkommen** In Wäldern und an Waldrändern. **Wissenswertes** »Tollkirsche« bezieht sich auf das in Blättern und Wurzeln enthaltene Gift Hyoscyamin. Schon kleinste Blatt- oder Wurzelstückchen rufen Verwirrungszustände hervor, die zum Tod führen können. »Bella donna« bedeutet »schöne Frau«, weil der Verzehr der Beeren die Pupillen erweitert, was früher als schön galt. Ein hoher Preis für die Schönheit: Schon der Genuss von drei bis vier Beeren mit dem darin enthaltenen giftigen Atropin kann tödlich enden. Da die Beeren leider gut schmecken, zählt die Tollkirsche zu den besonders gefährlichen Giftpflanzen!

mit hängenden Blütenglocken

- > giftig!
- > flugfähige Früchte
- > lockt viele Insekten an

Fuchssches Greiskraut >3 — *Senecio ovatus*

Merkmale Korbblütlergewächse *(Asteraceae)*. 60–150 cm hoch. Einzelblüten in Körbchen, die wiederum doldenartig am Stängelende sitzen. Blütenkörbchen aus meist nur fünf äußeren Zungenblüten sowie 8–14 innen liegenden Röhrenblüten zusammengesetzt. Blätter breit lanzettlich, gezähnt. Stängel gerillt. Blütezeit Juli bis September. **Vorkommen** In krautreichen Mischwäldern, häufig auf Lichtungen oder Kahlschlagflächen. **Wissenswertes** Alle Pflanzenteile der verschiedenen Greiskraut-Arten sind giftig. Der Name des Greiskrauts leitet sich davon ab, dass die Früchte weißseidige Härchen entwickeln, die an den weißen Haarschopf älterer Menschen erinnern. Mithilfe dieser Härchen können die reifen Früchte eine gewisse Zeit fliegen.

Blütenkorb aus vielen Einzelblüten

Wald: Blumen

- > raffinierte Blütenfalle
- > stinkt nach Aas
- > Früchte giftig!

Querschnitt durch die Blüte

Gefleckter Aronstab >1 — *Arum maculatum*

Merkmale Aronstabgewächse *(Araceae)*. 20–40 cm hoch mit einem auffälligen, tütenförmigen, hellgrünen Schaublatt, in dem ein braun-violetter Kolben zu sehen ist. Blätter pfeilförmig, meist dunkel gefleckt (Name!). Beeren erbsengroß, leuchtend rot, giftig! Blütezeit April bis Mai. **Vorkommen** In Laubwäldern und Gebüschen. Fehlt im westlichen Tiefland. **Wissenswertes** Der Aronstab lockt mit seinem Aasgeruch Fliegen und Mücken an. Mit einem Trick bringt er sie dazu, seine Blüten zu bestäuben: Die Insekten rutschen an dem glatten Schaublatt tief nach unten, wo eine zuckrige Flüssigkeit auf sie wartet – und die Blüten. Hier bleiben sie gefangen, bis die Blüten bestäubt sind. Erst dann welkt das Schaublatt und die Insekten können wieder hinaus. Dabei bleibt Pollen an ihnen haften, mit dem sie die nächste Blüte befruchten.

- > giftig!
- > rote Früchte
- > nur zwei Blätter

herzförmige Blätter

Schattenblume >2 — *Maianthemum bifolium*

Merkmale Maiglöckchengewächse *(Convallariaceae)*. 5–20 cm hoch. 15–25 kleine, weiße Blüten in endständiger Traube. Blühende Pflanzen mit zwei, sehr selten auch drei herzförmigen, wechselständigen, dunkelgrünen Blättern. Nichtblühende Exemplare mit nur einem Laubblatt. Früchte anfangs grünlich weiße, dann grün und rot gefleckte, zur Reife schließlich hellrote Beeren. Blütezeit April bis Juni. **Vorkommen** Häufig in schattigen, humusreichen Wäldern. **Wissenswertes** Die appetitlich anmutenden Beeren der Schattenblume sind giftig und führen nach Verzehr zu Beschwerden im Magen-Darm-Bereich. Von Tieren werden die Früchte hingegen problemlos vertragen. Auf diese Weise ist die Verbreitung der nicht verdaulichen Samen gesichert.

- > giftig!
- > blauschwarze, kirschgroße Beere
- > vier Blätter

Blätter zu viert in einem Quirl

Einbeere >3 — *Paris quadrifolia*

Merkmale Einbeerengewächse *(Trilliaceae)*. 10–30 cm hoch. Einzelne, grünliche, endständige Blüte, 2–4 cm im Durchmesser. Auffällige Staubblätter und violetter, dicklicher Fruchtknoten. Vier (selten nur drei oder fünf bis acht) elliptische Blätter, die unterhalb des Blütenstiels einen Quirl bilden. Zur Fruchtreife eine einzige (Name!) blauschwarze, etwa kirschgroße Beere. Blütezeit Mai bis Juni. **Vorkommen** In feuchten Laub-, Misch- und Auwäldern. **Wissenswertes** Die ganze Pflanze, insbesondere aber die Beere, ist giftig. Beim Verzehr größerer Mengen kommt es zu Übelkeit, Erbrechen, Schwindel und Verengung der Pupillen. Vergiftungen dieser Art wurden vereinzelt bei Kindern festgestellt, die die Beeren mit Heidelbeeren verwechselt hatten. Da die Beeren allerdings schlecht schmecken, wird es nur selten dazu kommen, dass tatsächlich mehrere davon gegessen werden.

Wald: Blumen

- giftig!
- Blütenöl für Parfums
- Heilmittel

Maiglöckchen >1
Convallaria majalis

Merkmale Maiglöckchengewächse *(Convallariaceae)*. 10–25 cm hoch mit zwei bis drei großen, elliptischen Blättern. Blüten etwa 1 cm große, weiße Glöckchen, duften intensiv. Blütezeit Mai–Juni. **Vorkommen** In nährstoffreichen Laub- und Mischwäldern. **Wissenswertes** Das Maiglöckchen zählt zu den meistgepflückten Wildblumen, insbesondere zum Muttertag. Doch sowohl Blätter als auch Blüten und Beeren sind giftig! Sie enthalten herzwirksame Glykoside, die in der richtigen Dosierung in der Medizin als Medikament eingesetzt werden. Das süß duftende Blütenöl dient oft als Zusatz zu Parfums.

- hat nur ein Blatt
- gelbe Sternchenblüten
- Frühblüher

nur ein grasartiges Blatt

Gemeiner Gelbstern >2
Gagea lutea

Merkmale Liliengewächse *(Liliaceae)*. 10–25 cm hoch mit nur einem langen, schmalen, etwa 1 cm breiten Blatt. Blüten aus sechs gelben Blütenblättern, lang gestielt, 2–3 cm groß. Blütezeit März bis Mai. **Vorkommen** In nährstoffreichen Wäldern mit lockeren, feuchten Böden. Bevorzugt Auwälder. **Wissenswertes** Wie für Liliengewächse typisch, entspringt der Gelbstern einer Zwiebel. Schon im Frühsommer stirbt der oberirdische Teil der Pflanze wieder ab, die Reservestoffe werden in der Zwiebel eingelagert , aus ihr wächst im nächsten Frühjahr wieder eine Pflanze heraus.

- Knoblauchduft
- Blätter wie beim giftigen Maiglöckchen
- essbar (s. S. 339)

Zwiebeln schmecken nach Knoblauch

Bär-Lauch >3
Allium ursinum

Merkmale Lauchgewächse *(Alliaceae)*. 15–50 cm hoch mit maiglöckchenartigen Blättern, die beim Zerreiben nach Knoblauch riechen. Weiße Sternblüten, 1–2 cm groß, zu mehreren am Ende des blattlosen Stängels. Blütezeit April bis Juni. **Vorkommen** In feuchten Laubwäldern fast ganz Europas, oft in Massenbeständen. Fehlt im Norden. **Wissenswertes** Blätter und Zwiebel werden als Knoblauch-Ersatz klein gehackt roh oder gekocht gegessen. Der Geschmack ist scharf zwiebel- bis knoblauchartig.

- giftig!
- Blätter in einer Ebene
- Blüten unterhalb der Blätter

mit blauschwarzen Beeren

Vielblütige Weißwurz >4
Polygonatum multiflorum

Merkmale Maiglöckchengewächse *(Convallariaceae)*. 30–70 cm hoch, eigenartige Wuchsform: Die breit eiförmigen, 8–15 cm langen Blätter sind fast wie Palmwedel in einer Ebene ausgebreitet, darunter findet man die länglich glockenartigen, etwa 1 cm langen, weißlichen Blüten. Eine bis fünf hängen in den Achseln der Blätter. Beeren blauschwarz, 1 cm groß. Blütezeit Mai bis Juni. **Vorkommen** Im Schatten feuchter Laubwälder. **Wissenswertes** Blätter und Früchte enthalten giftige Saponine!

Wald: Blumen

Frauenschuh >1 *Cypripedium calceolus*

- > schuhförmige Blüte
- > Aprikosenduft
- > selten, geschützt

gelber Pantoffel mit braunen Zipfeln

Merkmale Orchideen *(Orchidaceae)*. 20–60 cm hoch. Große Blüte mit einer gelben, schuhförmigen Lippe, die von vier purpurbraunen Blütenblättern umgeben ist. Große, elliptische Blätter. Blütezeit Mai bis Juli. **Vorkommen** In schattigen und halbschattigen Laub-, Misch- und Nadelwäldern. **Wissenswertes** Die Blüte ist eine Kesselfalle: Der Aprikosenduft lockt Insekten in den Schuh, dessen glatte Wände ein Entkommen verhindern. Durch den Lichteinfall werden die Tiere zum einzigen Ausweg gelockt, bei dem sie Narbe und Staubbeutel passieren und so die Bestäubung gewährleisten.

Rotes Waldvögelein >2 *Cephalanthera rubra*

- > Wärme liebend
- > geschützt!
- > Blüten erinnern an Vögelchen

Merkmale Orchideen *(Orchidaceae)*. 20–50 cm hoch. 3–15 rosa bis violette Blüten in lockerer Ähre. Blütenblätter 15–20 mm lang, zur Blüte weit abstehend, sonst glockenförmig. Lanzettliche Laubblätter. Stängel oft geschlängelt oder gebogen. Blütezeit Mai bis Juli. **Vorkommen** In trockenen Laub-, Misch- und gelegentlich Nadelwäldern, dort an halbschattigen Standorten. **Wissenswertes** In der geöffneten Blüte kann man mit ein wenig Fantasie ein Vögelchen mit offenem Schnabel und ausgebreiteten Schwingen erkennen.

Breitblättrige Stendelwurz >3 *Epipactis helleborine*

- > schokoladenbraune Nektarschüssel
- > relativ häufig

Merkmale Orchideen *(Orchidaceae)*. 30–80 cm hoch. 20–80 Blüten in langer Ähre, hellgrünlich mit meist rötlicher oder violetter Tönung. Blätter breit eiförmig, 10–15 cm lang, 5–10 cm breit. Blütezeit Juli bis September. **Vorkommen** In krautreichen Laub-, Misch- und Nadelwäldern, auf Waldwiesen. **Wissenswertes** Der Nektar befindet sich in dem schüsselförmigen, dunkelbraunen Blütenteil, der auch für Insekten mit kurzem Rüssel gut zugänglich ist. Häufigste Blütenbesucher sind Wespen, daneben Käfer, Fliegen und Hummeln.

Vogel-Nestwurz >4 *Neottia nidus-avis*

- > kein Blattgrün
- > Wurzelgeflecht vogelnestartig
- > riecht nach Honig

namensgebendes Wurzelgeflecht

Merkmale Orchideen *(Orchidaceae)*. 20–45 cm hoch. 20–60 bräunliche Blüten als Ähre an braunem Stängel. Pflanze ohne grüne Blätter, an unterem Stängel vier bis sechs bräunliche Schuppen. Blütezeit Mai bis Juli. **Vorkommen** In Laub-, Misch- und Nadelwäldern an schattigen Standorten. **Wissenswertes** Die Pflanze kann sich nicht selbstständig durch Photosynthese ernähren, da ihr das dafür notwendige Blattgrün fehlt. Stattdessen profitiert sie von einem Pilz, der in den Wurzeln der Orchidee lebt (Mykorrhizapilz) und sie mit den lebensnotwendigen Stoffen versorgt.

Wald: Bäume und Sträucher

- > Nadeln stumpf, weiß gestreift
- > bis 600 Jahre alt
- > Zapfen aufrecht

Aus der Blüte wird ein Zapfen.

Weiß-Tanne >1

Abies alba

Merkmale Kieferngewächse *(Pinaceae)*. Immergrüner Nadelbaum bis 50 m Höhe, steht einzeln, Äste bis zum Grund. Nadeln kurz, am Ende stumpf, 1–3 cm lang, oben dunkelgrün, unten zwei weiße Streifen, stehen deutlich in zwei Reihen am Zweig. Männliche Blüten klein, gelb, weibliche 2–3 cm lang, hellgrün, stets auf der Oberseite der Zweige. Zapfen aufrecht, 8–15 cm lang, an beiden Enden etwas verschmälert. Blütezeit Mai/Juni, Samenreife September/Oktober. **Vorkommen** In Gebirgen Mittel- und Südeuropas bis 2000 m. **Wissenswertes** Luftverschmutzung führt zum Absterben.

- > höchster heimischer Baum
- > Zapfen hängend
- > Nadeln spitz

Fichte zur Zeit der Blüte

Fichte >2

Picea abies

Merkmale Kieferngewächse *(Pinaceae)*. Immergrüner, kegelförmiger Nadelbaum, bis 70 m, meist 30–50 m hoch. Nadeln 1–3 cm, spitz, glänzend dunkelgrün. Männliche Blüten erst rötlich, dann gelblich, nach unten gerichtet, weibliche Blüten aufrecht, rötlich, 5–6 cm. Zapfen hängend, 10–15 cm, harzig. Blütezeit Mai/Juni, Samenreife September bis November. **Vorkommen** Heimisch in Mittelgebirgen und Alpen, oft angepflanzt. **Wissenswertes** Unser häufigstes Nadelholz. Bau- und Tischlerholz, Papierherstellung.

- > asymmetrische Schirme
- > Zapfen hängend
- > beliebt für Möbel

3–8 cm lange Zapfen

Waldkiefer, Föhre >3

Pinus sylvestris

Merkmale Kieferngewächse *(Pinaceae)*. Immergrün, bis 40 m, alte Bäume oft mit fast schirmförmiger Krone. Nadeln je zu zweit, steif, fest, 3–8 cm, graugrün. Männliche Blüten unscheinbar, gelb, weibliche Blüten am Ende junger Langtriebe, etwa 0,5 cm, rosa. Zapfen 3–8 cm, hängend. Blütezeit Mai/Juni, Samenreife September/Oktober. **Vorkommen** In Europa vom Tiefland bis in die Alpen bis 1600 m. **Wissenswertes** Von allen europäischen Kiefern ist sie am weitesten verbreitet: von Portugal bis ans Nordkap und in Ostasien fast bis zur Küste.

- > stammt aus Nordamerika
- > Zapfen mit langen, dreizipfligen Schuppen
- > »Oregon Pine«

Nadeln unterseits gestreift

Douglasie >4

Pseudotsuga menziesii

Merkmale Kieferngewächse *(Pinaceae)*. Bis 50 m hoch. Nadeln weich, biegsam, unterseits mit zwei silbrigen Streifen. Zapfen hängend mit dreizipfligen, lang heraushängenden Deckschuppen. Blütezeit April/Mai, Samenreife August bis Oktober. **Vorkommen** Stammt aus Nordamerika, bei uns häufig als Forst-, Park- und Gartenbaum angepflanzt. **Wissenswertes** In Nordamerika werden Douglasien über 100 m hoch. In der Forstwirtschaft Mitteleuropas sind sie die wichtigste fremdländische Baumart, ihr Holz wird unter dem Namen »Oregon Pine« vermarktet.

Wald: Bäume und Sträucher

Europäische Lärche >1 — *Larix decidua*

- > leuchtende Herbstfärbung
- > im Winter kahl
- > gutes Bauholz

Merkmale Kieferngewächse *(Pinaceae)*. Sommergrüner, schlanker Nadelbaum, bis 40 m hoch. Nadeln 2–3 cm lang, hellgrün und weich, verfärben sich im Oktober goldgelb. Männliche Blüten unscheinbar, gelb, weibliche Blüten eiförmig, rosa, bis 1,5 cm groß. Zapfen 2–6 cm lang, eiförmig, aufrecht auf den Zweigen. Blütezeit März bis Mai, Samenreife September bis November. **Vorkommen** Einst nur in den Alpen, heute auch im Tiefland gepflanzt. **Wissenswertes** Die Lärche ist der einzige heimische Nadelbaum, der im Winter seine Blätter abwirft. Ihr Holz ist als Bauholz geschätzt, da es äußerst witterungsbeständig ist und auch im Freien keine Imprägnierung benötigt. Da Lärchen zudem schnell wachsen, sind sie für die Forstwirtschaft von hohem Wert und werden regelmäßig angepflanzt.

männliche Blüten

weibliche Blüten

Eibe >2 — *Taxus baccata*

- > stark giftig!
- > können uralt werden
- > hartes, biegsames Holz

Merkmale Eibengewächse *(Taxaceae)*. Bis 12 m hoch, meist vom Grund an mehrstämmig. Nadeln dunkelgrün, weich, flach. Männliche Blüten in kugeligen Kätzchen, weibliche Blüten unscheinbar. Samen zur Reife von leuchtend rotem, fleischigem Mantel umgeben. Blütezeit März/April, Samenreife September/Oktober. **Vorkommen** In schattigen, nährstoffreichen Wäldern, häufig in Parks und Gärten angepflanzt. **Wissenswertes** Den Kelten war die Eibe heilig. Von den Germanen wurde sie als Sinnbild der Ewigkeit verehrt. Tatsächlich wird kein anderer Baum unserer Breiten so alt wie sie. Im Allgäu steht ein Exemplar, dessen Alter auf 2000 Jahre geschätzt wird. Eibenholz ist außerordentlich hart und gleichzeitig elastisch, ideal, um daraus Bögen, Messergriffe, Werkzeugstiele und dergleichen zu fertigen.

blühender Eibenzweig

Schwarz-Erle >3 — *Alnus glutinosa*

- > kein Bach ohne Erlen
- > Zapfen ganzjährig am Baum
- > Pionier auf nassen Böden

Merkmale Birkengewächse *(Betulaceae)*. Sommergrün, bis 25 m hoch. Blätter rundlich breit, 4–10 cm lang, am Rand gesägt. Blütenkätzchen erscheinen vor den Blättern. Männliche Kätzchen hängend, 6–12 cm lang, purpurn, mit gelben Staubbeuteln. Weibliche Kätzchen winzig, reifen zu erbsengroßen Zapfen heran. Sie verbleiben ganzjährig am Baum und machen Erlen auch im Winter leicht erkennbar. Blütezeit März/April, Fruchtreife September/Oktober. **Vorkommen** Überall in Europa in Auwäldern, an Bächen und Flüssen. **Wissenswertes** Schwarz-Erlen ertragen mehr Bodennässe als alle anderen heimischen Gehölze. Auf sumpfigem Gebiet bilden sie die sogenannten Erlenbrüche. Erlen sind für Pollenallergiker eine große Last: Zur Blütezeit entlassen sie Millionen von klitzekleinen Pollen, die überall in der Luft umherschweben.

weibliche Blüten

männliche Blüten mit gelben Staubbeuteln

Wald: Bäume und Sträucher

- > unser wichtigster Laubbaum
- > glatte, silbergraue Rinde
- > dreikantige Bucheckern

blühender Zweig

Rot-Buche >1
Fagus sylvatica

Merkmale Buchengewächse *(Fagaceae)*. Sommergrüner Baum bis 30 m Wuchshöhe. Frei stehend weit ausladend, tief hängende Zweige. Blätter eiförmig, 10–15 cm lang. Männliche Blüten in hängenden Büscheln, weibliche Blüten inmitten eines filzigen, vierklappigen Fruchtbechers, der später verholzt, im Herbst mit dreikantigen Früchten (Bucheckern). Blütezeit April/Mai, Samenreife September/Oktober. **Vorkommen** Überall in Europa häufig. **Wissenswertes** Wichtigster Laubbaum, unserem Klima optimal angepasst. Rotblättrige Blut-Buchen sind Gartenformen.

- > Symbolcharakter
- > wird älter als 1000 Jahre
- > wertvoller Forstbaum

Stiel-Eiche >2
Quercus robur

Merkmale Buchengewächse *(Fagaceae)*. Sommergrüner, stattlicher, bis 40 m hoher Laubbaum. Verzweigt sich früh, daher oft kurzer Stamm. Blätter 10–15 cm lang, ungleichmäßig gelappt. Blüten unscheinbar, Früchte (Eicheln) länglich eiförmig, 2–3 cm lang, in Becher. Blütezeit April/Mai, Fruchtreife September/Oktober. **Vorkommen** Überall in Europa, besonders im mitteleuropäischen Flachland. **Wissenswertes** Eichen werden viel älter als Buchen oder Linden. Die älteste deutsche Eiche soll 1400 Jahre alt sein.

- > weiße Rinde
- > im Herbst goldgelb
- > verursacht Pollenallergien

blühender Zweig

Hänge-Birke >3
Betula pendula

Merkmale Birkengewächse *(Betulaceae)*. Sommergrüner Laubbaum, bis 20 m hoch, weiße Rinde. Blätter 3–6 cm, meist dreieckig, im Herbst goldgelb. Blütenkätzchen erscheinen vor den Blättern. Männliche gelbbraun, bis 10 cm, hängend (Verursacher von Pollenallergien); weibliche aufrecht, grünlich. Reife Kätzchen 2–3 cm, hängend. Blütezeit April/Mai, Fruchtreife August/September. **Vorkommen** Anspruchslos, weit verbreitet in ganz Europa. **Wissenswertes** Gezüchtete Formen werden oft als Ziergehölze gepflanzt.

- > hartes Holz
- > Heckenpflanze
- > Früchte mit Flügeln

hängende Blütenkätzchen

Hainbuche >4
Carpinus betulus

Merkmale Haselnussgewächse *(Corylaceae)*. Bis 25 m hoch. Blätter eiförmig, gerieffelt, am Rand doppelt gesägt. Hängende, gelbgrüne Blütenkätzchen. 5–15 cm lange, hängende, traubenförmige Fruchtstände aus Nüsschen mit dreilappigen Flügeln. Glatte, graue Rinde mit gedrehten Längswülsten. Blütezeit April bis Juni, Samenreife ab September. **Vorkommen** In ganz Mitteleuropa wichtiger Waldbaum, oft angepflanzt. Auch in Hecken, Parks und Gärten. **Wissenswertes** Der dreilappige Fruchtbecher dient den Samen als Flugorgan. Starke Winde können die reifen Samen bis über 1 km weit wehen.

Wald: Bäume und Sträucher

- > undurchdringliche Gebüsche
- > zum Teil wintergrün
- > saftige Früchte

Brombeere >1 — *Rubus fruticosus*

Merkmale Rosengewächse *(Rosaceae)*. Teils wintergrüner, 1–2 m hoher, dicht stacheliger Strauch mit langen, bogig überhängenden Zweigen. Blätter eiförmig, 5–10 cm lang. Blüten weiß bis hellrosa, zu mehreren in lockeren Rispen. Frucht kugelig, schwarz glänzend, saftreich und säuerlich aromatisch. Blütezeit Mai bis August, Fruchtreife August bis Oktober. **Vorkommen** In ganz Europa an Wald- und Gebüschrändern häufig. **Wissenswertes** Zahlreiche kultivierte Sorten in Gärten.

- > stachelig
- > schmackhafte Früchte
- > Bienenweide

weiße, nickende Blüten

Himbeere >2 — *Rubus idaeus*

Merkmale Rosengewächse *(Rosaceae)*. Sommergrüner Strauch, 1–2 m hoch, stachelig. Blätter eiförmig, 3–8 cm lang, am Rand gesägt, unten weißfilzig. Blüten weiß, nickend. Früchte rot, saftig, schmackhaft. Blütezeit Mai/Juni, Fruchtreife Juli/August. **Vorkommen** Weit verbreitet in ganz Europa. An Waldrändern, in Hecken und Gebüschen. **Wissenswertes** Himbeeren sind seit der Steinzeit wichtige Obstpflanzen, kultiviert seit dem 16. Jahrhundert. Gezüchtete tragen größere Früchte, schmecken aber nicht so intensiv.

- > »Vogelbeere«
- > Parkbaum
- > Blüten stinken

mit weißen Blütenschirmen

Eberesche >3 — *Sorbus aucuparia*

Merkmale Rosengewächse *(Rosaceae)*. Sommergrüner, bis 15 m hoher Laubbaum. Blätter etwa 20 cm lang, aus 10–15 Fiedern bestehend. Junge Blätter riechen beim Zerreiben nach Marzipan. Blüten etwa 1 cm groß, weiß, zahlreich in dichten Schirmen. Früchte (»Vogelbeeren«) korallenrot, um 1 cm groß. Blütezeit Mai/Juni, Fruchtreife August bis Oktober. **Vorkommen** In fast ganz Europa in lichten Wäldern, Gebüsch und auf Weiden. **Wissenswertes** Häufig in Gärten und Parks gepflanzt. Die Früchte sind Lieblingsspeise vieler Vogelarten und kleiner Säugetiere. Auch für den Menschen sind sie ungiftig, schmecken aber bitter.

- > blüht frühzeitig
- > Blüten in Trauben
- > Kirschen sind schwarz

Gewöhnliche Trauben-Kirsche >4 — *Prunus padus*

Merkmale Rosengewächse *(Rosaceae)*. Sommergrüner, bis 17 m hoher Baum, wächst meist vom Grund an verzweigt. Blätter eiförmig, 5–10 cm lang. Blüten weiß, 1–2 cm groß, im Gegensatz zu anderen Kirschen in hängenden Trauben (Name!). Früchte erbsengroß, schwarz glänzend, leicht bitter, aber essbar. Blütezeit April/Mai, Fruchtreife Juli/August. **Vorkommen** Verbreitet in Europa auf tiefgründigen, feuchten Böden. Zunehmend auch Straßen- und Parkbaum. **Wissenswertes** Bereits ab April entfalten sich Blüten und Blätter gleichzeitig. Die Kirschen werden gern von Vögeln gefressen.

Wald: Bäume und Sträucher

- > »Strauch der Eichhörnchen«
- > erster blühender Strauch im Jahr
- > Winterfutter

Gewöhnliche Haselnuss >1 — *Corylus avellana*

Merkmale Birkengewächse *(Betulaceae)*. Sommergrüner, vom Grund an vielstämmiger, 2–6 m hoher Strauch. Blätter rundlich, 6–10 cm lang, weich behaart, am Rand gesägt. Blütenkätzchen erscheinen lange vor dem Laub. Männliche Kätzchen hängend, gelbbraun, 8–10 cm lang, weibliche knospenförmig. Früchte (Haselnüsse) 1–2 cm lang, eirundlich, in tütenförmigem, zerschlitztem Fruchtbecher. Blütezeit Februar bis April, Fruchtreife August/September. **Vorkommen** In Europa außer Nordskandinavien an Waldrändern und in Hecken. **Wissenswertes** Haselnüsse sind sehr fett- und eiweißreich und damit ein wichtiges Winterfutter für viele Tiere. Die im Handel erhältlichen Haselnüsse stammen meist von einer nah verwandten Art, der Lamberts-Hasel *(C. maxima)*. Sie trägt größere, bis 2,5 cm lange Früchte.

- > im Herbst goldgelb
- > Früchte geflügelt
- > Zuchtform mit roten Blättern

Berg-Ahorn >2 — *Acer pseudoplatanus*

Merkmale Ahorngewächse *(Aceraceae)*. Stattlicher, sommergrüner, bis 40 m hoher Laubbaum. Blätter fünflappig, bis 20 cm lang, am Rand grob gezähnt, im Herbst goldgelb. Blüten in hängenden, etwa 10 cm langen, gelblich grünen Rispen, erscheinen mit dem Laub oder kurz danach. Nussfrüchte mit spitzwinklig zueinander stehenden Flügeln. Blütezeit April/Mai, Fruchtreife September/Oktober. **Vorkommen** Heimisch in Europa außer auf den Britischen Inseln und in Skandinavien. Bei uns hauptsächlich in den Mittelgebirgen bis 1650 m Höhe, aber auch oft als Garten- und Parkbaum. **Wissenswertes** Vom Berg-Ahorn gibt es viele Formen, häufig gepflanzt findet man solche mit rot gefärbten Blättern. Das helle, fast weiße Ahorn-Holz ist ein wertvolles Nutzholz, aus dem Furniere und Tischplatten gefertigt werden.

typisches Ahornblatt

- > Blüten erscheinen vor Blättern
- > Blattlappen spitz
- > propellerartige Früchte

Spitz-Ahorn >3 — *Acer platanoides*

Merkmale Ahorngewächse *(Aceraceae)*. 20–30 m hoch mit schlankem, geradem Stamm. Auffällig leuchtende, gelbgrüne Blütenstände erscheinen vor Laubaustrieb. Blätter fünf- bis siebenlappig, Enden der Lappen zugespitzt (Name!). Früchte mit zwei sich gegenüberstehenden, 4–5 cm langen Flügeln. Blütezeit April/Mai, Samenreife Oktober. **Vorkommen** In Laubmischwäldern, als Park- und Alleebäume angepflanzt. **Wissenswertes** Das Holz des Spitz-Ahorn ist relativ hart und fest, aber biegsam. Das macht es zu einem wertvollen Nutzholz für die Furnier- und Parkettherstellung, den Bau von Möbeln oder Musikinstrumenten sowie für aufwendige Drechselarbeiten. Die zeitig im Frühjahr erscheinenden Blüten sind reich an süßem Nektar und locken damit hauptsächlich Bienen zur Bestäubung an.

spitz gezackte Blätter

Wald: Bäume und Sträucher

> Blätter stachelig
> Früchte rot, giftig!
> Weihnachtsschmuck

weiße, unscheinbare Blüten

Stechpalme >1 *Ilex aquifolium*

Merkmale Stechpalmengewächse *(Aquifoliaceae)*. Immergrüner Strauch oder Baum, meist bis zu 10 m hoch. Blätter ledrig, dick, dunkelgrün glänzend, 3–8 cm lang und am Rand sehr stachelig. Blüten klein, weiß, büschelig in den Blattachseln. Früchte erbsengroß, glänzend rot, giftig! Blütezeit Mai/Juni, Fruchtreife Oktober. **Vorkommen** Wächst wild in Europa, meist als strauchiger Unterwuchs in Wäldern. **Wissenswertes** Aus der Gattung *Ilex* gibt es rund 400 Arten, die vor allem in den Tropen zu Hause sind. In Gärten und Parks werden häufig Ziersorten gepflanzt wie die Meservea-Stechpalme *(I. meserveae)* mit kleineren, dunkleren Blättern und sehr zahlreichen Früchten. Stechpalmenzweige sind besonders in England ein beliebter Weihnachtsschmuck, bei uns sind die Wildvorkommen geschützt.

> giftig!
> Rinde mit Heilwirkung
> rote und schwarze Früchte

winzige Blüten in den Blattachseln

Faulbaum >2 *Frangula alnus*

Merkmale Kreuzdorngewächse *(Rhamnaceae)*. Bis 3 m hoher Strauch. Glatte, eiförmige Blätter. Kleine, weißliche Blüten. Kugelige, 7–8 mm große, anfangs rote, später schwarzviolette Steinfrüchte. Dunkle Rinde mit zahlreichen, länglichen, auffällig hellen Korkwarzen. Blütezeit Mai/Juni, Fruchtreife August bis Oktober. **Vorkommen** In feuchten Wäldern wie Erlenbrüchen, Birkenmooren oder Auwäldern, auch in Laubmischwäldern und in Hecken. **Wissenswertes** Die Früchte des Faulbaums sind giftig, ihr Verzehr führt zu starken Reizungen der Magenschleimhäute mit anschließendem Erbrechen und Schwindelanfällen, mitunter auch zum Kollaps. Die Rinde wird in der Heilpflanzenkunde als Abführmittel eingesetzt. Da dabei jedoch eine genaue Dosierung zu beachten ist, sollte man auf Selbstmedikation verzichten.

> giftig!
> dorniger Strauch
> Früchte wirken abführend

Kreuzdorn >3 *Rhamnus cathartica*

Merkmale Kreuzdorngewächse *(Rhamnaceae)*. Bis 3 m (selten bis 7 m) hoher, dorniger, sparrig verzweigter Strauch. Kahle, glänzende Zweige fast rechtwinklig abstehend. Rundliche Blätter, am Rand fein und regelmäßig gesägt. Unscheinbare, gelblich grüne, angenehm duftende Blüten mit vier Blütenblättern. Erbsengroße, anfangs grüne, später schwarze Steinfrucht. Blütezeit Mai/Juni, Fruchtreife September/Oktober. **Vorkommen** Sowohl in feuchten Laubmischwäldern als auch an sonnigen, steinigen Standorten und in Gebüschen. **Wissenswertes** Insbesondere die unreifen Früchte des Kreuzdorns sind giftig und rufen Magen-Darm-Beschwerden mit Erbrechen und Durchfall hervor. Völlig reife Früchte hingegen werden in der Pflanzenheilkunde als Abführmittel gepriesen und finden auch in der Homöopathie Verwendung.

Wald: Bäume und Sträucher

- > Baum der Flüsse
- > Blätter gefiedert
- > Schraubendreh-Früchte

typisches Eschenblatt

Gewöhnliche Esche >1   *Fraxinus excelsior*

Merkmale Ölbaumgewächse *(Oleaceae)*. Sommergrüner, stattlicher, bis 40 m hoher Baum. Blätter 20–40 cm lang, neun- bis 13-fach gefiedert. Blüten unscheinbar, Früchte geflügelt, um 3 cm lang. Blütezeit April/Mai, Fruchtreife September/Oktober. **Vorkommen** In ganz Europa verbreitet, vor allem in Schluchten, Mischwäldern und im Tiefland an Flüssen. Oft als Park- oder Zierbaum angepflanzt. **Wissenswertes** Die Früchte der Gewöhnlichen Esche gehören zu den sogenannten Schraubendrehfliegern und liefern damit ein beliebtes Kinderspielzeug: Im freien Fall drehen sie sich um ihre Längsachse und bewegen sich zugleich in einer schraubenförmigen Flugbahn. Eschenholz ist ein wertvolles, gut zu bearbeitendes, elastisches Holz. Die ersten Skier wurden daraus gefertigt und heute noch werden Sportgeräte daraus hergestellt.

- > mit »zappelnden« Blättern
- > zweihäusige Bäume
- > Wind als Bestäuber

weibliche Blütenkätzchen

Zitter-Pappel, Espe >2   *Populus tremula*

Merkmale Weidengewächse *(Salicaceae)*. Sommergrüner, bis 30 m hoher Baum, dessen Blätter schon bei der kleinsten Windbewegung »wie Espenlaub zittern«. Das liegt an den langen, seitlich abgeflachten Blattstielen. Blätter rundlich, 3–7 cm lang mit gewelltem Rand. Es gibt rein männliche und rein weibliche Bäume (zweihäusig). Männliche Blütenkätzchen hängend, rötlich grau, weibliche Kätzchen ebenfalls hängend, grün und seidig behaart, reif 5–10 cm lang und grauzottig. Frucht eine vielsamige Kapsel. Blütezeit März/April, Fruchtreife Mai. **Vorkommen** In ganz Europa häufig. **Wissenswertes** Die Blüten der Pappeln verzichten auf jeden Schmuck und sie duften auch nicht verführerisch. Denn anders als die nah verwandten Weiden müssen sie keine Insekten zur Bestäubung anlocken. Ihre Pollenmengen werden einfach mit dem Wind verfrachtet.

- > weiche Blätter
- > Blüten tragen einen Pelz
- > frühe Nektarquelle für Bienen

eiförmige, weiche Blätter

Sal-Weide >3   *Salix caprea*

Merkmale Weidengewächse *(Salicaceae)*. Sommergrüner, bis 9 m hoher, mehrstämmiger Baum oder Strauch. Blätter eiförmig, 4–12 cm lang, unterseits dicht weißlich behaart. Blütenkätzchen erscheinen lange vor den Blättern. Männliche Kätzchen eiförmig, 3 cm lang, zunächst mit Haarpelz, aufgeblüht dekorativ goldgelb; weibliche länglicher und grün. Blütezeit März bis Mai, Fruchtreife Mai/Juni. **Vorkommen** Ganz Europa. Oft mit anderen Weidenarten an Gewässern, auch an Waldrändern und in Hecken. **Wissenswertes** Die Blütenkätzchen der Sal-Weide erscheinen früh im Jahr. Vor Frostschäden schützt sie ihre jungen Blüten mit einem weißen, katzenfellähnlichen Haarpelz. Ihre duftenden, nektar- und pollenreichen Blüten sind eine wichtige Nahrung für früh im Jahr fliegende Bienen. Die Kätzchen stehen deshalb unter Naturschutz.

Wald: Bäume und Sträucher

- > Blüten locken Käfer und Fliegen an
- > leuchtend rote Früchte
- > Fruchtfleisch gekocht essbar

Trauben-Holunder, Berg-Holunder >1 *Sambucus racemosa*

Merkmale Geißblattgewächse *(Caprifoliaceae)*. 1–4 m hoher Strauch, selten baumförmig. Unpaarig gefiederte Blätter. Zahlreiche kleine, grünlich gelbe Blüten in aufrechter, rundlicher Rispe. Etwa 5 mm große, leuchtend korallenrote Früchte. Blütezeit März bis Mai, Fruchtreife Juli/August. **Vorkommen** Meist in sonnigen Lagen auf Kahlschlagflächen, Waldlichtungen sowie in Hecken und an Wegrändern. **Wissenswertes** Das Fruchtfleisch des Trauben-Holunders ist sehr vitaminreich und lässt sich gekocht ähnlich wie die Früchte des Schwarzen Holunders (s. S. 124) zu Mus, Marmelade, Gelee oder Saft verwerten. Allerdings müssen die Früchte immer voll ausgereift sein – man darf sie niemals roh verwenden! Außerdem sind die kleinen, gelborangenen Steinkerne giftig und müssen ausgesiebt werden.

grünlich gelbe Blütenrispe

- > wächst wie eine Liane
- > duftet abends und nachts
- > lockt Nachtschmetterlinge

Wald-Geißblatt >2 *Lonicera periclymenum*

Merkmale Geißblattgewächse *(Caprifoliaceae)*. Sommergrüner, über 5 m hoch kletternder Schlingstrauch. Blätter 5–8 cm lang, eiförmig, treiben schon im zeitigen Frühjahr aus. Blüten duftend, röhrenförmig, gelblich weiß, oft rötlich angehaucht, zu mehreren in endständigen Köpfchen. Früchte erbsengroß, dunkelrot. Blütezeit Mai bis August, Fruchtreife August/September. **Vorkommen** In fast ganz Europa in Wäldern, Gebüschen und Hecken. **Wissenswertes** Die Blüten sind zunächst weiß bis cremefarben und rötlich überlaufen, erst nach der Bestäubung verfärben sie sich gelb. Mit ihrem Duft, der besonders intensiv in den Abendstunden ist, locken sie zahlreiche Nachtschmetterlinge an. Im Schwirrflug vor den Blüten stehend, saugen sie mit ihren langen Rüsseln den Nektar aus den Blüten.

erbsengroße, rote Früchte

- > einheimische Liane
- > Wildform der Garten-Clematis
- > fedrige Früchte auch im Winter

Gewöhnliche Waldrebe >3 *Clematis vitalba*

Merkmale Hahnenfußgewächse *(Ranunculaceae)*. Sommergrüner, bis über 10 m kletternder Schlingstrauch. Blätter länglich, 3–10 cm. Blüten grünlich weiß, 2–3 cm groß, in reichblütigen Rispen. Früchte fallen schon von Weitem auf, sie tragen zahlreiche dicht fedrige, 3 cm lange Griffel, die im Winter am Strauch verbleiben. Blütezeit Juni bis September, Fruchtreife Oktober. **Vorkommen** In feuchten Wäldern und an Waldrändern. **Wissenswertes** Die Waldrebe ist eine der wenigen heimischen Lianen. Bekommt sie genug Nährstoffe, überwuchert sie mit ihren rankenden Blattstielen ganze Bäume und manchmal sogar Baumgruppen. Infolge der Lichtarmut können diese absterben, und nicht selten brechen sie unter der Last der Sprosse zusammen. Durch Züchtung entstanden viele beliebte Garten-Clematis-Sorten mit auffälligen Blüten.

Wald: Bäume und Sträucher

> sehr giftig!
> Frühblüher im Wald
> Früchte korallenrot, glänzend

Gewöhnlicher Seidelbast >1 — *Daphne mezereum*

Merkmale Seidelbastgewächse *(Thymelaeaceae)*. Sommergrüner, bis 1,5 m hoher Strauch. Stark duftende, rosarote Blüten, erscheinen vor den länglichen Blättern. Früchte erbsengroß, rot glänzend. Blütezeit Februar bis April, Fruchtreife August/September. **Vorkommen** In schattigen Laub- und Mischwäldern und an Flüssen und Bächen. **Wissenswertes** Alle Teile der Pflanze sind für Säugetiere giftig. Vögel können die Früchte in großen Mengen verzehren und tragen so zur Samenverbreitung bei. Geschützt.

> süße Früchte
> liefert köstliche Marmelade
> verursacht farbechte Flecken

blühende Heidelbeere

Blaubeere, Heidelbeere >2 — *Vaccinium myrtillus*

Merkmale Heidekrautgewächse *(Ericaceae)*. 10–40 cm hoher Zwergstrauch mit kantigen, grünen Zweigen. Glockenförmige grünlich rötliche Blüten. Blätter rundlich eiförmig, zugespitzt. Früchte blauschwarz mit rotem Saft. Blütezeit Mai/Juni, Früchte August bis Oktober. **Vorkommen** In Wäldern mit saurem Boden und in Heidegebieten. **Wissenswertes** Die Früchte sind sehr vitaminreich und werden sowohl frisch als auch zu Marmelade verarbeitet gegessen. Zum Verwechseln ähnlich sieht ihr die bitter schmeckende Rauschbeere (s. u.).

> giftig!
> nicht mit Heidelbeeren verwechseln!

typisch: Stängel unten braun

Rauschbeere >3 — *Vaccinium uliginosum*

Merkmale Heidekrautgewächse *(Ericaceae)*. 20–80 cm hoher, verzweigter Strauch. Braune rundliche Zweige. Zwei bis drei weißlich-rosafarbene, glockenförmige Blüten in den Achseln der oberen Blätter. Blätter dunkelgrün. Frucht eine bereifte, dunkelblaue Beere mit hellem Fleisch und Saft. Blütezeit Mai/Juni, Fruchtreife August/September. **Vorkommen** In moorigen Wäldern, im Gebirge und auf Heideflächen. **Wissenswertes** Übermäßiger Verzehr der giftigen Beeren führt zu rauschartigem Zustand (Name!), Erbrechen und Schwindel.

> Früchte essbar
> immergrün
> glockenförmige Blüten

blühende Preiselbeere

Preiselbeere >4 — *Vaccinium vitis-idaea*

Merkmale Heidekrautgewächse *(Ericaceae)*. 10–25 cm hoher Zwergstrauch. Eiförmige Blätter immergrün, lederartig, am Rand leicht eingerollt. Zwei bis zehn weiß-rötliche, glockenförmige Blüten in Trauben am Ende der Zweige. Frucht eine leuchtend rote Beere: Blütezeit Mai bis August, Fruchtreife August bis Oktober. **Vorkommen** In lichten Wäldern, insbesondere in Kiefernwäldern. Auch in Mooren und Heiden. **Wissenswertes** Die leicht säuerlich und herb schmeckenden Früchte sind reich an Vitamin C und Provitamin A. Als Kompott oder Marmelade sind sie z. B. an Wildbraten eine beliebte Beilage.

Wald: Wirbellose Tiere

- Rücken gekielt
- schwarz-weiß-schwarze Sohle
- tagsüber verborgen

Schwarzer Schnegel >1 *Limax cinereo-niger*

Merkmale 10–20 cm lange Nacktschnecke. Oberseite grauschwarz bis schwarz. Sohle dreigeteilt: Mittelfeld weiß, beide Seitenfelder schwarz. Rücken etwa über halbe Körperlänge mit deutlich ausgeprägtem, scharfem Kiel. **Vorkommen** In Wäldern und Gebüschen. **Lebensweise** Tagsüber unter Steinen, Holz und loser Rinde verborgen. Ernährt sich von Pilzen, Pflanzen und Aas. **Wissenswertes** Zur Paarung kriechen die Schnecken meist an Baumstämmen empor und umwinkeln sich spiralig mit ihren Körpern.

- spindelförmiges Gehäuse mit »Schwingtür«
- oft an Baumstämmen

Schließmundschnecke >2 *Cochlodina laminata*

Merkmale Ca. 1,5 cm langes, oft gewundenes, spindelförmiges Gehäuse. **Vorkommen** Häufig in Laub- und Mischwäldern. **Lebensweise** Schließmundschnecken leben an Baumstämmen, aber auch an bemoosten Felsen, unter moderndem Holz oder in der Bodenstreu. Sie ernähren sich von Pflanzen sowie von Algen- und Pilzaufwuchs. **Wissenswertes** Die Schnecke kann ihr Gehäuse mit einer Kalkplatte verschließen, die an einem elastischen Stiel hängt. Kriecht sie aus dem Haus, drückt sie die Tür von innen auf – zieht sie sich in ihr Haus zurück, federt die Tür von alleine wieder zu.

- rollt sich ein
- unter Steinen und Laub
- »Bio-Häcksler«

Rollassel, Kugelassel >3 *Armadillidium* spec.

Merkmale 10–12 mm lang mit hochgewölbtem Körper. Glänzende, graue Oberseite, fein punktiert. **Vorkommen** In Laubwäldern unter Steinen, Falllaub und im Moos. **Lebensweise** Rollasseln sind von großer Bedeutung im Stoffkreislauf des Waldes, da sie sich von verrottenden Pflanzenteilen ernähren und diese für den weiteren Abbau zerkleinern. **Wissenswertes** Rollasseln können sich bei Störungen zu einer geschlossenen Kugel einrollen und so alle empfindlichen Körperteile mit ihrem harten Panzer schützen. Hierin ähneln sie den Saftkuglern (vgl. S. 58).

- gehört zu den Krebsen
- mag es feucht
- lebt versteckt

Mauerassel >4 *Oniscus asellus*

Merkmale Ovaler, stark abgeflachter, 15–18 mm langer Körper. Dunkelbraun mit hellen Flecken. **Vorkommen** Oft unter Steinen, moderndem Holz oder der Rinde abgestorbener Bäume. **Lebensweise** Mauerasseln ernähren sich hauptsächlich von verrotteten Pflanzen und erfüllen damit eine wichtige Aufgabe im Stoffkreislauf der Wälder. **Wissenswertes** Asseln atmen ähnlich wie Fische mit Kiemen. Deshalb können sie nur an Orten leben, die so nass sind, dass ihre Hinterbeine feucht bleiben – dort sind ihre Kiemen verborgen.

Wald: Wirbellose Tiere

- nur nachts unterwegs
- unter Steinen versteckt
- kann schmerzhaft beißen!

Brauner Steinläufer >1 — *Lithobius forficatus*

Merkmale 2–3 cm langer, rotbrauner »Hundertfüßer« mit 15 Beinpaaren und schnurförmigen Fühlern. Das letzte Beinpaar ist auffallend verlängert. Hält zwei mächtige Giftklauen unter dem Kopf bereit. **Vorkommen** In Wäldern, Wiesen und Gärten. **Lebensweise** Hält sich tagsüber unter Laub, Steinen, Rinde oder Holz verborgen. Kriecht nachts aus seinem Versteck und geht auf Raubzüge. **Wissenswertes** Mit seinen Fühlern ertastet er Asseln, Spinnen und Insekten, packt sofort mit seinen Giftklauen zu und lähmt seine Beute mit einem Biss.

- bildet Kugel
- ist ein »Tausendfüßer«
- lebt versteckt

Gerandeter Saftkugler >2 — *Glomeris marginata*

Merkmale 10–20 mm lang, asselähnliches Aussehen. Glänzend schwarz mit hellen Segmenträndern. **Vorkommen** In Laubwäldern. **Lebensweise** Saftkugler leben versteckt unter moderndem Holz oder in der Laubstreu und ernähren sich von verrottenden Pflanzen. Bei Gefahr rollen sie sich zu einer etwa erbsengroßen Kugel zusammen. **Wissenswertes** Im Aussehen und Verhalten ähnlich ist die Kugel- oder Rollassel (*Armadillidium vulgare*, vgl. S. 56). Ein Unterscheidungsmerkmal sind die Beine: Saftkugler tragen unter jedem Rückenschild zwei Beinpaare verborgen, bei den Kugelasseln ist es jeweils nur eines.

- typischer »Tausendfüßer«
- Körper geringelt
- rollt sich zu flacher Spirale

Schnurfüßer >3 — *Schizophyllum* spec.

Merkmale 3–5 cm langer, wurmförmiger Körper. Glänzend schwarzbraun. Körper mit über 30 Segmenten (Ringen). **Vorkommen** Besonders in Laubwäldern. **Lebensweise** Schnurfüßer leben in der Laubstreu, alten Baumstubben und unter moderndem Holz und Steinen. Sie fressen Laub und anderes abgestorbenes Pflanzenmaterial. **Wissenswertes** »Tausendfüßer« gehören zu den Doppelfüßern *(Diplopoda)*, da an jedem Segment zwei Beinpaare sitzen. Übrigens haben sie »nur« um die 100–260 »Füße«.

- zwei Beinpaare pro Segment
- baut kunstvolle Eikammern
- immer genau 20 Körpersegmente

Bandfüßer >4 — *Polydesmus* spec.

Merkmale Etwa 2 cm langer Körper mit 20 Ringen, deren Rückenschilder flach sind und breite Seitenflügel tragen. **Vorkommen** Meist in feuchten Wäldern. **Lebensweise** Bandfüßer bewohnen morsches Holz sowie die feuchte Laubstreu des Waldbodens. Sie sind lichtscheue Pflanzenfresser. **Wissenswertes** Die Weibchen bauen charakteristische Eikammern: Sie bilden einen ringförmigen Wall aus Erde, legen ihre Eier hinein und verschließen das Ganze mit einem kuppelförmigen Dach.

Wald: Wirbellose Tiere

- > fürsorgliche Mütter
- > jagen wie Wölfe
- > für den Menschen harmlos

Waldwolfsspinne >1 *Pardosa lugubris*

Merkmale Bis 1 cm große, dunkelbraune Spinne mit breitem, hellem Streifen auf dem Vorderkörper. **Vorkommen** Im Bodenlaub, an Waldrändern und auf sonnigen Lichtungen. **Lebensweise** Wolfsspinnen bauen keine Netze, sondern jagen frei auf dem Boden. Dabei erbeuten sie ihre Opfer ähnlich wie Wölfe, nämlich nach vorsichtigem Anschleichen durch einen gezielten Sprung (Name!). Wolfsspinnen sind besonders fürsorgliche Mütter. Ihre Eier spinnen sie in einen seidenen Kokon, den sie vier bis sechs Wochen lang an ihrem Hinterleib mit sich herumtragen. Sind die Jungspinnen geschlüpft, dürfen sie auf dem Rücken der Mutter reiten, bis sie nach etwa einer Woche groß genug für eigene Jagdausflüge sind. **Wissenswertes** Oft sieht man viele Wolfsspinnen nahe beieinander herumlaufen. Das hat mit sozialem Verhalten nichts zu tun, denn kleinere Tiere werden gern gefressen.

- > baut Baldachinnetz
- > lauern mit Bauch nach oben
- > sehr häufig

Baldachinspinne >2 *Linyphia triangularis*

Merkmale Körperlänge 5–7 mm, wirkt aber durch lange Beine größer. Vorderkörper oben bräunlich mit dunklem, gegabeltem Streif. Hinterkörper oben mit gezacktem Längsband. Flanken hell gestreift. Unterseite dunkel. **Vorkommen** Häufig in Wäldern, Hecken, Parks und Gärten zwischen niedrigen Sträuchern. **Lebensweise** Die Tiere lauern mit dem Bauch nach oben unter ihren Netzen. **Wissenswertes** Typisch sind die Netze der Baldachinspinnen, die besonders im Spätsommer und Herbst durch die morgendlichen Tautröpfchen auffallen und oft massenhaft die niedrige Vegetation überziehen: Von einem waagerecht gespannten Gespinstteppich gehen nach oben Fang- und Stolperfäden ab. In diesem Fadengewirr verfangen sich Insekten, fallen auf den Baldachin und werden von der unter dem Netz lauernden Spinne gegriffen.

- > saugt Blut
- > überträgt gefährliche Krankheiten
- > auch auf Wiesen häufig

Holzbock, Zecke >3 *Ixodes ricinus*

Merkmale Etwa 0,5 cm groß und rotbraun gefärbt. Mit Blut prall voll gesogene Tiere werden bis 1 cm groß und sehen aus wie gräuliche Kaffeebohnen. Zecken zählen zu den Spinnentieren und haben acht Beine. **Vorkommen** Sehr häufig in Wäldern mit reicher Kraut- und Strauchschicht, aber auch auf Wiesen! **Lebensweise** Ausgewachsene Männchen leben rein vegetarisch. Weibchen und Jungtiere (Larven) saugen Blut. **Wissenswertes** Beim Saugen können Zecken gefährliche Krankheiten wie Hirnhautentzündung und Borreliose übertragen. Bilden sich nach einem Biss Rötungen um die Wunde, sollte man in jedem Fall einen Arzt aufsuchen! Generell sollte man sich nach sommerlichen Wanderungen durch Wald und Wiese gründlich nach Zecken absuchen.

Wald: Wirbellose Tiere

Waldschabe >1
Ectobius lapponicus

- > tagaktiv und Wärme liebend
- > nur Männchen fliegen
- > überlange Fühler

Merkmale 10–15 mm lang, länglich ovaler Umriss. Bräunlich gelbe Flügel. Lange, fadenförmige Fühler. **Vorkommen** In und auf der Kraut- und Bodenschicht von Laub-, Misch- und Nadelwäldern. **Lebensweise** Die tagaktiven, Wärme liebenden Waldschaben ernähren sich von vermodernden Pflanzen sowie von Kleintieren. **Wissenswertes** Die Männchen sind mit ihren gut ausgebildeten Hinterflügeln flugfähig, die Weibchen haben nur verkümmerte Flugflügel und können sich nur krabbelnd fortbewegen.

Beerenwanze >2
Dolycoris baccarum

- > saugt an Beeren
- > angestochene Früchte ungenießbar
- > schön gefärbt

Merkmale 10–12 mm lang, Körper bräunlich, Deckflügel rötlich violett. Hinterleib am Rand schwarz-weiß gemustert, Fühler schwarz-weiß geringelt. **Vorkommen** Stellenweise häufig an Waldrändern. **Lebensweise** Beerenwanzen ernähren sich von Pflanzensäften, die sie mit dem Rüssel einsaugen. Ihr Name kommt von ihrer Vorliebe zu Blau-, Him- und Brombeeren. **Wissenswertes** Die angestochenen Früchte sind ungenießbar, da die Wanzen beim Saugen des Saftes übel schmeckenden Speichel einspritzen.

Totengräber >3
Necrophorus vespilloides

- > »Leichenbestatter«
- > Aaskäfer
- > Flügelbinden orange

Merkmale Etwa 2 cm lang. Schwarz mit zwei orangeroten Querbinden auf den Flügeldecken. **Vorkommen** In Wäldern häufig, meist an Kadavern zu finden. **Lebensweise** Totengräber machen ihrem Namen Ehre: Liegt im Wald ein totes Tier, etwa eine Maus, so dauert es nicht lange, bis eine ganze Schar von ihnen, vom Verwesungsgeruch angelockt, herbeifliegt, um den Leichnam »zu beerdigen«. Sie graben die Erde unter dem Kadaver weg, sodass dieser tief in die Erde sinkt. Ein Weibchen legt dann auf ihm seine Eier ab – der Tierleichnam dient als erste Nahrung für den Nachwuchs.

Rothalsige Silphe >4
Oeceoptoma thoracium

- > rotes Halsschild
- > Aaskäfer
- > oft an Stinkmorcheln

Merkmale Etwa 1,5 cm lang. Schwarz mit unverwechselbarem rötlichem Halsschild. **Vorkommen** Häufig in Laub- und Mischwäldern. **Lebensweise** Sowohl die Käfer als auch deren Larven ernähren sich von Aas, faulenden Pflanzen und Pilzen sowie von Kot. Damit kommt ihnen eine äußerst wichtige Bedeutung im Stoffkreislauf der Wälder zu. **Wissenswertes** Der Käfer wird auch vom Aasgeruch der Stinkmorcheln (s. S. 12) angelockt. Hier frisst er die schleimige, olivgrüne Masse, die die unverdaulichen Pilzsporen enthält, und verbreitet diese daraufhin per Ausscheidung.

Wald: Wirbellose Tiere

- Greifzangen
- lange Laufbeine

Hain-Laufkäfer >1
Carabus nemoralis

Merkmale 2–3 cm langer Käfer, oben glänzend schwarzgrün bis bronzefarben, kräftige Greifzangen, lange Laufbeine (Name!). **Vorkommen** In Wäldern, aber auch in Hecken, Gärten und gelegentlich in Kellern. **Lebensweise** Krabbelt meist nachts durch die Laubstreu und räubert Raupen, Schnecken, Würmer und auch Fallobst. Hält sich am Tag unter Steinen versteckt. **Wissenswertes** Laufkäfer können schädliche Insekten wie Kartoffelkäfer reduzieren, einige Arten nutzt man zur biologischen Schädlingsbekämpfung.

- Körper gewölbt
- fliegt mit lautem Brummen durch den Wald
- Larve frisst Kot

Waldmistkäfer >2
Geotrupes stercorosus

Merkmale Etwa 2 cm großer, blauschwarz glänzender, rundlich gewölbter Käfer. **Vorkommen** In Wäldern. **Lebensweise** Frisst tierische Exkremente und spielt eine wichtige Rolle im Naturkreislauf. Neben die Kothaufen graben die Käfer 30–40 cm tiefe Röhren, füllen sie mit Kot und legen ein Ei hinein. Die Larve ernährt sich vom Kot, verpuppt sich darin und erscheint im nächsten Jahr als Käfer. **Wissenswertes** Fliegt an Frühlingsabenden laut brummend dicht über dem Boden auf der Suche nach Kot.

- Fühler fächerartig
- erscheint im Mai
- gefürchtet: Maikäferjahre

Maikäfer, Feldmaikäfer >3
Melolontha melolontha

Merkmale 2–3 cm großer, kräftiger Käfer mit kastanienbraunem Rücken, schwarzem Kopf und Hals und gefächerten Fühlern. **Vorkommen** In Wäldern und Feldern, jahrweise häufig. **Lebensweise** Gräbt sich im Mai aus dem Boden (Name!) und beginnt sofort, die Blätter verschiedener Laubbäume (Kastanie, Rot-Buche, Eiche u.a.) zu fressen. Gräbt Eier in den Erdboden, die Larven (Engerlinge) fressen Pflanzenwurzeln. **Wissenswertes** Alle drei bis vier Jahre kommt es zu Massenvermehrungen (»Maikäferjahre«), in denen die Käfer Bäume komplett kahl fressen können. Bei uns gibt es auch noch den Waldmaikäfer.

- unser größter Käfer
- mit Zangen wie Geweihe
- braucht alte Eichenwälder

Hirschkäfer >4
Lucanus cervus

Merkmale Männchen (links) bis 8 cm, mit mächtigen, geweihartigen Zangen am Kopf und rotbraunen Flügeldecken. Weibchen (rechts) 3–5 cm, kleinere Zangen, dunkelbraun. **Vorkommen** Nur in alten Eichenwäldern mit morschen Bäumen in Mittel- und Südeuropa. **Lebensweise** Schwärmt in der Abenddämmerung brummend durch den Wald. Ritzt Bäume an und leckt Baumsäfte. Legt Eier in morsches Holz. Die Larven leben hier fünf bis acht Jahre und werden 11 cm groß! **Wissenswertes** Mit den Zangen kämpfen die Männchen um die Weibchen.

Wald: Wirbellose Tiere

Buchdrucker, Familie Borkenkäfer >1 *Ips typographus*

> als »Forstschädlinge« gefürchtet
> typische Fraßbilder unter der Rinde

Merkmale 4–5 mm lang, bräunlich mit feiner Behaarung. **Vorkommen** In Nadelwäldern, besonders mit Fichtenbeständen. **Lebensweise** Borkenkäfer können in Monokulturen größeren Schaden anrichten. Ihre Holz fressenden, madenförmigen Larven hinterlassen unter der Rinde typische Fraßbilder. Namen wie Buchdrucker oder Kupferstecher haben ihren Ursprung in den Fraßmustern der Käferlarven. **Wissenswertes** In unseren Wäldern gibt es über 100 weitere, zum Teil sehr ähnliche Borkenkäfer-Arten.

Skorpionsfliege >2 *Panorpa communis*

> gefleckte Flügel
> Schwanz wie ein Skorpion
> sticht nicht!

Merkmale Etwa 2 cm groß, durchsichtige Flügel mit dunklen Adern und Flecken. Das Gesicht ist in einen Rüssel verlängert und am Hinterleib des Männchens (links) prangt ein Stachel, der an den von Skorpionen erinnert. **Vorkommen** In feuchten Laubwäldern, Parks und Gärten. **Lebensweise** Frisst tote Kleintiere, die sie auch aus Spinnennetzen stiehlt, sowie verrottende Pflanzen und Früchte. **Wissenswertes** Der Stachel dient nicht zum Stechen. Er ist eine Zange, mit der das Männchen (links) das Weibchen (rechts) bei der Paarung festhält.

Rote Waldameise >3 *Formica rufa*

> baut Hügel
> verspritzt Säure

Merkmale Etwa 1 cm groß, rot und schwarz gefärbt. Auffälliger als die Ameise sind ihre Nester. Das sind bis über 1 m hohe Erdhügel, die mit Nadeln bedeckt sind. **Vorkommen** Häufig in Nadelwäldern. Nester meist an sonnigen Waldrändern. **Lebensweise** In einem Nest lebt ein ganzes Ameisenvolk aus bis zu 100 000 Tieren. Sie gehen gemeinsam auf Jagd und können so auch größere Tiere erlegen, z. B. Heuschrecken und Käfer. **Wissenswertes** Zur Verteidigung verspritzen sie Ameisensäure, die auf der Haut brennt.

Riesen-Holzschlupfwespe >4 *Rhyssa persuasoria*

> nützlich, da Schädlingsbekämpfer
> für Menschen völlig harmlos

Merkmale 2–3 cm lang. Körper schwarz mit weißen Zeichnungen. Weibchen mit mehr als körperlangem Legebohrer. **Vorkommen** In Nadelwäldern. **Lebensweise** Weibliche Schlupfwespen sind in der Lage, die im Holz lebenden Larven von Holzwespen zielsicher aufzuspüren. Mit ihrem langen Legebohrer stechen sie diese bis in eine Tiefe von 3 cm an, lähmen sie und deponieren ein Ei an ihnen: Die eigene Larve ernährt sich sodann von der Holzwespenlarve. **Wissenswertes** Da die Larven der Holzwespen der Forstwirtschaft einen gewissen Schaden zufügen, ist die Schlupfwespe als natürlicher Feind gern gesehen und wird als Nützling eingestuft.

Wald: Wirbellose Tiere

Schwammspinner >1
Lymantria dispar

- Fühler kammartig
- frisst Bäume kahl
- manchmal sehr häufig

Merkmale Etwa 3 cm groß, Männchen braun, Weibchen gelblich weiß. Besonders das Männchen hat auffallend große, kammartige Fühler. Die Raupe ist sehr variabel gefärbt. **Vorkommen** Häufig in Laubwäldern, im Norden selten. **Lebensweise** Die hellen Männchen fliegen auf der Suche nach Weibchen nachmittags im Wald umher. Das Weibchen legt die Eier an Baumrinde ab. In manchen Jahren kommt es zu Massenentwicklungen, dann fressen die Raupen ganze Bäume kahl. Flugzeit Juli bis September. **Wissenswertes** Der Name bezieht sich auf die schwammartigen Eigelege.

Nagelfleck >2
Aglia tau

- auffällige Augenflecke
- Raupe frisst Buchenblätter
- geschützt

Merkmale Flügel orangebraun mit je einem schwarz gesäumten, violetten Augenfleck. **Vorkommen** In Laub- und Mischwäldern mit Buchenbeständen. **Lebensweise** Die Flugzeit beginnt bereits Ende März und endet im Juni. Insbesondere die männlichen Tiere kann man tagsüber im Zickzackflug dicht über dem Boden beobachten. Die Raupen ernähren sich von Buchenblättern. **Wissenswertes** Mit relativ großen geweihartigen und rot-weiß geringelten Fortsätzen sieht die Jungraupe recht bizarr aus.

Waldbrettspiel >3
Pararge aegeria

- Zeichnung eines Brettspiels
- Männchen mit Revier
- Raupe an Gräsern

Merkmale Flügeloberseite dunkelbraun mit typischer weißlicher Fleckenzeichnung und gelb umrandeten Augenflecken am Flügelrand. Hinterflügel zackig gewellt. **Vorkommen** Häufig in lichten Wäldern, an Waldrändern und auf Waldlichtungen. **Lebensweise** Das Männchen sitzt im Halbschatten auf Blättern, verteidigt hier ein Revier gegen Konkurrenten und wartet auf vorbeikommende Weibchen. Die Falter saugen nicht nur an Blüten, sondern häufig an Baumsäften und reifen Früchten. Die hellgrün gefärbte Raupe frisst an verschiedenen Waldgräsern.

Kaisermantel >4
Argynnis paphia

- »schön wie des Kaisers Mantel«
- Hochzeitstänze

Merkmale 3,5–4 cm groß. Orange mit schwarzen Punkten und Flecken. **Vorkommen** Auf Waldwiesen und an Waldwegen. **Lebensweise** Die Falter saugen Nektar an den Blüten von Brombeeren, Wasserdost und Disteln, die Weibchen legen ihre Eier an Baumrinde ab. Die Raupen schlüpfen erst nach dem Winter, sie fressen an Veilchen und Himbeeren. Flugzeit Juli und August. **Wissenswertes** Auf sonnigen Waldlichtungen kann man die Balztänze beobachten. Dabei wird das Weibchen immer wieder vom Männchen unter- und überflogen.

Wald: Vögel

> - Kleinvogeljäger
> - quer gestreifte Brust
> - jagt im Winter am Futterhaus

Sperber >1 *Accipiter nisus*

Merkmale Etwa krähengroß mit quer gestreifter Unterseite (»Sperberung«). Im Flug sind außerdem die recht kurzen, runden Flügel in Kombination mit dem langen Schwanz ein gutes Erkennungsmerkmal. **Vorkommen** Brutvogel meist in Fichtenforsten, jagt aber in Hecken- und Buschlandschaften, im Winter auch häufig in der Nähe von Ortschaften, wo er vom Kleinvogel-Angebot an Futterhäuschen profitiert. **Lebensweise** Der Sperber ist ein Überraschungsjäger, der plötzlich aus der Deckung herausgeschossen kommt und sich pfeilschnelle Verfolgungsjagden mit Kleinvögeln liefert. Zu seiner Hauptbeute zählen Spatzen, Finken und Amseln. **Wissenswertes** Dass irgendwo ein Sperber lauert, bemerkt man am ehesten an der Reaktion erregter Kleinvögel: Sie lassen dann hohe, durchdringende Alarmrufe hören.

rundliche Flügel, langer Schwanz

> - des Sperbers »großer Bruder«
> - erbeutet Vögel ab Drosselgröße
> - wendiger Überraschungsjäger

Habicht >2 *Accipiter gentilis*

Merkmale Etwas größer als ein Bussard, ist er eine große, kräftige Ausgabe des Sperbers. **Vorkommen** Brütet in Wäldern mit alten Baumbeständen, seine Jagdgebiete liegen in offener, buschreicher Landschaft. **Lebensweise** Schlägt vor allem diejenigen Vögel, die der Sperber aufgrund seiner geringeren Größe kaum noch bekommt. Vor allem Drosseln, Tauben und Eichelhäher stehen auf seinem Speiseplan, aber auch Säugetiere wie Eichhörnchen und Kaninchen. **Wissenswertes** Der Habicht ist der Symbolvogel des Naturschutzes für die rücksichtslose Verfolgung einer Tierart, die zum katastrophalen Rückgang führte. Kaum ein anderer Vogel wurde und wird zum Teil noch so von Jägern, Taubenzüchtern und Kleintierhaltern gehasst wie der Habicht.

Weibchen größer als Männchen

> - »Gabelweihe«
> - »Müllverwertung« beim Nestbau

Rotmilan >3 *Milvus milvus*

Merkmale Etwas größer als ein Bussard. Rötlich gefärbt mit weißlichem Kopf und Hals. Tief gegabelter rotbrauner Schwanz. Im Flug von unten gesehen kontrastreich gefärbt. **Vorkommen** In lichten Laub- und Mischwäldern, jagt über Felder und Wiesen. **Lebensweise** Rotmilane machen Jagd auf verschiedene Kleinsäuger und Vögel, gehen aber auch gerne an Aas und »Straßenopfer«. Ihr Nest befindet sich meist hoch in den Bäumen und ist oft mit Lumpen, Papier und ähnlichem Müll ausgekleidet. **Wissenswertes** Die meisten Rotmilane ziehen während der kälteren Wintermonate in den Mittelmeerraum, einige bleiben jedoch auch bei uns. Der Schwarzmilan *(Milvus migrans)* hat einen weniger deutlich gegabelten Schwanz, schlanke, lange Flügel und dunkle Flügelunterseiten mit einem etwas helleren Feld nahe der Flügelspitzen.

mit Gabelschwanz

Wald: Vögel

Waldohreule >1 — *Asio otus*

- lange Federohren
- orangefarbene Augen
- brütet in Krähennestern

Merkmale Etwa krähengroße, schlanke Eule (viel schlanker als Waldkauz) mit langen, aufrichtbaren Federohren und orangefarbenen Augen, an denen man sie auch dann erkennt, wenn ihre Federohren angelegt sind. **Vorkommen** Brütet in kleinen Feldgehölzen oder am Waldrand, jagt in offener Landschaft. **Lebensweise** Waldohreulen bauen keine eigenen Nester, sondern brüten in ehemaligen Krähen- und Elsternestern, aber auch in verlassenen Nestern von Greifvögeln, Tauben und in Eichhörnchenkobeln. Leben fast ausschließlich von Feldmäusen. **Wissenswertes** Waldohreulen sind stark vom Angebot an Feldmäusen abhängig. In schlechten Mäusejahren brüten sie erst gar nicht. In kalten Wintern erregen oftmals ganze Trupps von Waldohreulen in Städten Aufsehen. Hier ist das Angebot an Nahrung besser als auf dem Land.

Flügelspannweite bis zu 95 cm

Uhu >2 — *Bubo bubo*

- größte Eule der Welt
- ruft laut seinen Namen: »U-hu«
- häufig ausgewilderte Vögel

Merkmale Fast so groß wie ein Adler, massiger Körper mit dickem Kopf, großen orangegelben Augen und langen Federohren. **Vorkommen** Hauptsächlich Brutvogel in den Alpen und im Mittelgebirge, durch Aussetzen gezüchteter Vögel auch wieder kleine Bestände im Flachland. **Lebensweise** Jagt überwiegend nachts, erbeutet häufig Igel, Ratten und Vögel bis Entengröße, kann sogar Hasen fangen. Brütet in Felswänden, Wäldern und Kiesgruben. **Wissenswertes** Durch starke Bejagung wurde der Uhu in weiten Landesteilen ausgerottet. Viele der heute bei uns brütenden Paare sind ausgewilderte Vögel. Dass die Wiederansiedlung gelang, zeigt, dass der Lebensraum für die ehemals bedrohte Eule noch existiert. Für den Menschen ist diese große Eule nicht gefährlich.

Flügelspannweite bis zu 170 cm

Waldkauz >3 — *Strix aluco*

- unheimliches »huuu huhuhuhuh«
- brütet in Höhlen
- am Brutplatz aggressiv

Merkmale Gedrungene, kompakte Eule, größer als eine Krähe. Mit großem, rundem Kopf und – im Unterschied zur Waldohreule – schwarzen Augen. Ihr nächtlich vorgetragener Reviergesang wird vielfach in Kriminalfilmen eingesetzt, denn er klingt so schön schauerlich. **Vorkommen** In Wäldern, Parks und auf Friedhöfen häufig. **Lebensweise** Das Weibchen legt seine Eier in Baumhöhlen, aber auch auf Dachböden, in Nistkästen oder alte Krähennester. Waldkäuze jagen oft von Sitzwarten aus, unternehmen aber auch Suchflüge, plündern Nester und fischen. Am liebsten fressen sie Mäuse, aber auch Kleinvögel oder Frösche. **Wissenswertes** Der Waldkauz ist in Bezug auf seine Jagdtechnik, Beute und Neststand unsere vielseitigste und anpassungsfähigste Eule.

großer Kopf, rundliche Flügel

Wald: Vögel

Ringeltaube >1 *Columba palumbus*

- gurrt fünfsilbig »hu hu hu – hu hu«
- fliegt mit lautem Flügelklatschen auf
- im Winter in Schwärmen auf Feldern

mit weißen Flügelfeldern

Merkmale Unsere größte Taube. Häufig zu hörender fünfsilbiger Ruf (Türkentaube: dreisilbig). Je ein weißer Fleck an den Halsseiten und eine im Flug auffällige, weiße Flügelbinde. Erschreckt Waldspaziergänger nicht selten, wenn sie urplötzlich mit lautem Flügelklatschen auffliegt. **Vorkommen** Brütet in Wäldern, kleinen Feldgehölzen, Parks, Tierparks und Gärten, zur Nahrungssuche häufig in Trupps auf Äckern. **Lebensweise** Frisst Baumfrüchte wie Eicheln und Bucheckern, aber auch Getreide, Kohl, Klee, Raps und Beerenfrüchte. Schließt sich im Winter mit Artgenossen zu Schwärmen zusammen. **Wissenswertes** Ausgerechnet Ringeltauben, die Lieblingsspeise des Habichts, brüten gern in unmittelbarer Nähe des Habichtsnestes. Hier, in der Zone um sein Nest, sind sie interessanterweise sicher.

Pirol >2 *Oriolus oriolus*

- typische gelb-schwarze Färbung
- wellenförmiger Flug
- »düdlio«-Rufe

Merkmale Etwa amselgroß, kräftiger Schnabel, Männchen (s. Foto) leuchtend gelb und schwarz, Weibchen und Jungvögel grünlich gelb. Scheu und daher trotz auffälliger Färbung leicht zu übersehen. Eher anhand ihrer flötenden »düdlio«-Rufe auszumachen. **Vorkommen** Hauptsächlich in sonnigen, aber feuchten Laubwäldern und Auwäldern. **Lebensweise** Verborgen in laubreichen Baumkronen, das kunstvolle Napfnest hängt meist in Astgabeln. Futtersuche in dichtem Laub, vor allem Raupen und Früchte. **Wissenswertes** Mit der Zerstörung alter Laubwälder und Auenlandschaften ist der Pirol bei uns selten geworden. In unseren Breiten lebt der Pirol von Mai bis September, die kalte Jahreszeit verbringt er als Zugvogel in Süd- und Ostafrika.

Eichelhäher >3 *Garrulus glandarius*

- bunter Rabe
- pflanzt neue Wälder
- blau-weiße Flügelabzeichen

typisch: der weiße Bürzel

Merkmale Etwas kleiner als eine Krähe und unser buntester Rabenvogel: Er ist rötlich braun gefärbt mit blau-weißen Flügelabzeichen, die ebenso wie der weiße Rückenfleck besonders im Flug auffallen. **Vorkommen** In Wäldern und kleinen Feldgehölzen mit Eichen, außerhalb der Brutzeit auch in Gärten. **Lebensweise** Frisst Eicheln und andere Früchte, Insekten, Eier und Jungvögel. Brütet auf Bäumen und Büschen. **Wissenswertes** Im Herbst sieht man Eichelhäher häufig unermüdlich zwischen Eichen und einem nahen Waldstück hin- und herfliegen, den dicken Kehlsack prall gefüllt mit bis zu zwölf Eicheln. Ein einziger Vogel versteckt so jedes Jahr mehrere Zehntausend Eicheln als Wintervorrat – diejenigen, die er davon nicht wiederfindet, keimen zu neuen Nahrungsbäumen heran.

Wald: Vögel

- größter europäischer Specht
- ruft weit schallend »kliööhhh«
- lange Trommelwirbel

erinnert im Flug an Krähe

Schwarzspecht >1   *Dryocopus martius*

Merkmale Knapp krähengroß, schwarz, kräftiger, heller Schnabel, rote Kopfkappe. **Vorkommen** In Wäldern mit alten Bäumen. **Lebensweise** Zimmert Bruthöhlen z.B. in mindestens 80–100-jährigen Buchen. Sucht seine Nahrung in Mischwäldern mit vermodernden Bäumen und Totholz. Hackt mit seinem Schnabel Holz bewohnende Insekten und Larven heraus. **Wissenswertes** Die rote Kappe reicht beim Männchen von der Stirn bis zum Scheitel, ist beim Weibchen nur am Hinterkopf.

- häufigster Specht Europas
- im Winter am Futterhaus
- zimmert Baumhöhlen

im Flug kontrastreich schwarz-weiß

Buntspecht >2   *Dendrocopus major*

Merkmale Etwa amselgroß, schwar-weiß. Männchen mit rotem Fleck am Kopf. **Vorkommen** Häufiger Brutvogel in allen Wäldern, auch in Parks und Gärten. **Lebensweise** Unser vielseitigster Specht. Frisst bevorzugt Holz bewohnende Käfer und Schmetterlingslarven, aber auch Eier und Jungvögel und im Winter Samen von Kiefern und Fichten. Regelmäßiger Gast am Futterhaus. Brütet in selbst gezimmerten Baumhöhlen. **Wissenswertes** Trommelt ausgiebig an guten Resonanzkörpern.

- »Es war die Nachtigall ...«
- singt nachts
- überwintert in Afrika

Nachtigall >3   *Luscinia megarhynchos*

Merkmale Größer als ein Spatz, braun mit rostrotem Schwanz. Nächtlicher, schluchzender Gesang mit klaren Flötenstrophen. **Vorkommen** Brütet in buschreichen Wäldern, Parks und Gärten. **Lebensweise** Lebt sehr versteckt. Frisst Insekten und Beerenfrüchte. **Wissenswertes** Berühmt seit Shakespeares Romeo und Julia, wo sie tragischerweise mit der Lerche verwechselt wird (»Es war die Nachtigall und nicht die Lerche!«). Allerdings singen die meisten Nachtigallen in der Morgen- und Abenddämmerung – nur wer noch kein Weibchen hat, der muss auch nachts noch singen.

- fängt Insekten im Flug
- brütet in Höhlen und Nistkästen
- überwintert im tropischen Afrika

mit weißen Flügelfeldern

Trauerschnäpper >4   *Ficedula hypoleuca*

Merkmale Kleiner als ein Spatz, schwarz und weiß mit feinem Schnabel. **Vorkommen** Verbreiteter Brutvogel in lichten Wäldern, Gärten und Parks. **Lebensweise** Sitzt ruhig auf einer Warte, meist zwischen Blättern auf Ästen, und erbeutet von hier aus überfallartig fliegende Insekten wie Mücken, Fliegen und Schmetterlinge. Brütet in natürlichen Baumhöhlen oder in Nistkästen. **Wissenswertes** Trauerschnäpper kommen nur da vor, wo es geeignete Bruthöhlen gibt. Wo diese knapp sind, sieht man sie mit Meisen um bereits besetzte Höhlen kämpfen.

Wald: Vögel

- › kleinster europäischer Vogel
- › turnt in Baumwipfeln
- › oft in Nadelwäldern

Wintergoldhähnchen ›1 *Regulus regulus*

Merkmale Winzig, nur etwa halb so groß wie ein Spatz. Graugrün mit gelb-schwarz gestreiftem Scheitel. Am ehesten durch den feinen, hohen Gesang, ein auf- und absteigendes »sisisisi«, auszumachen. **Vorkommen** Verbreiteter Brutvogel vor allem in Nadelwäldern. **Lebensweise** Turnt meist hoch oben im Geäst, wobei er Blattläuse von den Blättern absammelt. Baut ein Nest aus Spinnweben, Moos und Federn. **Wissenswertes** Kaum im Nadelwald angekommen, hört man schon ihr feines »sisisi« von weit oben. Im Winter oft mit Meisen am Futterhäuschen.

- › sehr klein
- › klettert an Baumstämmen hoch
- › im Winter an Futterstellen

Waldbaumläufer ›2 *Certhia familiaris*

Merkmale Kleiner als ein Spatz, typisch sind das rindenfarbige Gefieder und der feine, relativ lange, gebogene Schnabel. **Vorkommen** Brütet hauptsächlich in Nadelwäldern. **Lebensweise** Klettert senkrecht an Baumstämmen hoch, erbeutet dabei kleine Insekten und Spinnen. Das Nest aus Pflanzenmaterial wird in Spalten, hinter Rinde oder in Höhlen versteckt. **Wissenswertes** Nah verwandt ist der Gartenbaumläufer. Er brütet häufig in Mischwäldern, Parks und in Gärten mit alten Bäumen. Dabei huscht er mausartig an den Baumstämmen empor.

- › zimmert eigene Bruthöhle
- › trägt eine Haube
- › ruft »zi gürrr«

Haubenmeise ›3 *Parus cristatus*

Merkmale Größe wie Blaumeise, schwarz-weiß gezeichneter Kopf mit spitzer Federhaube. **Vorkommen** Häufiger Brutvogel in Nadelwäldern, aber auch in Parks und Gärten. **Lebensweise** Kommt nur da vor, wo sie das ganze Jahr Deckung in immergrünen (Nadel-)Bäumen findet. Hackt Bruthöhlen in morsches Holz oder Baumstubben. Frisst Insekten und Samen von Nadelbäumen. Legt Nahrungsvorräte zwischen Zweigen und Nadeln an. **Wissenswertes** Im Winter seltener am Futterhaus als andere Meisen, wesentlich scheuer.

- › leuchtend weißer Fleck im Nacken
- › kleinste Meise Europas
- › Höhlenbrüter

Tannenmeise ›4 *Parus ater*

Merkmale Kleiner als Blaumeise. Schwarzer Kopf mit weißem Nackenfleck und weißen Wangen. Typischer Gesang »Mieze-mieze-mieze« **Vorkommen** Hauptsächlich in Fichten- und Tannenwäldern, auch in Mischwäldern und Parks. **Lebensweise** Tannenmeisen hüpfen und flattern auf der Suche nach Insekten und Spinnen durch die dicht benadelten Äste. Im Winter sieht man sie an Fichtenzapfen hängend die Samen herauspicken. Sie bauen ihr Nest in bereits vorhandene Baumhöhlen, in ausgefaulte Wurzelstubben oder in Erdlöcher.

Wald: Vögel

- liebt Erlensamen
- im Winter in Schwärmen
- kommt auch ans Futterhäuschen

Erlenzeisig >1 — *Carduelis spinus*

Merkmale Kleiner als Spatz. Gelblich-grünliche Grundfärbung. Männchen am Scheitel und Kinn schwarz. Weibchen schlichter gefärbt, unterseits streifig. **Vorkommen** Lichte Nadel- und Mischwälder. **Lebensweise** Die Nahrung der Erlenzeisige besteht aus verschiedenen Sämereien, zur Brutzeit angereichert mit Insekten. Die Weibchen bauen ihre Nester meist weit oben in Nadelbäumen. Erlenzeisige haben einen schnellen, zwitschernden, angenehmen Gesang, der meist mit arttypischen »tüli«-Rufen eingeleitet und mit einem nasal klingenden »Knätschen« beendet wird. Vorgetragen wird der Gesang meist aus Baumkronen heraus, manchmal im fledermausartigen Singflug. **Wissenswertes** Außerhalb der Brutzeit bilden Erlenzeisige meist größere Trupps, die insbesondere in Erlen- und Birkenbeständen auf Nahrungssuche gehen.

Männchen mit gelblich-grüner Färbung

- unser häufigster Fink
- »zi zi würzgebier«
- in Trupps am Futterhaus

Buchfink >2 — *Fringilla coelebs*

Merkmale Spatzengroß mit kräftigem Finkenschnabel, das Männchen (links) zur Brutzeit zimtbraun mit grauem Kopf, das Weibchen (rechts) schlicht olivgrau. Im Flug zwei weiße Binden auf jedem Flügel. **Vorkommen** Überall da, wo es Bäume gibt; einer unserer häufigsten Brutvögel von der Küste bis zum Hochgebirge. **Lebensweise** Buchfinken sieht man bei der Nahrungssuche häufig mit ruckartigen Trippelschritten am Boden herumlaufen, hier picken sie hauptsächlich Samen auf, zur Brutzeit aber auch Insekten. Ihr Nest bauen sie meist in Astgabeln auf Büschen und Bäumen, aber auch an Häusern. **Wissenswertes** Seinen eingängigen Gesang (»Finkenschlag«) hat schon jeder gehört: Er besteht aus einer schmetternden Strophe abfallender Tonhöhe und klingt wie »zi zi zizizizi würzgebier«.

mit weißen Flügelbinden

- »Kirschkernbeißer«
- versteckt in Baumkronen
- im Winter am Futterhaus

Kernbeißer >3 — *Coccothraustes coccothraustes*

Merkmale Deutlich größer als ein Spatz, fast starengroß. Braunrot mit grauem Nacken, wobei das kräftiger gefärbte Männchen bunt wirkt. Typisch sind der dicke Kopf und der schon aus der Ferne augenfällige, massige Schnabel. **Vorkommen** Brütet in Buchenwäldern, Parks und größeren Gärten mit hohen Bäumen. **Lebensweise** Kernbeißer leben versteckt hoch oben in Baumkronen und verraten sich am ehesten durch ihre scharfen »zick«-Rufe. Ihre Nester bauen sie hoch oben in Laubbäumen. Sie fressen Früchte und hartschalige Samen, im Frühjahr auch Knospen. Mit ihren kräftigen Schnäbeln knacken sie sogar Samen von Steinobst (»Kirschkernbeißer«). **Wissenswertes** Im Winter sieht man sie nicht selten in gemischten Finkentrupps am Futterhaus, wo sie sprungartig am Boden umherhüpfen.

auffällig: der dicke Schnabel

Wald: Säugetiere

- › keine echte Maus
- › Einzelgänger
- › frisst Insekten

Waldspitzmaus ›1 — *Sorex araneus*

Merkmale Typische Insektenfresser-Gestalt (keine Maus!): lange und spitze, rüsselförmige Schnauze, winzige Augen und Ohren und samtweiches Fell. Kleiner als eine Hausmaus. **Vorkommen** In Wäldern, Wiesen, Gärten und Parks, im Winter auch in Gebäuden. **Lebensweise** Sucht in dichtem Bodenbewuchs nach Nahrung. Als Vertilger von Würmern, Spinnen, Schnecken, Käfern und Aas sind Spitzmäuse, genau wie der verwandte Igel, für den Menschen ausgesprochene Nützlinge. Baut ein Kugelnest unter Baumwurzeln, oft auch unter Holzstapeln. **Wissenswertes** Spitzmäuse werden zwar vielfach von Eulen oder Katzen gefangen (auch sie halten die kleinen Tiere zunächst für Mäuse), dann aber wegen ihres penetranten Moschusgeruches meist liegen gelassen.

- › langer Schwanz
- › eine der häufigsten Mäuse
- › besetzt Vogelkästen

Waldmaus ›2 — *Apodemus sylvaticus*

Merkmale Mit etwa 10 cm so groß wie eine Hausmaus, der Schwanz ist noch einmal genauso lang. Oberseits graubraun (nicht grau wie die Hausmaus), die Unterseite ist weißlich. Große Augen und Ohren verraten das Nachttier. **Vorkommen** In Wäldern, Hecken, Feldern, Wiesen, Parks und Gärten, im Winter auch in Gebäuden. **Lebensweise** Einzelgänger, der hauptsächlich in der Dämmerung und nachts unterwegs ist. Die Tiere springen sehr gut und klettern gern auf Bäume. Sie graben tiefe Gänge mit Nest- und Vorratskammern. Hier horten sie Haselnüsse, Eicheln und Bucheckern für den Winter. Im Sommer fressen sie Grassamen, Getreide, Knospen, Früchte, Insekten, Würmer und Schnecken. **Wissenswertes** Nicht selten werden Vogel-Nistkästen von den gut kletternden Waldmäusen besetzt.

- › leicht zu beobachten
- › rotbrauner Rücken
- › Massenvermehrungen

Rötelmaus ›3 — *Clethrionomys glareolus*

Merkmale So groß wie eine Hausmaus, oberseits kräftig rotbraun, Bauchseite weißlich. Im Gegensatz zur Waldmaus mit kleinen Ohren und nur etwa halbkörperlangem Schwanz. **Vorkommen** In Wäldern, Wiesen, Parks, Hecken und Gebüschen, im Winter gelegentlich auch in Gebäuden. **Lebensweise** Die geselligen Wühlmäuse sind dämmerungs- und nachtaktiv, häufig aber auch am Tage tätig und dann leicht zu beobachten, weil wenig scheu. Ihre Nestkammern bauen sie in Reisighaufen oder in morschen Baumstümpfen. Hier bringen die Weibchen bis zu viermal im Jahr drei bis sieben Junge zur Welt. Diese können sich bereits wieder im Alter von zehn Wochen fortpflanzen. **Wissenswertes** Gibt es genug zu fressen, kommt es leicht zu Massenentwicklungen. Davon profitieren ihre Fressfeinde, die Eulen.

Wald: Säugetiere

- > schlau
- > roter Pelz und buschiger Schwanz
- > Hauptspeise: Mäuse

Rotfuchs >1 — *Vulpes vulpes*

Merkmale Wie ein mittelgroßer, kurzbeiniger Hund. Unverwechselbar mit seinem roten Fell und dem mächtigen, buschigen Schwanz. **Vorkommen** Ursprünglich ein Waldbewohner; heute in fast allen Lebensräumen vom Wattenmeer der Küste bis zum Hochgebirge. **Lebensweise** Dämmerungs- und nachtaktiv, frisst hauptsächlich Mäuse. Bringt Junge in Erdhöhlen zur Welt. **Wissenswertes** Der sprichwörtliche »schlaue Fuchs« ist allen Versuchen, ihn bei uns loszuwerden, entkommen. Anders als die ebenfalls ursprünglich bei uns beheimatet und ausgerottet, aber jetzt wieder in Verbreitung befindlichen Raubtiere Bär, Wolf und Luchs gibt es den Fuchs gar nicht so selten. Überaus vorsichtig und anpassungsfähig, nutzt er viele verschiedene Lebensräume und Nahrungsquellen bis hin zu Mülltonnen mitten in den Großstädten.

- > Gesicht schwarz-weiß gestreift
- > die Burg im Wald
- > Fuchs als Untermieter

Dachs >2 — *Meles meles*

Merkmale Wie ein mittelgroßer, plumper und schwerfälliger Hund. Kurze Beine und schwarz-weiß gestreiftes Gesicht. **Vorkommen** In Wäldern, Flussauen und Gebirgen. **Lebensweise** Dachse halten sich tagsüber und im Winter mehrere Monate in ihren Bauten auf. Entsprechend geräumig legen sie ihre »Dachsburgen« an. Das sind bis zu 30 m weit verzweigte Gangsysteme mit verschiedenen Ein- und Ausgängen und geräumigen Höhlen auf mehreren Etagen, an denen fast ständig weitergebaut wird. Dachse sind Allesfresser, vom Regenwurm über Schnecken, Insekten und Jungvögel bis zu Früchten und Aas ist ihnen alles recht. **Wissenswertes** Dachsburgen werden über Generationen weitervererbt und oft von mehreren Tieren bewohnt. Sie sind so geräumig, dass darin häufig noch der Fuchs als Untermieter Platz findet.

- > geht nachts auf Beutefang
- > springt von Baum zu Baum
- > gelber Kehllatz

Baummarder >3 — *Martes martes*

Merkmale Katzengroß, aber kurzbeiniger mit langem, buschigem Schwanz. Färbung kastanienbraun mit typischem, gelbem Kehlfleck. **Vorkommen** In höhlenreichen Wäldern, Parks und Gebirgen. **Lebensweise** Einzelgänger, der am liebsten in der Dämmerung und nachts unterwegs ist. Meist am Boden, klettert und springt aber auch bis zu 4 m von Baum zu Baum. Besitzt mehrere Lager in Baumhöhlen oder verlassenen Nestern. Als Nahrung dienen Eichhörnchen, Mäuse, Vögel, Eier, Obst und größere Insekten. Besonders nachts kommen ihm sein vorzügliches Gehör und sein feiner Geruchssinn zugute. **Wissenswertes** Der Baummarder hat noch einen Bruder mit weißer statt gelber Brust, den Steinmarder. Dieser ist viel weniger scheu und lebt in unmittelbarer Nähe des Menschen (s. S. 202).

Wald: Säugetiere

- > Allesfresser
- > beliebtes Jagdwild
- > gestreifte Frischlinge

Wildschwein >1 *Sus scrofa*

Merkmale Kräftige Schweine mit dicht borstigem, dunkelbraunem Fell. Männchen (»Keiler«) bis zu 1,8 m lang und 350 kg schwer mit hervorstehenden Eckzähnen (»Hauer«) im Unterkiefer. **Vorkommen** In Wäldern, zur Nahrungssuche häufig auf Feldern. **Lebensweise** Nah verwandte Weibchen (»Bachen«) bilden mit ihren Jungen (»Frischlinge«) Familienverbände von bis zu 50 Tieren. Zur Nahrungssuche oft auf Maisäckern. Die Keiler sind außerhalb der Paarungszeit Einzelgänger. **Wissenswertes** Bachen verteidigen ihre Frischlinge aggressiv, auch gegenüber Menschen.

- > König unserer Wälder
- > herbstliches Brunftgeschrei
- > mächtiges Stangengeweih

Rothirsch >2 *Cervus elaphus*

Merkmale Unser größter Hirsch (bis zu 350 kg). Im Sommer rotbraun, im Winter graubraun. Männchen (links) mit großem Stangengeweih, Weibchen (rechts) geweihlos. **Vorkommen** Große Wälder mit Freiflächen, Heiden und Moore. **Lebensweise** In Rudeln, Hirschkühe mit Jungen getrennt von den Hirschen, treffen nur zur Fortpflanzungszeit (»Brunft«) Ende September bis Mitte Oktober zusammen. Frisst Kräuter, Blätter und Baumfrüchte, schält Rinde von Bäumen. **Wissenswertes** Im Spätwinter verlieren die Hirsche ihr Geweih und bilden in 100 Tagen ein neues.

- > Schaufelgeweih
- > weiß gepunktet
- > oft in Gattern

Damhirsch >3 *Cervus dama*

Merkmale Mittelgroß (bis zu 200 kg schwer). Im Sommer rotbraun mit weißen Punkten, im Winter dunkler und schwächer gepunktet. Männchen mit Schaufelgeweih, Weibchen ohne. **Vorkommen** Mischwälder in Ebenen und Mittelgebirgen. **Lebensweise** Lebt im Sommer getrennt nach Geschlechtern, im Herbst zur Brunft treffen sich die Tiere und bleiben bis zum Frühjahr zusammen. Fressen Gräser, Kräuter, Baumfrüchte und Rinde. **Wissenswertes** Wirft sein Geweih im April/Mai ab, das neue ist Ende August fertig. Oft in Parks und Gattern.

- > unser kleinster Hirsch
- > kurzes Geweih
- > Kitze gepunktet

Reh >4 *Capreolus capreolus*

Merkmale Grazil, im Sommer rotbraun, im Winter graubraun, Männchen mit kurzem, nur bis 30 cm langem Geweih. **Vorkommen** In lichten Wäldern, zur Nahrungssuche oft auf Feldern. **Lebensweise** In kleinen Familienrudeln, die Böcke einzeln. Im Herbst und Winter in gemischten Rudeln. Fressen Knospen von Laubbäumen und Tannen, Kräuter, Baum- und Feldfrüchte. **Wissenswertes** Kitze sind geruchlos und werden zum Schutz gegen Feinde in dichter Vegetation versteckt. Ist die Gefahr vorbei, kehrt die Mutter zu ihnen zurück.

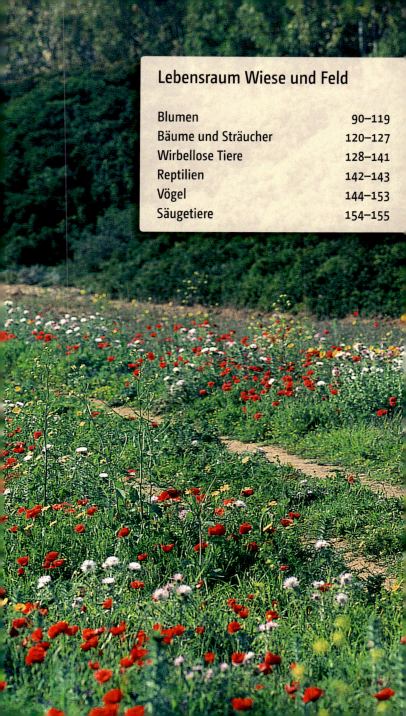

Lebensraum Wiese und Feld

Blumen	90–119
Bäume und Sträucher	120–127
Wirbellose Tiere	128–141
Reptilien	142–143
Vögel	144–153
Säugetiere	154–155

Wiese und Feld: Blumen

- blüht früh
- weich
- wichtiges Futtergras

Wiesen-Fuchsschwanz >1 *Alopecurus pratensis*

Merkmale Süßgräser *(Poaceae)*. 30–100 cm hoch. Dichter, sehr weicher, walzenförmiger, bis 10 mm dicker und 6–10 cm langer Blütenstand. Wächst in lockeren oder dichten Horsten. Blütezeit Mai bis Juli. **Vorkommen** Häufig auf Wiesen, an Wegen und Ufern. Wird auf Weiden auch ausgesät. **Wissenswertes** Der Wiesen-Fuchsschwanz ist eines der besten und ertragreichsten Gräser und liefert wertvolles Futter. Sein Name leitet sich von der Form des Blütenstandes ab, die entfernt an den Schwanz eines Fuchses erinnert.

- weit verbreitet
- Ährchen im Knäuel gehäuft
- gutes Weidegras

Wiesen-Knäuelgras >2 *Dactylis glomerata*

Merkmale Süßgräser *(Poaceae)*. 30–120 cm hoch. Großer, einseitswendiger, fast dreieckiger Blütenstand mit geknäulten Ährchen (Name!). Untere Rispenästchen waagerecht abstehend. Kräftige, aufrechte Halme. Pflanze gräulich grün, völlig unbehaart. Bildet Horste. Blütezeit Mai bis September. **Vorkommen** Häufig auf Wiesen, Weiden und an Wegrändern. **Wissenswertes** Das Wiesen-Knäuelgras ist ein ertragreiches Weidegras. Zur Heugewinnung muss es früh im Jahr gemäht werden, da es ansonsten relativ hart und spöde wird.

- Timothe
- gutes Weidegras
- Rasengras in Gärten

Wiesen-Lieschgras >3 *Phleum pratense*

Merkmale Süßgräser *(Poaceae)*. 40–150 cm hoch. Sehr dichter, zylindrischer, 6–15 cm langer und 6–10 mm breiter Blütenstand. Blätter hell blaugrün. Aufrechte oder bogig aufsteigende, kräftige Halme. Pflanze völlig unbehaart. Blütezeit Mai bis August. **Vorkommen** Weit verbreitet und häufig auf Wiesen, Weiden und an Wegrändern. **Wissenswertes** Das Wiesen-Lieschgras wird oft auch als Timothe oder Timotheusgras bezeichnet. Dieser Name geht auf Timotheus Hansen zurück, der das für die Weidewirtschaft wertvolle Futtergras um 1720 nach Amerika eingeführt hat.

- zittert im Wind
- herzförmige Ährchen
- in Gärten als Ziergras

Zittergras >4 *Briza media*

Merkmale Süßgräser *(Poaceae)*. 20–50 cm hoch. Nickende, ei- bis herzförmige Ährchen an dünnen, geschlängelten Stielen – diese zittern im Wind (Name!). Bildet lockere Rasen. Blütezeit Mai bis September. **Vorkommen** Auf Magerwiesen und Trockenrasen sowie an Weg- und Waldrändern. **Wissenswertes** Das dekorative Zittergras wird gerne in Gärten als Ziergras angepflanzt. Ursprünglich handelt es sich um eine relativ häufige und verbreitete Art. Heute ist es eher selten geworden, möglicherweise aufgrund von Düngung und zu starker Beweidung der Wiesen.

Wiese und Feld: Blumen

- > sehr lange Grannen
- > Bestandteil vom Bier
- > Anbau bis 70° nördlicher Breite

Gerste >1 — *Hordeum vulgare*

Merkmale Süßgräser *(Poaceae)*. Ca. 120 cm hoch. Ähren nickend mit bis zu 15 cm langen Grannen. Zuchtformen mit zweizeiligen flachen Ähren oder mehrzeiligen dicken Ähren. **Vorkommen** Auf Feldern angebaut. **Wissenswertes** Bei der Gerste mit den zweizeiligen Ähren handelt es sich um die sogenannte Sommergerste, die zum Bierbrauen verwendet wird, zum Teil auch als Viehfutter. Die mehrreihige sogenannte Wintergerste wird als Viehfutter und für Brot genutzt. Gerste verträgt von allen Getreidearten die größten klimatischen Extreme. Sie kann in Norwegen am weitesten nördlich und in den Bergen am höchsten hinauf angepflanzt werden.

- > bildet Rispe
- > Hauptbestandteil im Müsli
- > sehr gesund

Hafer >2 — *Avena sativa*

Merkmale Süßgräser *(Poaceae)*. 60–120 cm hoch. Ährchen anfangs aufgerichtet, später überhängend, in allseitswendiger, 15–25 cm langer Rispe. **Vorkommen** Auf Feldern angebaut, häufig verwildert. **Wissenswertes** Hafer ist sehr gesund, da er besonders reich an lebensnotwendigen Aminosäuren ist und das enthaltene Fett zu einem großen Prozentsatz aus ungesättigten Fettsäuren besteht. Da zudem bei der Herstellung von Haferflocken die äußerste Kornschicht erhalten bleibt, ist Müsli besonders vitaminreich.

- > weltweit wichtigstes Getreide
- > keine Grannen
- > Anbau seit 9000 Jahren

Weizen >3 — *Triticum aestivum*

Merkmale Süßgräser *(Poaceae)*. 80–130 cm hoch. Aufrecht stehende Ähren ohne Grannen. **Vorkommen** Auf Feldern angebaut. **Wissenswertes** Weizen wird im Wesentlichen für Brot und andere Backwaren genutzt, da sein Korn einen besonders hohen Stärke- sowie Kleberanteil hat. Archäologische Funde in Kleinasien zeigen, dass bereits 7000 Jahre v. Chr. Weizen angebaut wurde. Heute gibt es viele Zuchtformen dieses weltweit wichtigsten Getreides.

- > liefert Schwarzbrot
- > 4–8 cm lange Grannen
- > Wintergetreide

Roggen >4 — *Secale cereale*

Merkmale Süßgräser *(Poaceae)*. 100–180 cm hoch. vierkantige, 5–15 cm lange, anfangs aufrechte, später nickende Ähre. Mit 4–8 cm langen Grannen. Blätter bläulich bereift. **Vorkommen** Auf Feldern angebaut, zuweilen verwildert. **Wissenswertes** Roggen wird fast nur als Wintergetreide angebaut. Im Herbst ausgesät, überwintert er und reift im kommenden Frühjahr und Sommer heran. Roggen wird vor allem zum Brotbacken genutzt und liefert das bekannte Schwarzbrot.

Wiese und Feld: Blumen

- > viele Zuchtformen
- > stammt aus Mexiko
- > Grundlage vom Popcorn

Mais >1 *Zea mays*

Merkmale Süßgräser *(Poaceae)*. 1–3 m hoch. Männliche Ähren in 20–40 cm langen, endständigen Rispen angeordnet. Weibliche Blütenstände an kurzen Seitenästen des Halms, von zahlreichen Blattscheiden eingehüllt, an deren Spitze die langen Narben vortreten. Die Ährchen und später die Körner sind in Längsreihen an der fleischigen Achse eines Kolbens angeordnet. **Vorkommen** Auf Feldern angepflanzt. **Wissenswertes** Mais wurde erstmals durch die Indios vor ca. 5000 Jahren in Mexiko als Kulturpflanze angebaut und gezüchtet. Mit Columbus kam der Mais nach Spanien, wo er etwa ab dem Jahre 1525 feldmäßig kultiviert wurde. Heute ist Mais weltweit eine der wichtigsten Getreidesorten und bildet einen bedeutenden Anteil der Nahrungsgrundlage für viele Teile der Weltbevölkerung. Aus dem in unseren Breiten angebauten Mais wird im Wesentlichen Tierfutter gewonnen. Die Kolben des sogenannten Zuckermais sind gekocht oder gegrillt sehr schmackhaft

- > leuchtend gelbe Felder
- > zur Herstellung von Öl
- > eine Kohlart

Raps >2 *Brassica napus* subsp. *napus*

Merkmale Kreuzblütlergewächse *(Brassicaceae)*. 70–130 cm hoch. Leuchtend gelbe Blüten. Bläulich grüne, kohlartige, glatte Blätter. Stängel bläulich bereift, im oberen Abschnitt verzweigt. Schote mit 15–18 kleinen, kugeligen Samen. Blütezeit April bis Juni. **Vorkommen** Auf Feldern angebaut mit Schwerpunkt in Norddeutschland. **Wissenswertes** Meist wird bei uns Winterraps angebaut, der im Herbst gesät wird, den Winter als niedriges Pflänzchen mit blaugrünen Blättern überdauert. Im Frühjahr schließlich sind die leuchtend gelben Felder sehr auffallend. Der Anbau dient hauptsächlich der Gewinnung von Rapsöl. Raps gehört in die Verwandtschaft der Kohlpflanzen, ebenso wie die verschiedenen Kohl-Formen Blumen-, Rot-, Weiß- und Rosenkohl, Kohlrabi und Wirsing, die zum Teil bereits seit der Antike gezüchtet und kultiviert werden.

- > stark duftend
- > mehlhaltige Früchte
- > lockt Bienen an

Buchweizen >3 *Fagopyrum esculentum*

Merkmale Knöterichgewächse *(Polygonaceae)*. 30–60 cm hoch. Blüten weißlich oder rötlich, in Rispen zusammenstehend. Gestielte, herzförmige Blätter. Stängel meist rötlich. Stark duftend. Blütezeit Juni bis August. **Vorkommen** Auf Feldern angebaut. **Wissenswertes** Die dreikantigen, etwa 4–6 mm großen Früchte erinnern an kleine Bucheckern, woraus sich vermutlich der Name Buchweizen ableitet. Die Früchte sind mehlhaltig und können ähnlich wie Getreide genutzt werden. Neben der Nutzung der Früchte wird Buchweizen mancherorts als Bienenweide, als Viehfutter sowie zur Gründüngung angebaut.

typisch: herzförmige Blätter

Wiese und Feld: Blumen

> giftiger Milchsaft
> leuchtend rot
> früher auf jedem Acker

In der Kapsel liegen die Samen.

Klatsch-Mohn ›1 — *Papaver rhoeas*

Merkmale Mohngewächse *(Papaveraceae)*. 20–90 cm hoch mit leuchtend roten, 6–8 cm großen Blüten. Stängel abstehend behaart, Blätter zerschlitzt. Samen in einer eiförmigen Fruchtkapsel. Blütezeit Mai bis Juli. **Vorkommen** Auf ungespritzten Getreideäckern, auf Schutt und an Wegrändern. **Wissenswertes** Noch vor zwei bis drei Jahrzehnten, bevor chemische Unkrautvernichtungsmittel in Mode kamen, war bei uns jeder Acker rot getupft mit seinen Blüten. Die gesamte Pflanze und insbesondere der weißliche Milchsaft sind giftig und führen zu Magen-Darm-Störungen, Erbrechen, Atembeschwerden und Bauchschmerzen. Den Namen Klatschmohn trägt er, weil Kinder die recht losen Blütenblätter der einst überaus häufigen Blume gerne »geklatscht« haben.

> giftig!
> orangegelber Milchsaft
> Blütenblätter fallen leicht ab

Stängel mit orangegelbem Milchsaft

Schöllkraut ›2 — *Chelidonium majus*

Merkmale Mohngewächse *(Papaveraceae)*. 30–70 cm hoch. Blüten gelb, 1,5–2,5 cm im Durchmesser, mit vier leicht abfallenden Blütenblättern. Gefiederte Blätter oberseits hellgrün, unterseits blaugrünlich bereift. Stängel und Blätter führen auffallenden orangegelben Milchsaft. Blütezeit Mai bis September. **Vorkommen** Häufig auf Ödland, in Hecken, an Weg- und Waldrändern. **Wissenswertes** Die ganze Pflanze und insbesondere der Milchsaft enthalten giftige Substanzen, die äußerlich hautreizend wirken und innerlich u.a. zu Verdauungs- und Herzrhythmusstörungen führen können. Andererseits gilt das Schöllkraut als Heilpflanze und wird in Medikamenten und in der Homöopathie erfolgreich verwendet. Aufgrund der geschilderten Vergiftungsgefahren sollte auf eine Selbstmedikation verzichtet werden.

> giftig
> wächst auf Mauern
> schmeckt scharf

dickfleischige Blätter

Scharfer Mauerpfeffer ›3 — *Sedum acre*

Merkmale Dickblattgewächse *(Crassulaceae)*. 3–15 cm hoch, kissenartiger oder rasenförmiger Wuchs. Eine bis sieben sternförmige gelbe Blüten in lockerem Blütenstand. Fleischige, oberseits abgeflachte, unterseits gewölbte Blätter. Blütezeit Juni bis August. **Vorkommen** Auf trockenem, steinig-sandigem Untergrund auf Trockenrasen, Mauern, Wegrändern. **Wissenswertes** Die Blätter schmecken brennend scharf und wurden früher in der Heilpflanzenkunde verwendet. Allerdings sind sie giftig und sollten keinesfalls geschluckt werden. Die Familie der Dickblattgewächse gehört zu den Blattsukkulenten, die in der Lage sind, größere Mengen Wasser in ihren fleischigen Blättern zu speichern. So können sie auch extrem trockene Lebensräume besiedeln. Im Garten werden verschiedene Mauerpfeffer-Arten gerne an Trockenmauern gepflanzt oder zur Dachbegrünung verwendet.

Wiese und Feld: Blumen

Vogel-Wicke >1 — *Vicia cracca*

- häufig
- Blätter mit Ranken
- wertvolle Futterpflanze

Merkmale Schmetterlingsblütler *(Fabaceae)*. 20–150 cm lang. Pflanze niederliegend, aufsteigend oder kletternd. 15–50 intensiv violette Blüten in zu einer Seite gewandten Traube. Blätter mit 6–18 Paaren Seitenfiedern und am Ende verzweigter Ranke. Blütezeit Juni bis August. **Vorkommen** Wiesen, Weg-, Feld- und Waldränder, Gebüsche. **Wissenswertes** Mithilfe der verzweigten Ranken an den Blattenden hangelt und klettert die Wicke zwischen anderen Pflanzen empor. Sie gilt als wertvolles und eiweißreiches Futterkraut und ist daher auf Wiesen und Weiden gerne gesehen.

Wiesen-Klee >2 — *Trifolium pratense*

- »Rot-Klee«
- eiweißreiche Futterpflanze
- altes Schönheitsmittel

dreiteiliges Kleeblatt

Merkmale Schmetterlingsblütler *(Fabaceae)*. 10–50 cm hoch mit 1–2 cm großen, purpurroten bis rosafarbenen Blütenköpfchen. Typische, dreiteilige Kleeblätter. **Vorkommen** Sehr häufig auf nährstoffreichen Wiesen und an Wegrändern. **Wissenswertes** Seit Mitte des 18. Jahrhunderts wird die eiweißreiche Futterpflanze bei uns auch als »Kleewiese« angebaut. Süße Nektarpflanze, lockt viele Hummeln und Schmetterlinge an. Als Tee dient er dem hormonalen Ausgleich in den Wechseljahren.

Wiesen-Kerbel >3 — *Anthriscus sylvestris*

- »Gülleblume«
- weiße Blütenschirme
- im Mai massenhaft an Straßenrändern

gefiederte Blätter

Merkmale Doldengewächse *(Apiaceae)*. 60–150 cm hoch mit weißen Blütenschirmen. Jeder »Schirm« besteht aus vielen, winzigen Einzelblüten. Blätter gefiedert, erinnern an Farnwedel. Blütezeit April bis Juni. **Vorkommen** Auf nährstoffreichen Wiesen und an Feldrändern. **Wissenswertes** So dekorativ Wiesen sind, auf denen der Wiesen-Kerbel massenhaft blüht: Sie zeigen, dass hier der Boden mit Jauche überdüngt wurde (»Gülleblume«). Kerbel überwuchert andere Pflanzen, in seinem Schatten können viele Gräser und Wildkräuter nicht mehr wachsen.

Wiesen-Bärenklau >4 — *Heracleum sphondylium*

- Vorsicht, giftig!
- Blätter wie Bärentatzen
- wächst massenhaft

gefurchter, behaarter Stängel

Merkmale Doldengewächse *(Apiaceae)*. 0,5–1,5 m hoch mit bis zu 20 cm großen, weißen Blütenschirmen, die unangenehm riechen. Blätter bis 50 cm lang und gelappt oder gefiedert, im Umriss einer Bärentatze ähnelnd (Name!). Blütezeit Juni bis September. **Vorkommen** Häufig auf überdüngten Wiesen und an Wegrändern. **Wissenswertes** Ähnlich wie bei der nah verwandten Herkulesstaude enthält der Pflanzensaft giftige Furocumarine In Verbindung mit Sonnenlicht kann es nach Berührung auf der Haut zu Rötungen und zu Entzündungen kommen.

Wiese und Feld: Blumen

- > Wurzel riecht nach Karotte
- > essbar
- > weiße Dolden mit purpurner Lockblüte

Wilde Möhre >1 — *Daucus carota*

Merkmale Doldengewächse *(Apiaceae)*. 50–120 cm hoch. Dolden 3–7 cm groß, zur Blütezeit flach gewölbt, zur Fruchtreife vogelnestartig zusammengeneigt. In der Mitte der Dolde oft eine schwarz-purpurne Lockblüte (»Möhrenblüte«). Blätter zwei- bis vierfach gefiedert, behaart. Wurzel möhrenartig. Blütezeit Mai bis August. **Vorkommen** Auf Wiesen, Äckern, Dämmen, an Wegerändern. **Wissenswertes** Die pfahlförmige, dünne Wurzel ist essbar, auch die frischen Blätter, die gekocht hervorragend schmecken. Die Wilde Möhre ist die Stammform der Möhre oder Karotte.

- > giftig!
- > Blüte wendet sich mit der Sonne
- > weißer Milchsaft

Sonnen-Wolfsmilch >2 — *Euphorbia helioscopia*

Merkmale Wolfsmilchgewächse *(Euphorbiaceae)*. 5–30 cm hoch. Gelblich grüne Blüten in meist fünfstrahligem Blütenstand. Blätter verkehrt eiförmig, im vorderen Teil gesägt. Weißer Milchsaft. Blütezeit April bis November. **Vorkommen** Häufig auf Äckern, Ödland und Gärten. **Wissenswertes** Der Milchsaft tritt bei Verletzung der Pflanze aus. Er enthält verschiedene Giftstoffe, die haut- und schleimhautreizend wirken (darf keinesfalls in die Augen kommen!). Der Pflanze dient dieser Milchsaft als Wundverschluss sowie als Schutz gegen Tierfraß.

- > Heil- und Giftpflanze
- > Blätter getüpfelt
- > blüht um den Johannistag

Tüpfel-Johanniskraut >3 — *Hypericum perforatum*

Merkmale Hartheugewächse *(Clusiaceae)*. 30–80 cm hoch mit goldgelben, 2–3 cm großen Blüten. Blätter eiförmig, 1–2 cm groß und, gegen das Licht gehalten, gepunktet (Name!). Blütezeit um den 24. Juni (Johannistag) bis September. **Vorkommen** Auf trockenen, mageren Böden. **Wissenswertes** Enthält den roten Farbstoff Hypericin; er wird in der Medizin gegen Schlaflosigkeit, Neurosen und Depressionen eingesetzt. Kontakt kann in Verbindung mit Sonnenlicht zu Hautveränderungen führen!

- > Heilpflanze
- > »Stiefmutter mit ihren Töchtern«
- > Blüten gelb oder violett

blüht gelblich

Acker-Stiefmütterchen >4 — *Viola arvensis*

Merkmale Veilchengewächse *(Violaceae)*. 5–20 cm hoch, Blüten 1–1,5 cm lang, meist gelblich, aber auch blauviolett. Untere Blätter herzförmig bis rundlich, obere länglich und an den Rändern eingebuchtet. Blütezeit Mai bis Oktober. **Vorkommen** Auf Äckern und in Gärten. **Wissenswertes** Der Name Stiefmütterchen wird im Volksglauben so gedeutet, dass das untere Blütenblatt die Stiefmutter ist, die beiden seitlichen, ähnlich gefärbten, ihre beiden leiblichen Töchter und die beiden oberen, schlichteren Blätter ihre Stieftöchter. Heilpflanze gegen Hautkrankheiten bei Kindern.

Wiese und Feld: Blumen

- › Nässezeiger
- › färbt im Frühling Wiesen lila
- › oft mit Schaum am Stängel

Wiesen-Schaumkraut ›1 *Cardamine pratensis*

Merkmale Kreuzblütlergewächse *(Brassicaceae)*. 15–50 cm hoch mit zart lilafarbenen Blüten aus vier Blütenblättern. Blätter zerschlitzt. Blütezeit April bis Juni. **Vorkommen** Auf feuchten Wiesen und Weiden, meist auf lehmigen Böden mit hohem Grundwasserstand. **Wissenswertes** »Schaumkraut« bezieht sich auf die schaumigen Häufchen, die man oft an seinen Stängeln sieht. Sie stammen von einem Insekt, der Schaumzikade. Die Zikade saugt Pflanzensäfte aus dem Stängel, Überschüsse schäumt sie mit der Atemluft auf und benutzt den Schaum als Versteck (s. S. 132).

- › »Unkraut«
- › Früchte wie Hirtentaschen
- › blüht sogar im Winter

typische Blattrosette

Hirtentäschelkraut ›2 *Capsella bursa-pastoris*

Merkmale Kreuzblütlergewächse *(Brassicaceae)*. 20–40 cm hoch mit kleinen, unscheinbaren, weißen Blüten, aber auffälligen Früchten. Sie sind herzförmig und 0,5–1 cm groß. Blätter am Stängel und als Blattrosette am Grund ungeteilt oder eingebuchtet. Blütezeit Februar bis November. **Vorkommen** Sehr häufiges »Unkraut« an Wegen und Rasen. **Wissenswertes** Der deutsche und der wissenschaftliche Name (lat. *bursa pastoris* = Hirtentasche) beziehen sich auf die Form der Früchte, die an Hirtentaschen erinnern.

- › Heilpflanze
- › Blätter essbar
- › Wärme liebend

gelappte Blätter

Wilde Malve ›3 *Malva sylvestris*

Merkmale Malvengewächse *(Malvaceae)*. 20–120 lang, niederliegend oder aufsteigend, selten aufrecht. Blütenblätter rosa-violett mit drei dunklen Streifen, vorn tief ausgerandet. Zwei bis sechs Blüten in den Achseln der oberen Blätter. Stängelblätter drei- bis siebenteilig gelappt. Blütezeit Mai bis September. **Vorkommen** Sonnige, warme Standorte auf Wiesen, Brachen, Ödland und an Wegrändern. **Wissenswertes** Aus den getrockneten Blüten und Blättern lässt sich ein Tee gegen Atemwegs- und Hauterkrankungen bereiten. Die Blätter kann man in Kombination mit anderen Wildpflanzen als Salat oder Gemüse essen.

- › essbar
- › sehr häufig
- › pfeilförmige Blätter

Blätter in Maßen essbar

Sauer-Ampfer ›4 *Rumex acetosa*

Merkmale Knöterichgewächse *(Polygonaceae)*. 30–100 cm hoch. Lockerer, blattloser, blassroter Blütenstand. Grundblätter eiförmig länglich, Stängelblätter pfeilförmig. Früchte rötlich. Stängel aufrecht, manchmal rötlich überlaufen. Blütezeit Mai bis Juli. **Vorkommen** Häufig auf Wiesen, Ödland und an Dämmen und Wegen. **Wissenswertes** Die Blätter lassen sich als Salat oder Wildgemüse verwenden. Man sollte aber nicht allzu große Mengen verzehren, da der hohe Oxalsäuregehalt zu Stoffwechselstörungen führen kann.

Wiese und Feld: Blumen

- > Wurzeln schlangenartig
- > inselartige, dichte Bestände
- > Blüten in rosafarbenen Ähren

Schlangen-Knöterich >1 *Polygonum bistorta*

Merkmale Knöterichgewächse *(Polygonaceae)*. Bis 1,2 m hoch, oft in dichten, inselartigen Beständen. Blüten in 5–8 cm langer, rosafarbener Ähre, Blätter bis zu 20 cm lang, oft mit gewelltem Rand. Blütezeit Mai bis August. **Vorkommen** Häufig auf feuchten Wiesen und an Ufern, fehlt im Norden. **Wissenswertes** Sowohl die zahlreichen deutschen Namen (z. B. Nattern-Knöterich, Otter-Knöterich) als auch der wissenschaftliche Name (lat. *bistorta* = zweimal gedreht) beziehen sich auf den schlangenartig gewundenen Wurzelstock. Aus ihm wachsen weitreichende, unterirdische Ausläufer. Die im Wurzelstock enthaltenen Gerbstoffe gelten als Volksmittel gegen innere Blutungen.

namensgebende Wurzel

- > riecht nicht
- > lockt Tagfalter und Hummeln
- > häufig auf Feuchtwiesen

Rote Lichtnelke >2 *Silene dioica*

Merkmale Nelkengewächse *(Caryophyllaceae)*. 30–70 cm hoch. Duftlose Blüten rosa bis purpurrot, 1,5–2,5 cm im Durchmesser, in lockeren Blütenständen. Fünf Blütenblätter tief zweigeteilt. Blätter am Grund in einer Rosette, am Stängel gegenständig. Stängel aufrecht, dicht behaart. Blütezeit April bis September. **Vorkommen** Häufig auf feuchten Wiesen, auf Kahlschlägen und in Hecken. **Wissenswertes** Die Rote Lichtnelke ist eine wichtige Nektarpflanze für Tagfalter und Hummeln und ist bei Rehen als Äsungspflanze beliebt. Den Namen »Lichtnelke« trägt diese Art, weil sie ihre Blüten nur tagsüber öffnet. Andere Nelkenarten haben ihre Blüten in der Nacht geöffnet und locken dann verschiedene Nachtfalter zur Bestäubung an. Ähnlich ist die Kornrade *(Agrostemma githago)*, die früher eine typische Ackerpflanze war, aber durch Pestizideinsatz selten geworden ist. Ihre Blütenblätter sind ungeteilt, die Blätter lineal-lanzettlich.

mit bauchigem Kelch

- > »blüht, wenn der Kuckuck ruft«
- > zeigt hohen Grundwasserstand
- > zerschlitzte Blüten

Kuckucks-Lichtnelke >3 *Lychnis flos-cuculi*

Merkmale Nelkengewächse *(Caryophyllaceae)*. 30–70 cm hoch mit leuchtend pinkfarbenen, 1,5–3 cm großen Blüten aus fünf zerschlitzten Blütenblättern. Blätter schmal, 1,5–4 cm lang. Blütezeit April bis Juni. **Vorkommen** Auf nassen, nährstoffreichen Lehmböden, häufig auf Feuchtwiesen. **Wissenswertes** Ihr Name bezieht sich gleich mehrfach auf den Kuckuck (lat. *flos cuculi* = Kuckucksblume): Zum einen blüht sie zu der Zeit, wenn der Kuckuck laut rufend aus seinem Winterquartier zu uns zurückkehrt, zum anderen findet man an ihren Stängeln häufig den »Kuckucksspeichel« (s. S. 325), ein Phänomen, das auch auf dem zur selben Zeit blühenden Wiesen-Schaumkraut zu finden ist. Aus Unkenntnis über den wahren Verursacher schrieb man dem Kuckuck die Schuld zu.

hellrosa, zerschlitze Blütenblätter

Wiese und Feld: Blumen

- > weit verzweigter Wurzelstock
- > Blüte blüht nur einen Tag lang
- > Windungen im Uhrzeigersinn

mit pfeilförmigen Blättern

Acker-Winde >1 *Convolvulus arvensis*

Merkmale Windengewächse *(Convolvulaceae)*. 20–80 cm lang, niederliegend oder sich hochwindend. Blüte weiß oder rosa, außen rötlich gestreift, etwa 30 cm im Durchmesser. Blätter pfeil- oder spießförmig. Weit kriechender Wurzelstock. Blütezeit Mai bis Oktober. **Vorkommen** Häufig auf Äckern, Wiesen, Schuttplätzen, Weinbergen, an Zäunen und in Gärten. **Wissenswertes** Acker-Winden haben niederliegende Stängel, die sich nicht aus eigener Kraft aufrichten können. Treffen sie aber auf andere Gewächse – oft z. B. das Getreide auf Äckern – oder andere aufrechte Strukturen, winden sie sich im Uhrzeigersinn immer höher in Richtung Licht. Die Blüten der Acker-Winde öffnen sich früh am Morgen und sind schon am Abend verblüht. Für Bauern und Gärtner sind die Pflanzen Unkräuter, die sich wegen ihres weit verzweigten Wurzelstocks kaum dauerhaft bekämpfen lassen.

- > gelbe Blütenkerzen
- > blüht nur einmal
- > wichtig für Nachtschmetterlinge

Schwarze Königskerze >2 *Verbascum nigrum*

Merkmale Rachenblütler *(Scrophulariaceae)*. 0,5–1 m hoch mit zahlreichen, gelben Blüten, die ährenartig am Stängelende stehen. Blüten 1,5–2,5 cm groß mit wolligen, violetten Staubblättern. Die meisten Blätter stehen am Grund, sie sind 15–40 cm lang, am Rand gekerbt und unterseits filzig behaart. Blütezeit Juni bis September. **Vorkommen** Auf Ödland, an Wegrändern, auf Waldlichtungen und auf Schutt. **Wissenswertes** Königskerzen zählen zu den sogenannten zweijährigen Pflanzen, d. h., im ersten Jahr entwickeln sich aus den Samen nur Blattrosetten, erst im Folgejahr gelangt die Pflanze zur Blüte. Nach Ausbildung der Samen stirbt sie schließlich ab. Wo sie gerne wächst, wird sie sich über ihre Samen weitervermehren. Ihre Blätter sind eine beliebte Futterpflanze für viele Raupen von Nachtschmetterlingen wie z. B. dem Braunen Bär und dem Braunen Mönch.

- > zwei Haarreihen am Stängel
- > Blüten fallen leicht ab
- > Blüten mit Wegweisern

Blätter gegenständig, Rand gesägt

Gamander-Ehrenpreis >3 *Veronica chamaedrys*

Merkmale Rachenblütler *(Scrophulariaceae)*. 10–30 cm hoch. 10–30 Blüten in traubigem Blütenstand. Blüten blau mit weißem Schlund, ca. 1 cm im Durchmesser. Blätter eiförmig, gekerbt, im unteren Bereich kurz gestielt, im oberen sitzend. Stängel mit zwei deutlichen, gegenständigen Haarleisten. Lange unterirdische Ausläufer. Blütezeit Mai bis August. **Vorkommen** Sehr häufig auf nährstoffreichen Wiesen, an Wegrändern und in Gebüschen. **Wissenswertes** Auf den himmelblauen Blütenblättern sind strichartige, dunkelblaue Längsstreifen ausgebildet. Sie sowie der weiße Schlundring wirken auf Blüten besuchende Insekten wie feine Wegweiser zum Zentrum der Blüte, wo der Nektar zu finden ist.

Wiese und Feld: Blumen

- > eingerollte Blütenstände
- > gute Bienenweide
- > zweijährig

Staubblätter ragen weit heraus.

Natternkopf >1 — *Echium vulgare*

Merkmale Raublattgewächse *(Boraginaceae)*. 30–100 cm hoch. Anfangs rötliche, später blaue Blüten in eingerollten Blütenständen. Blätter länglich lanzettlich. Stängel violett punktiert. Stängel und Blätter dicht steifborstig behaart. Blütezeit Juni bis Oktober. **Vorkommen** An trockenen, sonnigen Standorten auf Wiesen, Dämmen, Schotterflächen, Straßen- und Wegrändern. **Wissenswertes** Den Namen verdankt der Natternkopf dem Aussehen seiner Blüten: Der herausragende, gespaltene Griffel erinnert zusammen mit der dreizipfligen Blüten-Oberlippe an einen züngelnden Schlangenkopf. Die Pflanze ist zweijährig: Im ersten Jahr bildet sie nur eine Blattrosette aus, im zweiten Jahr kommt sie dann zur Blüte.

- > Heilpflanze
- > bildet Ausläufer
- > vierkantiger Stängel

blühender Ausläufer

Kriechender Günsel >2 — *Ajuga reptans*

Merkmale Lippenblütler *(Lamiaceae)*. 10–30 cm hoch. Zwei bis sechs blaue Blüten quirlig angeordnet in den Achseln der oberen Blätter. Blätter gegenständig, eiförmig. Stängel vierkantig. Bildet lange oberirdische Ausläufer. Blütezeit Mai bis August. **Vorkommen** Häufig auf Wiesen, an Wegrändern und Gebüschen, auch in lichten Wäldern. **Wissenswertes** Der Kriechende Günsel findet in der Heilpflanzenkunde Verwendung: Die enthaltenen Gerbstoffe schaffen innerlich angewendet Linderung bei Verdauungsstörungen und Entzündungen, äußerlich aufgetragen unterstützen sie die Wundheilung. Man bereite dazu aus 1–2 Teelöffeln zerkleinertem Kraut pro Tasse einen Aufguss, den man etwa 5 Minuten ziehen lässt. Die Art wird auch in der Homöopathie genutzt. Die Pflanze vermehrt sich meist durch Ausläufer. Ihre reifen Samen werden von Ameisen verbreitet, die diese fortschleppen, einen Teil der nährstoffreichen Samenhülle abknabbern und den Samen selbst liegenlassen.

- > essbar als Salat oder Gemüse
- > Heilpflanze
- > nierenförmige Blätter

Gundermann, Gundelrebe >3 — *Glechoma hederacea*

Merkmale Lippenblütler *(Lamiaceae)*. 10–25 cm hoch. 2–20 blauviolette, quirlig in den Achseln der oberen Blätter angeordnete Blüten. Blätter gegenständig, rundlich bis nierenförmig, grob gesägt, oberseits glänzend, unterseits rötlich überlaufen. Stängel kriechend, lange Ausläufer bildend. Blütezeit April bis Juni. **Vorkommen** Sehr häufig auf feuchten Wiesen und Weiden, an Wegrändern und in Auwäldern. **Wissenswertes** Gundermann gilt als schmackhafte Wildpflanze: Im Frühjahr kann man ihn gemeinsam mit Scharbockskraut, Löwenzahn, Gänseblümchen und Brennnessel zu einem köstlichen Salat bereiten. Als Wildgemüse verwendet man ihn als Spinat gekocht oder in einer Kräutersuppe. Als Heilpflanze hilft ein Tee aus zerkleinertem Kraut bei Durchfall, Appetitlosigkeit oder Magenbeschwerden.

Wiese und Feld: Blumen

- > »weißer Bienensaug«
- > eine Nessel, die nicht brennt
- > Blüten mit Ober- und Unterlippe

süßer Nektar am Blütengrund

Weiße Taubnessel >1 *Lamium album*

Merkmale Lippenblütler *(Lamiaceae)*. 20–50 cm hoch mit gesägten, brennnesselartigen Blättern und vierkantigem Stängel. Blüten weiß, 2–3 cm lang, aus Ober- und Unterlippe bestehend, zwischen denen sich ein tiefer Schlund öffnet. Diese charakteristische Blütenform ist namensgebend für die ganze Familie der Lippenblütler. Blütezeit April bis Oktober. **Vorkommen** Oft auf überdüngten Böden an Wegrändern und Gräben. **Wissenswertes** Ihr Name rührt von den brennnesselähnlichen Blättern her; im Gegensatz zu diesen brennen sie aber nicht, sondern sind »taub«. Wichtige Nektarpflanze für Bienen, die mit ihren langen Rüsseln an den reichlichen, süßen Saft tief unten im Schlund der Blüte gelangen. Ein beliebtes Kinderspiel ist es, die Blüten abzuzupfen und den Nektar herauszusaugen.

- > brennnesselartige Blätter
- > rot gefleckte Blüten
- > Hummelblume

typischer Aufbau eines Lippenblütlers

Gefleckte Taubnessel >2 *Lamium maculatum*

Merkmale Lippenblütler *(Lamiaceae)*. 20–60 cm hoch mit brennnesselartigen Blättern und vierkantigem Stängel. Blüten tiefrosa, in »Stockwerken« übereinander angeordnet. Sie bestehen aus Ober- und Unterlippe, wobei die Unterlippe dunkel gefleckt ist (Name!). Blütezeit April bis November. **Vorkommen** Häufig auf nährstoffreichen Böden, an Wald- und Wegrändern und in Gebüschen. Wächst an schattigeren Standorten als die Weiße Taubnessel. **Wissenswertes** Den Namen Taubnessel trägt sie wegen ihrer rot gefleckten Blüten und ihrer nesselartigen Blätter, die aber »taub« sind, also nicht brennen. Die Blüten werden vor allem von langrüsseligen Hummeln besucht, die ihre dicken Körper regelrecht in den schmalen Blütenschlund hineinwühlen müssen, um an den begehrten Nektar am Grund zu gelangen.

- > Blätter runzelig
- > blauviolette Blütenähren
- > verwandt mit dem Echten Salbei

lockt Hummeln und Bienen an

Wiesen-Salbei >3 *Salvia pratensis*

Merkmale Lippenblütler *(Lamiaceae)*. 30–60 cm hoch mit leuchtend blauvioletter Blütenähre am Stängelende. Stängel vierkantig, Blüten 2–2,5 cm lang, aus Ober- und Unterlippe bestehend. Blätter hauptsächlich als Rosette am Grund, 6–12 cm lang, runzelig und am Rand gekerbt. Blütezeit Mai bis August. **Vorkommen** Auf trockenen Böden in sonnig-warmen Lagen, an Wegrändern und Böschungen. **Wissenswertes** Bekannt und nah verwandt ist der Echte Salbei *(S. officinalis)*. Er kommt wild nur am Mittelmeer vor, wird bei uns aber häufig als Heil- und Gewürzpflanze gehalten. Die ätherischen Öle des Salbeis geben Fleisch- und Fischgerichten einen guten Geschmack. Da sie allerdings schwach giftig sind, sollte man nicht zu viel davon nehmen. Salbeibonbons helfen gegen Halsweh, denn die Öle töten Bakterien ab.

Wiese und Feld: Blumen

- > lila Glocken
- > duftet süß
- > »Elfenblume«

Wiesen-Glockenblume >1 *Campanula patula*

Merkmale Glockenblumengewächse *(Campanulaceae)*. 20–50 cm, mit lilafarbenen, 1–2,5 cm großen Blütenglocken. Blätter schmal, lang. Blütezeit Mai bis Juli. **Vorkommen** Feuchte, nährstoffreiche Böden. Auf Wiesen, Lichtungen und an Wegrändern. **Wissenswertes** Ihre Zartheit und Schönheit inspirierte die Menschen seit jeher. Glockenblumen werden oft als Blütenkleider von Elfen gezeichnet, in Kinderbüchern öffnen sie den Weg ins Zwergenreich.

- > »Bauchwehkraut«
- > weiße Blütenschirme
- > kann Hautausschläge verursachen

Schafgarbe >2 *Achillea millefolium*

Merkmale Korbblütlergewächse *(Asteraceae)*. 20–80 cm hoch mit weißen Blütenschirmen aus zahlreichen, winzigen Einzelblüten. Blätter filigran gefiedert *(millefolium* = tausendblättrig). Blütezeit Juni bis November. **Vorkommen** Auf trockenen Wiesen und an Wegrändern. **Wissenswertes** Wertvolle Heilpflanze, hilft als Tee gegen Verdauungsstörungen und bei Menstruationsbeschwerden. Ein Aufguss aus den Blättern mit den darin enthaltenen ätherischen Ölen hilft bei schlecht heilenden Wunden. Vorsicht: In frisch gemähten Rasen kann sie bei Allergikern Hautausschläge verursachen!

- > typischer Duft
- > Heilpflanze
- > hemmt Entzündungen

Blütenboden innen hohl

Echte Kamille >3 *Matricaria recutita*

Merkmale Korbblütlergewächse *(Asteraceae)*. 15–50 cm hoch mit den bekannten, gelb-weißen Kamilleblüten. Die inneren, gelben Röhrenblüten sind von einem Kranz weißer Zungenblüten umgeben. Blüten 1,5–2,5 cm groß, Blätter gefiedert. **Vorkommen** Ödländer, Weg- und Ackerränder. **Wissenswertes** Wichtige Heilpflanze, vor allem die Blüten enthalten die entzündungshemmenden ätherischen Öle Bisabolol und Matricin. Als Tee gegen Bauchweh, äußerlich gegen Entzündungen.

- > »Wucherblume«
- > auch im Rasen
- > »Er liebt mich, er liebt mich nicht ...«

Wiesen-Margerite >4 *Chrysanthemum leucanthemum*

Merkmale Korbblütlergewächse *(Asteraceae)*. 20–80 cm hohe, dekorative Wiesenblume, die wie ein übergroßes Gänseblümcher blüht. Blüten innen gelb, außen weiß, 3–5 cm groß. Blätter schmal eiförmig, am Rand gezähnt. Blütezeit Mai bis Oktober. **Vorkommen** Sehr häufig auf Wiesen, selten auf gemähten Rasen und Weiden. **Wissenswertes** Den Namen »Wucherblume« trägt sie, weil sie auf neu angelegten Böschungen häufig als Erste und in Massen auftritt. Die Blüten werden von zahlreichen Käfern, Schmetterlingen und Fliegen besucht. Orakelpflanze für frisch Verliebte.

Wiese und Feld: Blumen

- › »Farnblätter«
- › Heil- und Giftpflanze
- › duftet intensiv

Rainfarn ›1 *Chrysanthemum (=Tanacetum) vulgare*

Merkmale Korbblütlergewächse *(Asteraceae)*. 0,5–1,5 m hoch mit intensiv duftenden, gelben Blütenschirmen. Blüten 0,5–1 cm groß, Blätter farnähnlich gefiedert (Name!). Blütezeit Juli bis September. **Vorkommen** An Wegen, Dämmen und Waldrändern. **Wissenswertes** Enthält ätherische Öle und Bitterstoffe, gelegentlich aber auch giftiges Thujon. Das getrocknete Kraut riecht so intensiv, dass sich damit Mücken, Läuse und Mäuse vertreiben lassen.

- › Blüten vor den Blättern
- › hufeisenförmige Blätter
- › vertreibt Husten

Huflattich ›2 *Tussilago farfara*

Merkmale Korbblütlergewächse *(Asteraceae)*. 10–30 cm hoch mit leuchtend gelben, 2–2,5 cm großen Blüten. Die Blätter erscheinen erst, nachdem die Pflanze verblüht ist. Sie sind bis 20 cm lang und im Umriss herz- bis hufeisenförmig. Blütezeit Februar bis April. **Vorkommen** Auf feuchten, humusarmen Böden, häufig auf Ödland und an lichten Waldstellen. **Wissenswertes** Neben den früh blühenden Weidenkätzchen eine der ersten Nektarpflanzen im Jahr für Bienen. Der lateinische Name bezieht sich auf die schleimlösende Wirkung bei Husten (lat. *tussis* = Husten, lat. *ago* = ich treibe).

- › würzt den Braten
- › Blätter duften aromatisch
- › ein Verwandter des Wermuts

Gemeiner Beifuß ›3 *Artemisia vulgaris*

Merkmale Korbblütlergewächse *(Asteraceae)*. 0,5–1,5 m hoch mit unscheinbaren, kleinen Blüten. Stängel kantig und oft rot, Blätter tief geteilt und unterseits weißfilzig, riechen aromatisch. Blütezeit Juli bis September. **Vorkommen** Häufig auf Ödländern, an Wegrändern und Ufern. **Wissenswertes** Wie der verwandte Wermut *(A. absinthium)* wird Beifuß zum Würzen von Fleischgerichten, Soßen und Suppen verwendet. In größeren Mengen sind beide Pflanzen schwach giftig, weshalb vor Wermutschnäpsen gewarnt wird (gilt nicht für Wermutweine).

- › Schmetterlingspflanze
- › unbeliebtes Ackerunkraut
- › Blätter stechen nur am Rand

Acker-Kratzdistel ›4 *Cirsium arvense*

Merkmale Korbblütlergewächse *(Asteraceae)*. 0,5–1,5 m hoch, reich verzweigt, Blätter nur am Rand bestachelt. Blüten 1–1,5 cm groß, rosa bis violett. Blütezeit Juli bis September. **Vorkommen** Sehr häufig auf Wiesen, Weiden, Äckern und Schuttplätzen. **Wissenswertes** Jede Pflanze produziert pro Jahr bis zu 6000 Samen, die mit ihren Flughaaren kilometerweit fliegen. Wo sie einmal wächst, bildet sie bald dichte Bestände und ist mit ihren mehr als 2 m tiefen Wurzeln kaum noch zu beseitigen. Gut für die zahlreichen Schmetterlinge, die von ihrem Nektar leben.

Nur die Blätter pieksen.

Wiese und Feld: Blumen

- › kornblumen-blaue Blüten
- › Blume der Getreideäcker
- › heute selten

Blüte aus vielen Einzelblüten

Kornblume ›1 — *Centaurea cyanus*

Merkmale Korbblütlergewächse *(Asteraceae)*. 20–90 cm hoch mit leuchtend blauen, 2,5–3,5 cm großen Blüten. Blätter lang und schmal, graugrün. Blütezeit Juni bis September. **Vorkommen** Getreidefelder, vor allem im Wintergetreide, auf Bahndämmen und Schuttplätzen. **Wissenswertes** Sprichwörtlich ist ihr leuchtendes Blau: Die Pflanze hat dieser Farbe ihren Namen gegeben, dem Kornblumenblau. Einst auf jedem Acker, wurde sie wie auch der Klatschmohn durch Spritzmittel selten. Mit der biologischen Landwirtschaft kehrt auch die schöne Blaue wieder in unsere Landschaft zurück.

- › himmelblaue Blüten
- › auch bekannt als »Blümchenkaffee«
- › alte Heilpflanze

löwenzahnartiges Blatt

Wegwarte ›2 — *Cichorium intybus*

Merkmale Korbblütlergewächse *(Asteraceae)*. 0,2–1,5 m hoch und sparrig verzweigt, mit 3–4 cm großen, himmelblauen Blüten. Blätter am Grund als Rosette. Blütezeit Juli bis September. **Vorkommen** Trockene Wegränder, Steinbrüche und Brachland. **Wissenswertes** Nach einer Volkssage ist sie ein verzaubertes Mädchen, das treu am Wegesrand auf ihren Geliebten wartet. Vor 100 Jahren wurde die Wegwarte kultiviert und daraus die Zichorienwurzel als Kaffee-Ersatz gezogen. Heilpflanze, wird homöopathisch bei Erkrankungen von Leber und Galle verwendet.

- › alte Heilpflanze
- › lockt Insekten an
- › Stängel oft braun überlaufen

Echte Goldrute ›3 — *Solidago virgaurea*

Merkmale Korbblütlergewächse *(Asteraceae)*. 30–100 cm hoch. Zahlreiche, gelbe, 1–2 cm große Blütenkörbchen in einem rispigen Gesamtblütenstand am Ende des Stängels. Äußere Zungenblüten überragen die inneren Röhrenblüten. Blätter wechselständig, lanzettlich. Blütezeit Juli bis Oktober. **Vorkommen** Auf trockenen Wiesen und Heideflächen, an Wegrändern und Straßenböschungen und in lichten Wäldern. **Wissenswertes** Die Goldrute ist eine alte Heilpflanze. Sie wirkt harntreibend und hilft bei Blasen- und Nierenbeschwerden.

- › tödlich giftig!
- › krokusähnlich
- › zur Blütezeit im Herbst ohne Blätter

Herbstzeitlose ›4 — *Colchicum autumnale*

Merkmale Zeitlosengewächse *(Colchicaceae)*. Krokusähnlich, blüht aber im Herbst (Name!). Blüte bis zu 20 cm lang, blassrosa bis violett. Zur Blütezeit ohne Blätter. Die Blätter entwickeln sich erst im Frühjahr, sie sind bis zu 50 cm lang und 2–4 cm breit. Zwischen ihnen befindet sich die Fruchtkapsel. Blütezeit August bis Oktober. **Vorkommen** Feuchte Wiesen und Auwälder. **Wissenswertes** Enthält das Gift Colchizin. Bereits einer bis fünf der Samen wirken beim Menschen tödlich. Homöopathisches Mittel gegen Magenschmerzen.

Wiese und Feld: Blumen

> Blätter gefleckt
> rosafarbene Blütenpyramide
> streng geschützt

typisch gezeichnete Blätter

Geflecktes Knabenkraut >1 *Dactylorhiza maculata*

Merkmale Orchideengewächse *(Orchidaceae)*. 20–60 cm hoch mit dunkel gefleckten Blättern. Blüten zu 20–70 in einer pyramidenförmigen Ähre am Stängelende. Einzelblüte 1–2 cm groß, rosafarben. Blütezeit Juni bis August. **Vorkommen** In wechselfeuchten Magerwiesen, Heiden und lichten Wäldern. **Wissenswertes** Eine der häufigsten Orchideen Europas mit dunkel gefleckten Blättern. Durch Trockenlegung von Feuchtwiesen stark zurückgegangen, dennoch trifft man gelegentlich noch auf regelrechte Orchideenwiesen.

> riecht unangenehm
> langer Sporn
> selten, geschützt

Blüte mit sehr langem Sporn

Mücken-Händelwurz >2 *Gymnadenia conopsea*

Merkmale Orchideengewächse *(Orchidaceae)*. 20–60 cm hoch. Dunkelrosa bis weißliche Blüten in zylindrischer Ähre. Blüten mit langem Sporn. Hellgrüne, schmale Blätter rinnig gefaltet, meist rosettig angeordnet. Blütezeit Mai bis August. **Vorkommen** Auf Wiesen und Magerrasen, in Flachmooren, Heidegebieten und lichten Wäldern. **Wissenswertes** Der Name Händelwurz leitet sich von den handförmig geteilten Wurzelknollen ab. Der lange Blütensporn enthält den Nektar, der dort nur für langrüsselige Tag- und Nachtfalter erreichbar ist.

> täuscht Insektenmännchen
> bräunliche Blüte mit hellem Fleck
> selten, geschützt

eher unauffällige Orchidee

Fliegen-Ragwurz >3 *Ophrys insectifera*

Merkmale Orchideengewächse *(Orchidaceae)*. 15–50 cm hoch. Samtig braune Lippe mit blaugrauem, glattem Fleck. Dunkle Kronblätter. Blütezeit Mai bis Juli. **Vorkommen** Auf Magerrasen, an Wegböschungen, in lichten Kiefernwäldern. **Wissenswertes** Die Blüten der verschiedenen Ragwurz-Arten erzeugen Duftstoffe, die den Sexuallockstoffen weiblicher Bienen und Wespen ähneln: so locken sie die jeweiligen Männchen an. Die Lippe ist so gezeichnet und gebaut, dass sie das Männchen zur Kopulation mit dem vermeintlichen Weibchen veranlasst. Dabei wird die Orchidee bestäubt.

> keine grünen Blätter
> Schmarotzerpflanze
> an Schafgarben

Violette Sommerwurz >4 *Orobanche purpurea*

Merkmale Sommerwurzgewächse *(Orobanchaceae)*. 15–45 cm hoch. Viele blauviolette Blüten. Aufrechter Stängel meist violett überlaufen. Ohne grüne Blätter. Blütezeit Mai bis August. **Vorkommen** Auf trockenen Rasen und Wiesen. **Wissenswertes** Es gibt viele sehr ähnliche Sommerwurz-Arten. Alle besitzen kein Blattgrün und parasitieren als Vollschmarotzer auf den Wurzeln jeweils ganz spezifischer Wirtspflanzen. Oft ist eine genaue Artbestimmung nur möglich, wenn man auf die umgebenden Pflanzen achtet. Die hier vorgestellte Art parasitiert meist auf Schafgarben (s. S. 112).

Wiese und Feld: Bäume und Sträucher

Gewöhnlicher Wacholder >1 — *Juniperus communis*

- > immergrün
- > säulenförmig
- > Küchengewürz

Merkmale Zypressengewächse *(Cupressaceae)*. Immergrüner, 0,5–6 m hoher Strauch. Blätter nadelförmig, 1–2 cm lang, steif, stechend. Blüten klein, unscheinbar, am Grund der Nadeln. Beeren reif schwarzbraun, bläulich bereift, 0,5–1 cm. **Vorkommen** In Europa auf sandigen Böden in sonniger Lage. Häufig in Heiden und an Felshängen. Blütezeit April bis Juni, Samenreife August bis Oktober. **Wissenswertes** Die Beeren sind begehrte Vogelnahrung, beliebtes Küchengewürz und werden als harntreibendes, blutreinigendes Mittel verwendet.

Hundsrose >2 — *Rosa canina*

- > unsere häufigste Rose
- > Hagebutten-Tee
- > Winternahrung für Vögel

Stacheln gegen Fressfeinde

Merkmale Rosengewächse *(Rosaceae)*. 1–3 m hoher, stacheliger Strauch mit überhängenden Zweigen. Blätter fünf- bis siebenteilig, Blüten 5 cm groß, weiß bis rosa, schwach duftend. Früchte (Hagebutten) 2–2,5 cm groß, eiförmig und korallenrot. Blütezeit Mai/Juni, Fruchtreife September/Oktober. **Vorkommen** Eine der häufigsten Rosen Mitteleuropas, von der Ebene bis 1500 m Höhe an sonnigen Wegrändern und auf Lichtungen. **Wissenswertes** Hagebutten sind ein begehrtes Winterfutter für Vögel und Säugetiere. Sie enthalten zehnmal mehr Vitamin C als Zitronen.

Eingriffliger Weißdorn >3 — *Crataegus monogyna*

- > Heckenpflanze
- > Blüten duften süß
- > Herzmittel

Merkmale Rosengewächse *(Rosaceae)*. Bis 8 m hoher, dicht verzweigter, dorniger Strauch oder Baum. Blätter tief gebuchtet mit drei bis fünf spitzen Lappen. Blüten weiß, etwa 1 cm groß, gehäuft in Dolden. Frucht erbsengroß und rot. Blütezeit Mai/Juni, Fruchtreife August/September. **Vorkommen** Überall in Europa an Waldrändern und in Hecken. **Wissenswertes** Blätter und Früchte enthalten herzwirksame Stoffe. Weißdorn eignet sich gut als Heckenpflanze, er verträgt einen kräftigen Rückschnitt.

Schlehe, Schwarzdorn >4 — *Prunus spinosa*

- > blüht vor dem Blattaustrieb
- > Früchte essbar, sehr sauer
- > liefert Schlehenlikör

Merkmale Rosengewächse *(Rosaceae)*. 1–4 m hoher, dicht verzweigter, dorniger Strauch mit schwärzlicher Rinde. Blätter länglich, 2–5 cm lang. Blüten erscheinen vor den Blättern, etwa 1 cm groß, duften nach Mandeln. Früchte (Schlehen) sehr sauer, schwarzblau, weißlich bereift, etwa 1 cm groß, bleiben den Winter über am Strauch. Blütezeit März/April, Fruchtreife September/Oktober. **Vorkommen** In fast ganz Europa häufig in sonnigen Lagen. **Wissenswertes** Die Früchte sind erst nach einigen Frösten genießbar, sie werden zu Schnäpsen und Marmeladen verarbeitet.

Wiese und Feld: Bäume und Sträucher

- › Zweige im Winter tiefrot
- › Bodenfestiger
- › schwarzblaue Früchte

Blutroter Hartriegel ›1 *Cornus sanguinea*

Merkmale Hartriegelgewächse *(Cornaceae)*. 2–5 m hoher, reich verzweigter Strauch oder Baum. Blätter bis 10 cm lang, 4 cm breit. Blüten weiß, 0,5 cm groß, in Schirmen an Zweigenden. Reife Früchte schwarzblau, erbsengroß. Blütezeit Mai/Juni, Fruchtreife September. **Vorkommen** In fast ganz Europa in Gewässernähe und an trockenen Hängen. **Wissenswertes** Wegen der ausladenden Wurzelsprosse eignet er sich gut als Bodenfestiger. Sein Name kommt von den im Winter blutroten Zweigen und dem harten Holz.

- › giftig!
- › Zweige vierkantig
- › Früchte pink und orange

Gewöhnliches Pfaffenhütchen ›2 *Euonymus europaeus*

Merkmale Baumwürgergewächse *(Celastraceae)*. 2–6 m hoher Strauch mit häufig vierkantigen Zweigen. Blätter eiförmig, 3–8 cm lang, gesägt. Blüten klein, grünlich, Früchte pink, öffnen sich nach unten, Samen orange ummantelt. Blütezeit Mai/Juni, Fruchtreife August bis Oktober. **Vorkommen** In fast ganz Europa an Waldrändern, Hecken und Gebüschen. **Wissenswertes** Rinde, Blätter und Samen giftig. Der Name bezieht sich auf die Form der Früchte, die an »des Pfaffen Hütchen« (das Barett) erinnern.

- › Blüten goldgelb
- › geeignet zum Besenbinden

kleeblattähnliche Blätter

Besenginster ›3 *Cytisus scoparius*

Merkmale Schmetterlingsblütler *(Fabaceae)*. Meist 1–2 m hoher Strauch. Junge Triebe grün, sehr biegsam. Blätter kleeblattähnlich, Blüten leuchtend gelb, bis 2,5 cm lang. Früchte (Hülsen) flach, schwarz und 3–5 cm lang. Blütezeit Mai/Juni, Fruchtreife August/September. **Vorkommen** In Mittel- und Südeuropa an Böschungen, Dünen und auf Heiden. **Wissenswertes** Einziger heimischer Ginster Mitteleuropas. Viele Züchtungen (auch mit rötlichen Blüten) im Handel. Früher verwendete man den Besenginster zum Besenbinden (Name!).

- › oft in Feldrainen
- › Früchte geflügelt
- › blüht nach Laubaustrieb

Blätter 3- bis 5-fach gelappt

Feld-Ahorn ›4 *Acer campestre*

Merkmale Ahorngewächse *(Aceraceae)*. Meist bis 10 m, nur selten bis 20 m hoher, reich verzweigter Baum oder Strauch. Blätter 10 cm breit, drei- bis fünffach gelappt. 10–20 gelblich grüne Blüten in aufrechter oder leicht überhängender Rispe. Blüht nach dem Laubaustrieb (vgl. Spitz-Ahorn S. 46). Früchte mit zwei sich gegenüberstehenden, waagerecht ausgebreiteten Flügeln. Blütezeit Mai, Fruchtreife September/Oktober. **Vorkommen** In Hecken, an Feld- und Waldrändern, in Wäldern. **Wissenswertes** Feld-Ahorn ist raschwüchsig. Das macht ihn besonders geeignet für Hecken- und Knickbepflanzungen.

Wiese und Feld: Bäume und Sträucher

Schwarzer Holunder >1 *Sambucus nigra*

- > weiße Blütenschirme
- > schwarze »Fliederbeeren«
- > dunkelroter Saft

typische Rinde des Holunders

Merkmale Geißblattgewächse *(Caprifoliaceae)*. Bis 7 m hoher Strauch oder Baum mit überhängenden Zweigen und dicht belaubter Krone. Die Zweige enthalten viel weiches, weißes Mark. Blätter 10–30 cm lang, meist fünfzählig gefiedert. Blüten weiß, in 10–15 cm breiten, flachen Schirmen, streng süßlich riechend. Früchte glänzend schwarz, erbsengroß. Blütezeit Juni, Fruchtreife August/September. **Vorkommen** Fast überall in Europa an feuchten Waldrändern, in Gebüschen, Hecken und Wegrändern. **Wissenswertes** Im Volksmund auch Hollerbusch oder (im Niederdeutschen) Flieder genannt, gehörte der Holunder als lebendige Hausapotheke früher an jedes Haus. Die reifen Früchte enthalten viel Vitamin C, als »heißer Fliederbeersaft« vertreiben sie im Winter die Erkältung.

Gemeiner Schneeball >2 *Viburnum opulus*

- > Früchte nicht essen!
- > Blüten wie Schneebälle
- > Schaublüten locken Insekten

Merkmale Geißblattgewächse *(Caprifoliaceae)*. Schnellwüchsiger, bis 4 m hoher Strauch. Blätter drei- bis fünflappig, bis 12 cm lang, Blüten klein und weiß, zu Schirmen vereint, mit auffällig vergrößerten Randblüten. Früchte 1 cm groß, scharlachrot. Blütezeit Mai/Juni, Fruchtreife August/September. **Vorkommen** In fast ganz Europa in Auwäldern, Hecken und Gebüschen. **Wissenswertes** Die auffällig vergrößerten Randblüten sind steril und dienen nur dazu, Fliegen, Käfer und Schmetterlinge zum Bestäuben der eigentlich unscheinbaren Blüten anzulocken. In Gärten wird häufig die seit gut 400 Jahren kultivierte Zuchtform »Roseum« gepflanzt. Ihre Blüten bilden »echte«, runde und weiße Schneebälle. Die Blüten sind allerdings alle steril. Der Verzehr der Früchte führt zu Durchfall und Erbrechen.

Wolliger Schneeball >3 *Viburnum lantana*

- > Früchte schwach giftig!
- > rote und schwarze Früchte
- > Blüten riechen intensiv

Merkmale Geißblattgewächse *(Caprifoliaceae)*. 1–3 m hoher, reich verzweigter Strauch. Blätter länglich eiförmig, am Rand scharf gesägt, unterseits dicht graufilzig. Zahlreiche weiße Blüten in dichten schirmförmigen Blütenständen. Früchte 7–8 mm lang, eiförmig, anfangs grün, dann rot, zur Reife schwarz glänzend. Blütezeit Mai bis Juli, Fruchtreife August/September. **Vorkommen** In Gebüschen, an Waldrändern, oft als Zierstrauch in Parks und Gärten angepflanzt und von dort verwildert. **Wissenswertes** Die weithin sichtbaren, intensiv duftenden Blüten werden von zahlreichen Insekten wie Bienen, Käfer und Fliegen besucht. Die Beeren des Wolligen Schneeballs scheinen keinen großen Geschmack bei Vögeln zu finden, denn mitunter findet man selbst im tiefsten Winter noch vertrocknete Früchte an den Sträuchern.

Wiese und Feld: Bäume und Sträucher

Mistel >1 — *Viscum album*

- immergrün
- zapft Bäume an
- bringt zu Weihnachten Glück

mit gegenständigen Blättern

Merkmale Mistelgewächse *(Viscaceae)*. Kleiner, immergrüner, kugeliger Strauch bis etwa 1 m Durchmesser, der ausschließlich auf Bäumen wächst. Zweige gelblich grün, brechen leicht ab. Blätter zungenförmig, ledrig, bis etwa 6 cm lang. Blüten winzig, unscheinbar, an den Verzweigungen sitzend. Frucht erbsengroß, reif weiß gefärbt. Blütezeit März/April, Fruchtreife November/Dezember. **Vorkommen** Fast überall in Europa auf verschiedenen Laub- und Nadelbäumen. **Wissenswertes** Als Schmarotzer sendet die Mistel ihre Wurzeln statt ins Erdreich ins Holz der Bäume, auf denen sie lebt. Hier zapft sie die Leitungsbahnen an und kommt so zu den lebensnotwendigen Nährsalzen. Die klebrigen Beeren werden gern von Vögeln gefressen. Beim Säubern des Schnabels am Baum oder mit dem Vogelkot gelangen die unverdaulichen Samen wieder auf Bäume.

Heidekraut, Besenheide >2 — *Calluna vulgaris*

- bildet großflächige Heiden
- immergrün
- verträgt keinen Schatten

Merkmale Heidekrautgewächse *(Ericaceae)*. 20–50 cm hoher, sparriger, immergrüner Kleinstrauch. Blätter winzig, 1–3 mm lang, Blüten glöckchenförmig, lila-rosa, in reichblütigen Trauben an den Zweigenden. Blütezeit Juli bis Oktober. **Vorkommen** In fast ganz Europa, außer im Süden, auf mageren Böden mit viel Sonne. Auf Heiden und in lichten Wäldern. **Wissenswertes** Teils landschaftsprägend, z. B. in der Lüneburger Heide. Nach der Rodung der Wälder und Trockenlegung der Moore konnte sich das Kleingehölz hier rasch ausbreiten. Bei der Garten-, Friedhof- oder Balkonbepflanzung wird das immergrüne Heidekraut gerne als bodendeckende Bepflanzung eingesetzt. In der Pflanzenheilkunde spielt das Heidekraut eine Rolle bei der Behandlung von Rheuma und Gicht sowie als harntreibendes Mittel mit blutreinigender Wirkung.

Glockenheide >3 — *Erica tetralix*

- glockenförmige Blüten
- Blätter nadelförmig
- Sumpfheide

Merkmale Heidekrautgewächse *(Ericaceae)*. 15–45 cm hoher, immergrüner Zwergstrauch. Nadelförmige Blätter 3–5 mm lang, zu viert quirlständig. Blüten rot bis violett, zu 5–20 in endständiger Traube. Blütezeit Juli bis September. **Vorkommen** Auf sauren, feuchten Böden in Mooren und Heiden, auch in lichten Kiefernwäldern und in Küstennähe. **Wissenswertes** Da die Glockenheide feuchte Standorte bevorzugt, wird sie auch als »Sumpfheide« bezeichnet. Der Nektar befindet sich tief in der glockenförmigen Blüte und ist dort nur für langrüsselige Insekten wie Bienen, Hummeln und bestimmte Schmetterlinge erreichbar. Durch die Zerstörung ihrer Lebensräume ist die Glockenheide vielerorts selten geworden.

Wiese und Feld: Wirbellose Tiere

- spiralig gestreift
- frisst frisches Grün
- in Gärten häufig

Hain-Bänderschnecke >1
Cepaea nemoralis

Merkmale Kugelige, etwa 2 cm große, gelbliche, rosafarbene bis dunkelbraune Gehäuse mit spiraligen Bändern (Name!). **Vorkommen** Häufig in Gärten, Parks und auf Bahndämmen. **Lebensweise** Von Oktober bis Mai hält sie Winterruhe, dabei verschließt sie ihr Gehäuse mit einem Kalkdeckel. Erst wenn wieder saftiges Grün sprießt, futtert sich die Pflanzen fressende Schnecke durch Gärten, Parks und Wälder. **Wissenswertes** Hain-Bänderschnecken können so unterschiedlich gefärbt sein, dass man kaum glauben mag, es mit ein und derselben Art zu tun zu haben. Einigen fehlt sogar die Bänderung.

- gestreift wie eine Wespe
- winzige Männchen
- frisst gerne Heuschrecken

Wespenspinne >2
Argiope bruennichi

Merkmale Bis zu 2 cm große und auffallend schöne Spinne mit schwarz-gelb gestreiftem Hinterleib. Ihr Vorderkörper ist silbrig weiß behaart. Typisch für ihr Radnetz ist das weiße Zickzackband. Das Männchen ist unscheinbar bräunlich und mit 0,5 cm geradezu winzig. **Vorkommen** In sonnigen Gebieten mit niedrigem Pflanzenbewuchs. **Lebensweise** Die Spinne sitzt in der Mitte ihres Radnetzes, das sie zwischen niedriger Vegetation aufspannt. Darin fängt sie v. a. Heuschrecken. **Wissenswertes** Das Männchen wird oft noch während der Begattung verspeist.

- lauert auf Blüten
- perfekt getarnt
- erbeutet Insekten

Veränderliche Krabbenspinne >3
Misumena vatia

Merkmale 0,5–1 cm große Spinne, weiß, gelb oder grünlich gefärbt. **Vorkommen** An sonnigen Waldrändern und auf trockenen Rasen. **Lebensweise** Lebt auf Blüten, auf denen sie durch ihre Färbung schwer zu entdecken ist. So werden Schwebfliegen, Bienen und Schmetterlinge zur Beute der lauernden Spinne. Oft entdeckt man sie nur, weil ein Beutetier leblos von der Blüte hängt. **Wissenswertes** Weibchen (Foto rechts) können die Körperfarbe perfekt der jeweiligen Blütenfarbe anpassen.

- sehr lange, dünne Beine
- Körper ungeteilt
- tag- und nachtaktiv

Weberknecht >4
Phalangium opilio

Merkmale Unter Weberknecht werden mehrere Arten zusammengefasst. Körper etwa 0,5 cm groß, sehr, sehr lange, dünne Beine. **Vorkommen** An Wegrändern, in Gärten und auf Wiesen. **Lebensweise** Lauert auf Sträuchern und höheren Kräutern, wobei er seine Beine lassoartig um die Pflanzenstängel schlingt. Fliegt ein Insekt vorbei, greift er es blitzschnell mit seinen langen Beinen aus der Luft. **Wissenswertes** Im Unterschied zu den echten Spinnen ist der Körper der Weberknechte nicht in Vorder- und Hinterleib unterteilt, sondern besteht aus einem Stück.

Wiese und Feld: Wirbellose Tiere

- > große, kräftige Heuschrecke
- > grasgrün mit langen Fühlern
- > sticht nicht!

Grünes Heupferd >1   *Tettigonia viridissima*

Merkmale Grasgrüne, bis etwa 4 cm lange Heuschrecke, Fühler sind länger als der Körper. Fliegt gut. **Vorkommen** Häufig an Wegrändern, auf trockenen Rasen und in Gärten. **Lebensweise** Das Grüne Heupferd frisst kaum Pflanzen, wohl aber die Larven der Kartoffelkäfer, Blattläuse, Raupen und lästige Fliegen und ist damit ein ausgesprochener Nützling im Garten. Gratis dazu gibt es ihren laut schwirrenden Gesang von mittags bis nach Mitternacht. **Wissenswertes** Erschreckend mag einem nicht nur die Größe des Grünen Heupferdes erscheinen, sondern auch der 2–3 cm lange, dolchartige Säbel am Hinterleib des Weibchens. Doch keine Angst, er ist nicht dazu gedacht, Tiere oder Menschen zu stechen, sondern dient nur dazu, die Eier in den Boden zu bohren.

- > schwarz mit breitem Kopf
- > singt »zri zri zri«
- > gräbt Erdröhren

Feldgrille >2   *Gryllus campestris*

Merkmale 2–3 cm groß, gedrungen und schwarz mit bräunlichen Flügeln. Auffallend ist der mächtige Kopf, er ist breiter als der Körper. **Vorkommen** In trockenen, sonnigen Gebieten mit niedrigem Pflanzenbewuchs, in Heiden, auf trockenen Rasen und an Böschungen. In Norddeutschland sehr selten, im Süden häufiger. **Lebensweise** Lebt nicht in der Vegetation wie Heuschrecken, sondern stets am Boden. Hier frisst sie v. a. Gräser und Kräuter. Gräbt etwa 20 cm tiefe Erdröhren, in die sie bei Gefahr flüchtet. Die Eier werden in selbst gegrabene Erdhöhlen abgelegt, daraus schlüpfen nach zwei bis drei Wochen die Larven. **Wissenswertes** Abends sitzen die Männchen vor dem Eingang ihrer Röhren und zirpen ihr bis 100 m weit zu hörendes »zri zri zri«, bei warmem Wetter bis tief in die Nacht. Geduld braucht, wer Grillen sehen will Sie entwischen bei der geringsten Erschütterung in ihre Gänge.

- > unsere häufigste Heuschrecke
- > grün, braun oder rot-gelb
- > singt mit Flügeln und Beinen

Gemeiner Grashüpfer >3   *Chorthippus parallelus*

Merkmale Etwa 1,5–2,5 cm groß, meist grün, es kommen aber auch bräunliche und rot-gelbe Tiere vor. Die Flügel sind kürzer als der Körper. **Vorkommen** Kommt so gut wie überall da vor, wo Pflanzen wachsen, als einzige Heuschrecke sogar auf überdüngten Wiesen. Fehlt nur in sehr trockenen und sehr nassen Gebieten. **Lebensweise** Hüpft in der Vegetation umher (Name!) und frisst dabei die jeweils häufigsten Gräser. Die Weibchen legen ihre Eier in den Boden ab. **Wissenswertes** Die Männchen singen an warmen Sommerabenden noch bis Mitternacht. Dazu reiben sie ihre Hinterbeine über die Flügel. Die Verse dauern nur 1–1,5 Sekunden, sind kurz und kratzig und klingen wie »sräsräsräsrä«. Sie werden im Drei-Sekunden-Takt vorgetragen.

Wiese und Feld: Wirbellose Tiere

- > nur im Sommer grün
- > stänkert ihre Feinde an
- > saugt süße Säfte

Grüne Stinkwanze >1 *Palomena prasina*

Merkmale 1–1,5 cm groß, im Frühling und Sommer grasgrün, färbt sich im Herbst braun. So ist sie immer gut getarnt. Wie für Wanzen typisch, hält sie einen langen Saug-Stechrüssel unter dem Bauch versteckt. **Vorkommen** Häufige Wanze an Büschen und Bäumen. **Lebensweise** Sticht mit dem Rüssel Pflanzen und Beeren an und saugt deren Säfte. Verbreitet mit ihren Stinkdrüsen ein übel riechendes Sekret, das Fressfeinden den Appetit verdirbt. Kann bei stärkerem Befall schädlich sein. **Wissenswertes** Im Laufe ihrer Entwicklung vom Embryo zum erwachsenen Tier – das Imago – häuten sich Wanzen meist fünfmal. Die Larven (Foto oben rechts) werden dabei jedes Mal ein wenig größer und dem Imago schrittweise immer ähnlicher. Wanzen fehlt ein eigenes Puppen-Stadium in der Entwicklung, wie es z. B. für Käfer, Schmetterlinge und Fliegen typisch ist.

- > schwarz-rot gestreift
- > auf Doldenblütlern
- > Warnfarben

Streifenwanze >2 *Graphosoma lineatum*

Merkmale 8–12 mm groß. Unverwechselbar schwarz-rot längs gestreift. Kleiner, schmaler Kopf mit langem Saugrüssel. **Vorkommen** Verbreitet und häufig auf Wiesen, an Wegrändern und in Gärten. **Lebensweise** Streifenwanzen findet man fast immer auf Doldenblütlern wie Wiesenkerbel, Bärenklau, Engelwurz oder Wilder Möhre. Hier saugen sie mit Vorliebe an den Samen. Den Winter verbringen die erwachsenen Tiere im Boden vergraben oder an geschützten Stellen verborgen. **Wissenswertes** Die auffällige Farbenpracht der Streifenwanzen ist als Warnung zu verstehen: Sie signalisieren damit potenziellen Fressfeinden ihre Ungenießbarkeit – wer einmal das schwarz-rote Insekt probiert hat, erinnert sich bei einem Wiedersehen an den widerlichen Geschmack und vergreift sich nie wieder an dem Tier.

- > macht den »Kuckuckspeichel«
- > saugt Pflanzensäfte
- > auf feuchten Wiesen häufig

Wiesenschaumzikade >3 *Philaenus spumarius*

Merkmale Ausgewachsene Zikade etwa 0,5 cm groß, breit oval und bräunlich. **Vorkommen** Häufig auf feuchten Wiesen an über 150 verschiedenen Pflanzenarten. **Lebensweise** Sticht mit ihrem unter dem Bauch verborgenen Rüssel Pflanzen an und saugt deren Säfte. Die noch unausgewachsenen Larven schäumen mit der Atemluft eine aus dem After austretende Flüssigkeit auf. In diesem Schaum leben sie, er schützt sie vor Trockenheit und Feinden. **Wissenswertes** Das schaumige Gebilde an Pflanzenstängeln wird im Volksmund »Kuckuckspeichel« oder »Hexenspucke« genannt. Auf Erlen, Weiden und Pappeln lebt die ähnliche Erlen-Schaumzikade *(Aphrophora alni)*. Sie wird 8–11 mm lang und ist bräunlich mit hellen Flecken auf den Vorderflügeln. Auch ihre Larven erzeugen ein Schaumnest.

Wiese und Feld: Wirbellose Tiere

- > mag Sonne und Sand
- > metallisch grün
- > Räuber mit riesigen Augen

Feld-Sandlaufkäfer >1 *Cicindela campestris*

Merkmale 1–1,5 cm großer Käfer, metallisch grün mit gelben Punkten. Fühler und Beine leuchtend kupferrot. **Vorkommen** In sandigen Gegenden, auf Wegen, Feldern, Stränden und in Kiesgruben. **Lebensweise** Huscht bei Sonnenschein über warme, sandige Wege und macht Jagd auf Spinnen und Insekten. Aufgescheucht fliegt er kurz auf, landet einige Meter weiter. Seine Larve (rechts) lebt größtenteils verborgen in einer kleinen Erdröhre und packt vorbeikommende Insekten. **Wissenswertes** Häufig jagen Sandlaufkäfer gesellig.

- > rot und schwarz
- > frisst Läuse und Schnecken
- > »Schneewürmer«

Gewöhnlicher Weichkäfer >2 *Cantharis fusca*

Merkmale 1–1,5 cm großer, lang gestreckter, rot und schwarz gefärbter Käfer. Larve etwa 2 cm groß und samtig schwarz. **Vorkommen** Sehr häufig an Waldrändern, auf Wiesen und Feldern. **Lebensweise** Meist sieht man ihn bei Sonnenschein auf Blüten oder Blättern, wo er Blattläuse und andere, kleine Insekten frisst. Er knabbert aber auch Knospen und junge Triebe an. Seine Larve ist bei Gärtnern beliebt, weil sie gerne Schnecken verspeist. **Wissenswertes** Die Larven überwintern, an warmen Tagen krabbeln sie auf dem Schnee umher (»Schneewürmer«).

- > klein, schwarz glänzend
- > oft in Rapsfeldern
- > tritt oft massenhaft auf

Rapsglanzkäfer >3 *Meligethes aeneus*

Merkmale Sehr klein, 1,5–2,5 mm lang. Schwarz mit grünem oder blauem Metallglanz, fein punktiert und dicht anliegend behaart. Keulenförmige Fühler. **Vorkommen** Auf Wiesen und Äckern. **Lebensweise** Die Käfer überwintern und fliegen im zeitigen Frühjahr auf Huflattich oder Dotterblume, wo sie sich vom Blütenpollen ernähren. Später im Jahr wechseln sie auf Raps und andere Kreuzblütler. **Wissenswertes** Da die Käfer nicht nur die Pollen vom Raps fressen, sondern auch Stempel und Fruchtknoten annagen, können sie bei stärkerem Befall schädlich sein.

- > leuchtend metallisch gefärbt
- > sonnenliebend
- > Larven in morschem Holz

Rosenkäfer >4 *Cetonia aurata*

Merkmale 15–20 mm lang. Grün-, braun- oder bronzemetallisch glänzend mit weißen Flecken oder kurzen Querlinien. Fühler keulenförmig verdickt. **Vorkommen** Verbreitet und meist häufig in offenen Landschaften an Blüten von Rosen, Obst, Holunder und Doldenblütlern. **Lebensweise** Die sonnenliebenden Käfer fliegen von April bis Oktober und ernähren sich vom Blütenpollen. **Wissenswertes** Die Larven entwickeln sich in morschem Holz, im Kompost und gelegentlich auch in Ameisenhaufen. Im Kompost gelten die Larven als ausgesprochene Nützlinge.

Wiese und Feld: Wirbellose Tiere

Gelbe Wiesenameise >1 — *Lasius flavus*

> baut Erdhügel
> lebt unterirdisch
> hält Läuse als Haustiere

Merkmale 4 mm große, blassgelbe Ameise (links). Die Königin (rechts) ist 7–9 mm groß und bräunlich. Typisch und augenfällig sind ihre Erdhügel. Sie können bis zu einen halben Meter in Durchmesser und Höhe erreichen und sind häufig von Gras überwachsen. **Vorkommen** Auf Wiesen häufig. Erträgt Beweidung (da die Hügel sehr fest sind) und auch gelegentliche Überflutungen. **Lebensweise** Bis zu 100 000 Ameisen bewohnen einen Erdhügel. Sie leben fast nur unterirdisch und ernähren sich von winzigen Wurzelläusen. Die werden gefressen, meist aber »gemolken«, da sie süße Ausscheidungen produzieren. **Wissenswertes** Ihre Haustiere, die Wurzelläuse, werden sorgsam betreut. Vor dem Winter holen die Ameisen sie ins Nest und bringen sie im zeitigen Frühjahr zurück zu den Nahrungspflanzen, an denen die Läuse Säfte saugen.

Wiesenhummel >2 — *Bombus pratorum*

> wichtiger Blütenbestäuber
> gründet Staaten
> kann stechen

Merkmale 1–1,5 cm groß, pelzig und schwarz-gelb gestreift. **Vorkommen** Überall häufig, auf Wiesen, in Gärten und Parks. **Lebensweise** Lebt in kleinen Staaten von etwa 50–100 Tieren, die ihr Nest meist unterirdisch in Erdlöchern oder Reisighaufen haben. Bezieht aber auch hohle Bäume, verlassene Vogelnester und Verstecke in Gebäuden. Gegründet wird der Staat von einer Königin, die im März aus ihrem Winterquartier schlüpft, einen Nistplatz wählt und Eier legt. Sie bebrütet die Eier und versorgt die Larven mit Blütenpollen. Ab April sind die ersten Arbeiterinnen voll entwickelt, nun schaffen sie die Pollen für die vielen Eier heran, die die Königin im Lauf des Sommers noch legt. **Wissenswertes** Mit ihrem Giftstachel können sie stechen, sind aber außer in direkter Nestnähe wenig aggressiv.

Regenbremse >3 — *Haematopota pluvialis*

> schillernde Augen
> greift geräuschlos an
> beißt schmerzhaft

Merkmale Etwa 1 cm große, kräftige Fliege mit schillernden Augen und gefleckten Flügeln. **Vorkommen** Hauptsächlich in Gewässernähe, auch an Kleinstgewässern. **Lebensweise** Wird an schwülwarmen Sommertagen besonders lästig. Bremsen stechen nicht, sie beißen vielmehr. Aber das nicht minder schmerzhaft. Mit messerscharfen Mundwerkzeugen ritzen sie die Haut von Mensch und Tier an und lecken dann das austretende Blut auf. Dabei sind sie wenig störanfällig und lassen sich leicht erschlagen. Die Eier legen sie in feuchte Böden, darin entwickeln sich auch ihre Larven, die Maden. **Wissenswertes** Ein kleiner Trost: Nur die Hälfte aller Bremsen fällt uns an. Denn wie bei den Stechmücken sind es nur die Weibchen, die Blutmahlzeiten brauchen, damit ihre Eier genügend Nährstoffe zur Entwicklung erhalten.

Wiese und Feld: Wirbellose Tiere

- › fliegt nur nachts
- › leuchtend rote Hinterflügel
- › Raupe mit braunem Pelz

Brauner Bär ›1 — *Arctia caja*

Merkmale 3 cm groß mit braun-weiß marmorierten Vorderflügeln, Hinterflügel rot mit schwarzen Punkten. Raupe (links) bis zu 6 cm, mit langem, rötlich braunem Haarpelz (Name!). **Vorkommen** An Flüssen, in Gärten und Parks. **Lebensweise** Ruht am Tag mit zusammengefalteten Flügeln gut getarnt auf Rinde oder im Pflanzengewirr, ab Mitternacht oft an Lichtquellen. Flugzeit Juli bis August. Im Juli legen die Weibchen die Eier in großen Gelegen an die Futterpflanzen der im August schlüpfenden Räupchen. Die Raupen überwintern ziemlich klein und sind Ende Juni des folgenden Jahres ausgewachsen, verpuppen sich und schlüpfen schließlich im Juli. **Wissenswertes** Die roten Hinterflügel dienen zur Verwirrung der Feinde: Hat ein Vogel den Falter erspäht, öffnet der schnell die Flügel. Während der Vogel noch stutzt, ist er schon auf und davon.

- › weinrot und olivgrün
- › große Raupe
- › kolibriartiger Schwirrflug

Mittlerer Weinschwärmer ›2 — *Deilephila elpenor*

Merkmale Körper 3–3,5 cm lang, Flügelspannweite 6–7 cm. Flüge und Körper weinrot mit olivgrünen Streifen. Hinterflügel an Basis schwarz. **Vorkommen** Feuchte Wiesen, Parks, Gärten, Auwälder, Waldlichtungen. **Lebensweise** Dämmerungs- und nachtaktive Falter. Im kolibriartigen Schwirrflug besuchen sie nektarreiche Blüten wie Geißblatt, Lichtnelke oder Phlox. Flugzeit Mai bis August. **Wissenswertes** Der Mittlere Weinschwärmer hat eine imposante, braun oder grün gefärbte, bis 8 cm lange Raupe (Mitte rechts). Sie trägt am Hinterende ein kurzes Horn. Auf dem vierten und fünften Körpersegment befinden sich auffällige, augenartige Fleckenpaare, die der Abschreckung von Fressfeinden dienen. Die Raupen fressen an Weidenröschen, Nachtkerzen, Wein und Blutweiderich, in Gärten auch gerne an Fuchsien.

- › sechs rote Flecken auf jedem Vorderflügel
- › heißt auch Sechsfleck-Widderchen
- › gelb-schwarz gefärbte Raupe
- › Fühler gebogen wie Widderhörner

Blutströpfchen, »Widderchen« ›3 — *Zygaena filipendulae*

Merkmale 18–23 mm lang. Vorderflügel glänzend blauschwarz mit je sechs roten Flecken, Hinterflügel rot mit schwarzem Rand. Keulenförmige, hakenartig gekrümmte Fühler. **Vorkommen** Auf Wiesen, an sonnigen Hängen und Waldrändern. **Lebensweise** Die Falter saugen vor allem an Disteln, Kletten und Flockenblumen. Mitunter versammeln sie sich in großer Zahl an einer Blüte. Flugzeit Juni bis September. **Wissenswertes** Die Raupen sind gelb und schwarz gezeichnet und fressen meist an Hornklee und anderen Schmetterlingsblütlern. Die auffällige Färbung von Faltern und Raupen stellt eine Warnfarbe dar, die signalisiert: »Vorsicht giftig!« Etliche ähnliche Arten, die sich insbesondere in Form und Zahl der roten Flügelflecken unterscheiden.

Wiese und Feld: Wirbellose Tiere

- › Flügelunterseite mit Landkartenzeichnung
- › Saisondimorphismus

Landkärtchen ›1 *Araschnia levana*

Merkmale Länge 20 mm, Spannweite bis 40 mm. Zwei Generationen im Jahr: Im Frühjahr rötlich-braun mit weißen und schwarzen Flecken, im Sommer schwärzlich mit weißer Bindenzeichnung. Unterseite stets mit »Landkartenmuster« (Name!). **Vorkommen** Auf Wiesen, an Waldrändern, in Parks und Gärten. **Lebensweise** Weibchen legen Eier auf die Blattunterseite von Brennnesseln, an denen die Raupen leben und fressen. **Wissenswertes** Das verschiedene Aussehen der Generation nennt man »Saisondimorphismus«. Er wird durch die unterschiedliche Tageslänge bewirkt.

- › kornblumenblau
- › keine blühende Wiese ohne Bläulinge
- › lebt an Klee

Gemeiner Bläuling ›2 *Polyommatus icarus*

Merkmale Etwa 1,5 cm groß, Männchen kornblumenblau, Weibchen bräunlich mit orangen Flecken an den Flügelrändern. Flügelunterseiten mit schwarzen, weiß gesäumten Punkten. Raupe grün. **Vorkommen** Auf sonnigen Wiesen, Ödland und in Gärten. **Lebensweise** Saugt Nektar an Klee und legt hier auch seine Eier ab, die Raupe lebt von Kleeblättern. Fliegt von Mai bis September. **Wissenswertes** In Westdeutschland durch Düngung selten geworden, in Ostdeutschland noch recht weit verbreitet.

- › Frühlings-Schmetterling
- › »Göttin der Morgenröte«
- › oft auf Wiesen-Schaumkraut

Aurorafalter ›3 *Anthocaris cardamines*

Merkmale 2,5 cm groß, Männchen weiß und leuchtend orange, Weibchen schlicht weiß. Flügelunterseiten bei beiden grün gesprenkelt. Raupe oben grün, an den Seiten weiß. Flugzeit April bis Juni. **Vorkommen** Auf feuchten Wiesen mit Wiesen-Schaumkraut. **Lebensweise** Der Falter saugt Nektar hauptsächlich an Wiesen-Schaumkraut, das zu seiner Flugzeit blüht, und legt hier auch seine Eier ab. Die Raupe frisst die Blüten, später auch die heranreifenden Früchte. **Wissenswertes** Der Name bezieht sich auf die Färbung des Männchens: Aurora ist die Göttir der Morgenröte.

- › schwalbenartige Schwanzspieße
- › gern an Dill und Kümmel
- › einst häufig

Schwalbenschwanz ›4 *Papilio machaon*

Merkmale Etwa 3,5 cm groß, gelb-schwarz. Rand der Hinterflügel mit blauer Binde, rotem »Augenfleck« und schwalbenartigen Schwanzspießen (Name!). Raupe grün-schwarz mit orangefarbenen Punkten. **Vorkommen** Ungedüngte Wiesen, Wegränder, Gärten. **Lebensweise** Falter und Raupen gern an Wilder Möhre, Dill und Kümmel. Flugzeit April bis September. **Wissenswertes** Einst häufig. Nachstellungen von Sammlern und die Wandlungen der Landwirtschaft haben ihn selten werden lassen.

Wiese und Feld: Reptilien

- > gern an trockenen Hängen
- > legt Eier in Erdgruben
- > Wärme liebend

Zauneidechse >1 *Lacerta agilis*

Merkmale Bis 24 cm lang, graubraun mit variabler Streifen- und Punktzeichnung. Die Männchen (links) haben, besonders zur Paarungszeit, leuchtend grüne Flanken und eine grüne Kehle. **Vorkommen** Auf Brachland, an sonnigen Hängen und Waldrändern und in Gärten. **Lebensweise** Sonnt sich am Vormittag. Wenn sie aufgewärmt ist, geht sie auf Insektenjagd. Legt ihre Eier in selbst geschaarte Erdlöcher, die Sonne brütet sie aus. **Wissenswertes** Oktober bis April Winterruhe in frostfreien Verstecken.

- > auch in Wäldern
- > auch in kühleren Regionen
- > lebendgebärend

Waldeidechse >2 *Lacerta vivipara*

Merkmale Zierliche, nur bis 16 cm lange Eidechse mit meist kastanienbraunem Rücken und dunkleren Flanken, verschiedenen Streifen- und Punktzeichnungen. **Vorkommen** In Wäldern, Mooren, Heiden und Steinbrüchen, im Gebirge bis 3000 m Höhe. Auch in kühleren Lebensräumen als die Zauneidechse. **Lebensweise** Jagt Insekten, Würmer und Spinnen. Winterruhe von Oktober bis März. **Wissenswertes** Legt keine Eier, sondern bringt nach einer Tragzeit von ca. 3 Monaten lebende Junge zur Welt.

- > keine Schlange
- > harmlos und ungiftig
- > frisst Nacktschnecken

Blindschleiche >3 *Anguis fragilis*

Merkmale Bis zu 45 cm lange, bräunliche Schleiche, keine Schlange, sondern eine Eidechse ohne Arme und Beine. **Vorkommen** Auf Wiesen, in Wäldern, auf Brachland und in Gärten. **Lebensweise** Kriecht zur Dämmerung aus feuchten Verstecken wie morschen Baumstümpfen hervor und jagt Nacktschnecken, Würmer und Spinnen. Winterruhe von Oktober bis März. **Wissenswertes** Wie echte Eidechsen können Blindschleichen bei Gefahr ihren Schwanz abwerfen, um den Rest ihres Körpers in Sicherheit zu bringen. Der Schwanz wächst zum Teil wieder nach.

- > häufigste Giftschlange Europas
- > lebendgebärend
- > scheu

Kreuzotter >4 *Vipera berus*

Merkmale Etwa 60–75 cm lange Giftschlange mit charakteristischem, dunklem Zickzackband auf dem Rücken. **Vorkommen** Besonders häufig in Mooren und auf Bergwiesen, aber auch an Waldrändern, auf Uferwiesen und Brachflächen. **Lebensweise** Tagaktiv, jagt Mäuse, Eidechsen und Frösche. Hält Winterruhe von Oktober bis März. **Wissenswertes** Bei Gefahr flieht die scheue Schlange bereits frühzeitig in die Vegetation oder unter Steine. Greift nur an und beißt, wenn sie in die Enge getrieben wird. Der Giftbiss ist sehr schmerzhaft, aber kaum tödlich. Ein Arzt sollte in jedem Fall aufgesucht werden.

Wiese und Feld: Vögel

Weißstorch >1   *Ciconia ciconia*

- > klappert zur Begrüßung
- > »bringt Kinder und Glück«
- > brütet auf Hausdächern

Merkmale Sehr groß und schwarz-weiß, Schnabel und Beine lang und rot. **Vorkommen** In offener Kulturlandschaft mit feuchten Wiesen. **Lebensweise** Frisst überwiegend Mäuse (nicht Frösche), Regenwürmer und Insekten, die er hauptsächlich auf feuchten, extensiv genutzten und damit artenreichen Wiesen findet. Sein großes Nest legt er auf Hausdächern an. **Wissenswertes** Glück soll er bringen und die Kinder dazu. Ob das wirklich klappt, ist fraglich. Trockengelegte Feuchtwiesen und eine zu intensive Landwirtschaft lassen seine Nahrung bei uns knapp werden. In »Storchendörfern« wie dem schleswig-holsteinischen Bergenhusen oder in Rühstädt an der Elbe können wir noch das Schnabelgeklapper hören, mit dem sich die imposanten Vögel am Nest begrüßen.

Flügelspannweite etwa 2 m

Mäusebussard >2   *Buteo buteo*

- > unser häufigster Greifvogel
- > bekannter Ruf: »hiää«
- > oft an Straßenrändern

Merkmale Mittelgroßer Greifvogel, etwa so groß wie ein Huhn. Im Flug sieht man, dass seine Flügel relativ breit sind und der Schwanz relativ kurz. Mäusebussarde sind sehr variabel gefärbt, was leicht zu Fehlbestimmungen führt. Die Farbpalette reicht von schwarzbraun über »gescheckt« bis fast weiß. **Vorkommen** Brütet in Wäldern, braucht zur Nahrungssuche aber offene Landschaften. Sieht man bei uns einen Greifvogel am Himmel kreisen, ist es meist ein Mäusebussard. **Lebensweise** Baut sein Nest aus großen Zweigen hoch oben in Bäumen. Frisst hauptsächlich Mäuse und junge Kaninchen, erwachsene Kaninchen und Hasen nur als Straßenopfer. Harrt oft stundenlang auf Sitzwarten aus, von denen aus er seine Jagdflüge unternimmt. **Wissenswertes** Vor allem außerhalb der Brutzeit sieht man ihn oft vom Auto aus am Rand viel befahrener Straßen auf Beute warten.

Turmfalke >3   *Falco tinnunculus*

- > rüttelt im Flug
- > Nest an hohen Gebäuden
- > ruft aufgeregt »kikikiki ...«

Merkmale Kleiner und schlanker Greifvogel mit langem Schwanz, kleiner als eine Krähe. Typisch ist seine rotbraune Färbung mit schwarzen Flecken bei beiden Geschlechtern, das Männchen hat außerdem einen grauen Kopf und einen schwarzen Bart. **Vorkommen** Neben dem Mäusebussard unser häufigster Greifvogel. Sehr anpassungsfähig: Brütet oft in Städten, auch in Wäldern, sogar auf Strommasten. Zur Nahrungssuche in offener Landschaft über Wiesen und Äckern. **Lebensweise** Frisst hauptsächlich Mäuse, auch Kleinvögel. **Wissenswertes** Charakteristisch für Turmfalken sind ihre Rüttelflüge: Wie an einem unsichtbaren Faden aufgehängt stehen sie dabei mit nach unten gerichtetem Kopf und gefächertem Schwanz auf einer Stelle in der Luft, schlagen mit den Flügeln und stürzen plötzlich steil herab.

typisches Flugbild des Turmfalken

Wiese und Feld: Vögel

- sehr kleine Eule
- auch bei Tage aktiv
- nächtlicher Ruf: »Komm mit!«

Steinkauz >1
Athene noctua

Merkmale Kleine Eule, kleiner als eine Taube. Typisch ist ihr braun-weiß gepunktetes Gefieder. **Vorkommen** In offenen Landschaften mit höhlenreichen Kopfweiden und Obstbäumen. **Lebensweise** Ist im Gegensatz zu den meisten anderen Eulen auch am Tag aktiv. Brütet in geräumigen Baumhöhlen oder auch in speziellen Niströhren. Seine Hauptnahrung besteht aus Mäusen, Regenwürmern und Insekten, die er am besten auf kurzrasigen Wiesen erbeuten kann. **Wissenswertes** Immer weniger Höhlenbäume in einer immer monotoneren Agrarlandschaft machen der kleinen Eule bei uns das Leben schwer. Wo es noch genügend Nahrung gibt, können spezielle Nistkästen (80–100 cm hoch, ca. 16 cm breit, mit einem Einflugloch von 6–8 cm Durchmesser) Abhilfe schaffen.

- fliegt dicht über dem Boden
- »Reb-reb-reb«-Huhn
- gefährdeter Brutvogel

Rebhuhn >2
Perdix perdix

Merkmale Kleines, gedrungenes Huhn, höchstens halb so groß wie unser Haushuhn. Beide Geschlechter grau und braun mit orangebraunem Gesicht. Im Flug fällt der kurze Schwanz auf (im Gegensatz zum Fasan). **Vorkommen** In extensiv bewirtschaftetem Ackerland mit Ackerrainen, Brachland, Wiesen, Hecken und Gräben. **Lebensweise** Baut ein Bodennest an Grabenrändern oder Heckensäumen. Frisst hauptsächlich Sämereien und Knospen, füttert die Küken aber mit eiweißreicher Insekten- und Spinnenkost. **Wissenswertes** Einst überall in Europa häufig, ist das Rebhuhn heute zu einem gefährdeten Brutvogel geworden. Durch immer intensiveren Maschineneinsatz werden viele Nester und Küken zerstört, es gibt kaum noch Versteckmöglichkeiten und selbst die wenigen verbliebenen Vögel finden kaum noch genug zu fressen.

im Flug mit kurzem Schwanz

- häufig ausgewildert
- groß, bunt und auffällig
- beliebtes Jagdwild

Fasan >3
Phasianus colchicus

Merkmale Hühnergroß mit extrem langem Schwanz. Das Männchen (rechts) ist bunt mit roten Hautlappen im Gesicht, das Weibchen (links) schlicht braun marmoriert. **Vorkommen** Häufiger Brutvogel im Tiefland mit Feldern und Hecken. **Lebensweise** Bodennest im Schutz dichter Vegetation. Da nur das (tarnfarbene) Weibchen brütet, kann sich das Männchen seine bunte und auffällige Gefiederpracht erlauben. Frisst hauptsächlich Getreide, Samen und andere Pflanzenteile. Die Küken werden zunächst mit Insekten gefüttert. **Wissenswertes** Ursprünglich ein Brutvogel Asiens, der bei uns in Fasanerien gezüchtet und regelmäßig als Jagdwild freigelassen wird. Ohne diesen »Nachschub« und Winterfütterungen könnte der eher an warme Regionen angepasste Fasan bei uns nicht überleben.

Wiese und Feld: Vögel

- > auffällige Flugspiele
- > im Flug breite, runde Flügel
- > außer der Brutzeit in großen Schwärmen

flug- und rufffreudig

Kiebitz >1 — *Vanellus vanellus*

Merkmale Taubengroß, kontrastreich schwarz-weiß. Auffällige Federlocke auf dem Kopf, beim Männchen länger. Gaukelnder Flug und runde, breite Flügel. **Vorkommen** In baumarmen Wiesenlandschaften mit niedriger Vegetation. **Lebensweise** Brütet in lockeren Kolonien, verteidigt Nester gemeinsam gegen Feinde. Nahrung hauptsächlich Insekten und Regenwürmer. **Wissenswertes** Mit Flugspielen über dem Brutgebiet markieren die Männchen ihr Revier.

- > Schnabel lang, nach unten gebogen
- > mag offene Landschaften
- > Symbolvogel der Wiesenbrüter

weißer Rückenkeil

Großer Brachvogel >2 — *Numenius arquata*

Merkmale Gut krähengroß, mit langem, abwärts gebogenem Schnabel. Im Flug weißer Keil auf dem Rücken sichtbar. Stimmungsvolle »tlüih«-Rufe. **Vorkommen** Brutvogel offener Wiesenlandschaften ohne Sichthindernisse. **Lebensweise** Bodenbrüter, frisst Regenwürmer, Muscheln, Mückenlarven und andere Insekten. Zur Zugzeit in großen Schwärmen im Wattenmeer. **Wissenswertes** Wo Brachvögel erfolgreich brüten, sind unsere Wiesen noch in Ordnung. Für den Naturschutz ist er der Symbolvogel für alle Wiesenbrüter.

- > allbekannte »Kuckuck«-Rufe
- > legt seine Eier in fremde Nester
- > Einzelgänger

Kuckuckjunges wird gefüttert.

Kuckuck >3 — *Cuculus canorus*

Merkmale Etwas kleiner als eine Taube, mit langem Schwanz und spitzen Flügeln. Kann grau oder braun gefärbt sein. **Vorkommen** Offene Flächen mit geeigneten Sitzwarten. **Lebensweise** Frisst Schmetterlingsraupen, Käfer und Heuschrecken. **Wissenswertes** Der Kuckuck ist ein Brutparasit: Seine Eier verteilt er einzeln auf die Nester kleiner Singvögel, gern Teichrohrsänger und Rotkehlchen. Der Jungkuckuck (links) befördert seine Stiefgeschwister aus dem Nest, seine Zieheltern, die viel kleiner sind als er, müssen hart arbeiten, um den Parasiten satt zu bekommen.

- > Räubermaske
- > spießt Opfer auf
- > roter Rücken

mit schwarzem »T« auf dem Schwanz

Neuntöter >4 — *Lanius collurio*

Merkmale Spatzengroß, großer Kopf, kräftiger Schnabel, langer Schwanz. Männchen (rechts) mit rotbraunem Rücken, grauem Kopf und schwarzer »Räubermaske«, Weibchen (links) schlichter graubraun. **Vorkommen** Dornbuschhecken in freier Landschaft. **Lebensweise** Nest in Dornensträuchern wie Schlehe, Weißdorn oder Heckenrose. Erbeutet große Insekten und Spinnen, aber auch Mäuse. **Wissenswertes** Der Neuntöter zählt zur Familie der Würger: Sie horten ihre Beute, auf Dornen gespießt, als Vorrat.

Wiese und Feld: Vögel

- »Himmelslerche«
- singt schon ab Februar
- gut verstecktes Bodennest

singt oft im Flug

Feldlerche >1 — *Alauda arvensis*

Merkmale Etwas größer als Spatz, unauffällig bräunlich mit im Flug gut erkennbaren, breiten Flügeln mit weißem Hinterrand. **Vorkommen** Häufiger Brutvogel auf Äckern und Feldern. **Lebensweise** Bodenbrüter in niedriger Vegetation, ernährt sich von Insekten, Spinnen, Würmern und Samen. Sitzt meist am Boden oder auf kleinen Erhöhungen. **Wissenswertes** Vollbringt »Höchstleistungen«, indem sie in großer Höhe (Rekord: 400 m) auf der Stelle fliegt (»Himmelslerche«) und dabei singt.

- Ruf: »Ist ist ist hiieer hiier hier«
- Fallschirm-Flüge
- überwintert am Mittelmeer

Wiesenpieper >2 — *Anthus pratensis*

Merkmale Etwa spatzengroß, aber zierlicher mit schlankem, spitzem Schnabel. Beide Geschlechter unauffällig braun gestrichelt und am ehesten an ihrem typischen Verhalten und Gesang zu erkennen. **Vorkommen** Auf offenen, baum- und straucharmen Flächen. **Lebensweise** Gut versteckte Bodennester, meist mit Sichtschutz nach oben. **Wissenswertes** Typische Singflüge, zu denen die Männchen vom Boden oder einer niedrigen Warte aus starten, dann steil aufsteigen und wie Fallschirme wieder zu Boden gleiten.

- »gelbe Bachstelze«
- langer Schwanz
- wellenförmiger Flug

Schafstelze >3 — *Motacilla flava*

Merkmale Etwas größer als ein Spatz. Männchen: Unterseite gelb, Oberseite grau- oder olivgrün. Weibchen blasser. Wippt ständig mit langem Schwanz. Wellenförmiger Flug. **Vorkommen** Auf Wiesen und Weiden, auch auf Äckern, in Sümpfen, Mooren und Heiden. **Lebensweise** Ernährt sich hauptsächlich von Insekten, die am Boden gesucht oder in Luftsprüngen erbeutet werden. Gut verstecktes Nest in der Bodenvegetation. **Wissenswertes** Schafstelzen sind Zugvögel, die sich bei uns von April bis September aufhalten. Im Herbst fliegen sie in großen Trupps bis ins mittlere Afrika.

- warnt »wi tek tek!«
- sitzt auf niedrigen Warten
- bedroht

im Flug weiße Schwanzfelder sichtbar

Braunkehlchen >4 — *Saxicola rubetra*

Merkmale Kleiner als Spatz, rundliche Gestalt, feiner Schnabel, kurzer Schwanz. Männchen mit orangebrauner Brust und weißem Überaugenstreif, Weibchen blasser. **Vorkommen** In offenen Wiesenlandschaften, die nicht sehr intensiv genutzt werden. Im Winter südlich der Sahara. **Lebensweise** Baut Nest in Bodennähe, frisst Insekten, Spinnen und Würmer. **Wissenswertes** Durch Trockenlegungen von Wiesen und zu intensive Düngung mit zu häufigem Grasschnitt ist dieser Vogel bei uns selten geworden.

Wiese und Feld: Vögel

- Gesang heuschreckenartig
- keilförmiger Schwanz
- versteckte Lebensweise

Feldschwirl >1 — *Locustella naevia*

Merkmale Etwas kleiner als Spatz. Oberseite olivbraun, dunkel gestrichelt. Unterseite schmutzig weiß mit wenigen Stricheln auf der Brust. Keilförmiger Schwanz. Gesang erinnert an Gezirpe von Heuschrecken: Minutenlanges, monotones Schwirren »sir r r r r r r r r...«, meist in der Dämmerung, aber auch tags und nachts vorgetragen. **Vorkommen** Meist auf Feuchtwiesen, auch im Gebüsch an Gewässerufern, auf Waldlichtungen und in Mooren. **Lebensweise** Feldschwirle führen ein relativ unauffälliges Dasein und laufen und klettern auf der Suche nach Nahrung mäuseähnlich durch die dichte, niedrige Vegetation. Am ehesten bemerkt man sie durch ihren Gesang. Ihr napfförmiges Nest verstecken die Vögel im bodennahen Bewuchs. **Wissenswertes** Zugvögel, deren Überwinterungsgebiete im tropischen Afrika liegen.

- farbenprächtig
- ruft seinen Namen »Stiegelitt«
- liebt Distelsamen

Stieglitz, Distelfink >2 — *Carduelis carduelis*

Merkmale Etwas kleiner als Spatz. Ungewöhnlich farbenprächtig: Rote Gesichtsmaske, weiß und schwarz gezeichneter Kopf und Hals, brauner Rücken, schwarze Flügel mit gelbem Flügelstreif, weißer Bürzel. Angenehmer, zwitschernder Gesang, Ruf erinnert an seinen Namen: »Stiegelitt«. **Vorkommen** Brütet in abwechslungsreichen Heckenlandschaften und Obstanbaugebieten, an Waldrändern, in Parks und Gärten. Außerhalb der Brutzeit in offenen Landschaften mit höheren Stauden. **Lebensweise** Die Nahrung besteht hauptsächlich aus Sämereien, insbesondere aus Distelsamen, während der Brutzeit auch aus Insekten. **Wissenswertes** Außerhalb der Brutzeit sind Stieglitze meist in kleineren Trupps auf gemeinsamer Futtersuche. Mitunter sieht man sie auch am winterlichen Vogelhaus, allerdings ziehen die meisten Vögel ab Herbst nach Südwesteuropa.

zeigt im Flug gelben Flügelstreif

- Heckenvogel
- »Wie wie wie hab ich dich liiieb!«
- im Winter an Futterplätzen

Goldammer >3 — *Emberiza citrinella*

Merkmale Gut spatzengroß mit langem Schwanz, beim Männchen Kopf und Brust zitronengelb, beim Weibchen (Foto) schlichter gelbgrün. Gesang weit hörbar: »Wie wie wie hab ich dich liiieb«. Singt häufig noch als einziger Vogel im Hochsommer. **Vorkommen** In offenen Landschaften mit Büschen und Hecken. **Lebensweise** Nest auf dem Boden in der Vegetation. Frisst Sämereien, Insekten und Spinnen. **Wissenswertes** Im Winter oft mit anderen Finken auf Äckern und an Futterplätzen. In wärmeren Regionen Süddeutschlands, besonders in Wein- und Obstanbaugebieten, lebt die ähnliche Zaunammer *(Emberiza cirlus)*. Ihr Kopf ist kontrastreich schwarz und gelb gezeichnet.

Wiese und Feld: Säugetiere

- › Wildform aller »Stallhasen«
- › unterirdische Baue

Wild-Kaninchen ›1 — *Oryctolagus cuniculus*

Merkmale Wie ein »niedlicher«, kleiner Hase mit rundlichem Kopf und kürzeren, stets aufgerichteten Ohren ohne schwarze Spitzen (im Gegensatz zum Feldhasen). **Vorkommen** Häufig in Dünen und Heiden, aber auch auf Wiesen und Feldern, in Gärten und Parks. **Lebensweise** Lebt in Großfamilien in weit verzweigten Bauen. Frisst Kräuter, Wurzeln und Gemüse, auch Schnecken und Regenwürmer. Vermehrt sich »wie die Karnickel« und kann daher z. B. in Parkanlagen zur Plage werden. **Wissenswertes** Das Wildkaninchen ist die wilde Stammform aller Hauskaninchen und sogenannter »Stallhasen«.

- › läuft 70 km/h
- › scharrt Sassen
- › schwarze Ohrspitzen

Feldhase ›2 — *Lepus europaeus*

Merkmale Etwa katzengroß mit langen Ohren und Hinterbeinen. Ohrspitzen stets schwarz. **Vorkommen** In Acker- und Wiesenlandschaften. **Lebensweise** Der Feldhase ist überwiegend dämmerungsaktiv. Im Gegensatz zum Kaninchen legt er keine unterirdischen Baue an, sondern scharrt als Versteck Mulden in den Boden (»Sassen«). Flüchtet durch Rennen und Hakenschlagen. Frisst Gräser, Kräuter, Früchte, Aas und Kleintiere. **Wissenswertes** Er ist ein beliebtes Beutetier von Marder, Fuchs und Uhu.

- › unsere häufigste Wühlmaus
- › oberirdische Gänge sichtbar
- › Massenvermehrungen

Feldmaus ›3 — *Microtus arvalis*

Merkmale 9–12 cm große, gelblich graue Wühlmaus. **Vorkommen** Auf Äckern und Wiesen, Weiden und in Gärten. **Lebensweise** Dämmerungs- und nachtaktiv. Wühlt weit verzweigte, unterirdische Baue und nagt oberirdische Gänge in die Vegetation. Frisst Gräser, Kräuter, Wurzeln, Feldfrüchte, Samen, Insekten. **Wissenswertes** Alle zwei bis vier Jahre Massenvermehrungen. In solchen »Mäusejahren« haben Fressfeinde wie Mäusebussard, Schleiereule und Steinkauz besonders gute Bruterfolge.

- › kleinstes Raubtier der Welt
- › jagt in Mäusegängen

Mauswiesel ›4 — *Mustela nivalis*

Merkmale Mausgroßer Marder mit rotbraunem Rücken und weißer Unterseite. Nur im Hochgebirge und im hohen Norden trägt er ein weißes Winterkleid. **Vorkommen** In fast allen Landschaften, die Deckung bieten und reichlich Wühlmäuse. **Lebensweise** Das Mauswiesel ist so klein, dass es Wühlmäuse auch in deren Gänge verfolgen kann. Erbeutet auch Eidechsen und Frösche, Vögel und deren Eier sowie Insekten und anderes Kleingetier. **Wissenswertes** Auf einigen Mittelmeerinseln wurden Mauswiesel erfolgreich eingesetzt, um Mäuseplagen zu bekämpfen.

Lebensraum Siedlung

Blumen	158–163
Bäume und Sträucher	164–167
Wirbellose Tiere	168–183
Vögel	184–199
Säugetiere	200–203

Siedlung: Blumen

- > Blüten glänzen goldgelb
- > wächst, wo es feucht ist
- > kriecht mit Ausläufern am Boden

Kriechender Hahnenfuß >1 — *Ranunculus repens*

Merkmale Hahnenfußgewächse *(Ranunculaceae)*. 10–40 cm hoch mit lackartig glänzenden, goldgelben Blüten. Blätter gefiedert. Kriecht mit Ausläufern am Boden. Blütezeit Mai bis September. **Vorkommen** Sehr häufig auf feuchten Lehm- und Tonböden, in Gärten, an Weg- und Waldrändern, Ufern und auf Äckern. **Wissenswertes** Der Name *Ranunculus* bedeutet Frosch und weist auf die Vorliebe der Pflanze für feuchte bis nasse Böden hin. Weidevieh meidet das bitter schmeckende Kraut, wodurch es sich noch besser ausbreiten kann.

- > Blätter am Rand gesägt
- > bei Berührung Brennen
- > Schmetterlingspflanze

Große Brennnessel >2 — *Urtica dioica*

Merkmale Nesselgewächse *(Urticaceae)*. 0,5–1,5 m hoch mit typischen, am Rand scharf gesägten Brennnesselblättern. Ganze Pflanze dicht mit Brennhaaren besetzt. Blütezeit Juni bis Oktober. **Vorkommen** Sehr häufig auf stickstoffreichen Böden, an Wegrändern, auf Wiesen und in Gräben. **Wissenswertes** Bei Berührung brechen winzige Brennhaare an der Spitze ab und injizieren ein Gift, das Nesselausschläge mit Jucken und Rötungen hervorruft. Gar nicht stört das die Raupen zahlreicher Schmetterlinge: Viele fressen hauptsächlich an Brennnesseln.

- > weiße Blütenköpfe
- > dreiteilige Kleeblätter
- > wertvolle Futterpflanze

mit langen Wurzelausläufern

Weiß-Klee >3 — *Trifolium repens*

Merkmale Schmetterlingsblütler *(Fabaceae)*. 5–15 cm hoch mit kugeligen, weißen, etwa 2 cm großen Blütenköpfen auf einem langen Stiel. Typische, dreiteilige Kleeblätter. Blütezeit Mai bis August. **Vorkommen** Auf Rasen, Wiesen und fetten Weiden. **Wissenswertes** Auf Weiden ist die wertvolle, eiweißreiche Futterpflanze gern gesehen und wird auch vielfach angebaut. Auf Rasen ist der Klee weniger beliebt, weil er stechende Bienen und Hummeln anlockt. Trittunempfindlich, breitet er sich rasch durch Ausläufer aus und verdrängt so angesäte Gräser.

- > nicht »auszurotten«
- > lecker und gesund
- > Heilpflanze gegen Gicht

mit unterirdischen Wurzelausläufern

Giersch >4 — *Aegopodium podagraria*

Merkmale Doldengewächse *(Apiaceae)*. 0,3–1 m hoch mit meist doppelt dreiteilig gefiederten Blättern. Zahlreiche, winzige Blüten zu einem weißen Blütenschirm vereinigt. Blütezeit Mai bis August. **Vorkommen** Sehr häufig in schattigen, nährstoffreichen Gärten, Hecken und Wäldern. **Wissenswertes** Der Giersch ist ein schier unausrottbares Gartenunkraut. Statt zu verzweifeln, bereitet man aus jungen Blättern lieber einen gesunden Frühlingssalat oder nutzt ihn als Spinat. Wer regelmäßig die jungen Blätter erntet, hat den ganzen Sommer über Gierschsalat.

Siedlung: Blumen

Riesen-Bärenklau >1
Heracleum mantegazzianum

> Vorsicht, ätzend!
> eingeschleppte Art
> wird 4 m hoch

Merkmale Doldengewächse *(Apiaceae)*. Riesige, 2–4 m hohe Pflanze, Stängel bis 10 cm im Durchmesser. Weiße Blütenschirme bis über 50 cm groß. Blütezeit Juni bis Oktober. **Vorkommen** Ursprünglich im Kaukasus beheimatet, bei uns eingeschleppt und zur Zierde angepflanzt. **Wissenswertes** Wie auch der bei uns heimische, kleinere Wiesen-Bärenklau enthält der Pflanzensaft giftige Furocumarine, allerdings in sehr viel höherer Konzentration. So kann die Berührung der Blätter bei empfindlichen Menschen an sonnigen Tagen zu Brandblasen und zur Bildung von Geschwüren führen, die sehr schlecht heilen. Besonders ätzend ist der Milchsaft im Stängel. Eine Gefahr besonders für Kinder, die gern mit den Stängeln »fechten«! Die üppige, auch Herkulesstaude genannte Pflanze verdrängt zudem einheimische, geschützte Pflanzen und sollte auch deshalb nicht weiter ausgebracht werden.

Vogelmiere >2
Stellaria media

> blüht das ganze Jahr über
> lecker zum Salat
> von Vögeln geschätzt

Merkmale Nelkengewächse *(Caryophyllaceae)*. 5–40 cm hoch und meist niederliegend bis kriechend. Blüten etwa 0,5 cm groß und weiß. Blätter klein, eiförmig. Blütezeit ganzjährig von Januar bis Dezember. **Vorkommen** Kulturfolger, sehr häufig in Gärten, auf Äckern, Ödland und an Ufern. **Wissenswertes** Bei Gärtnern ist die Vogelmiere eher zu Unrecht als lästiges Gartenunkraut verschrien: Im Winter hält sie als wertvoller Bodendecker die Erde feucht und locker, im Frühjahr ergeben ihre gejäteten Blätter einen gesunden und leckeren Salat. Reich an Kalzium, Magnesium und Vitamin C, ist das die reinste Frühjahrskur. Da die Vogelmiere in der Regel wieder problemlos nachwächst, liefert sie den ganzen Sommer über frisches Grün für die Gemüsesuppe aus eigenem Garten. Vögel schätzen die ganzjährig gebildeten Samen.

mit fünf geschlitzten Blütenblättern

Zaunwinde >3
Calystegia sepium

> prachtvolle Trichterblüten
> windet sich empor
> kann zu einer Plage im Garten werden

Merkmale Windengewächse *(Convolvulaceae)*. 1–3 m hoch mit sich hochwindendem Stängel und auffallend großen, weißen Trichterblüten. Blüten 3,5–5 cm groß, Blätter pfeilförmig, 4–12 cm lang. Blütezeit Juni bis Oktober. **Vorkommen** Sehr häufig auf nassen, nährstoffreichen Böden, an Ufern, feuchten Gebüschen und Waldrändern. **Wissenswertes** Ihre weißen Trichterblüten zählen zu den größten und dekorativsten Blüten, die unsere heimische Flora zu bieten hat. Dennoch macht sich die Zaunwinde mit ihrer Eigenschaft, sich an allem hochzuwinden, selten Freunde. So überwuchert die Art innerhalb weniger Wochen ganze Staudenbeete, Büsche und sogar kleine Bäume. Für Schmetterlinge ist die Zaunwinde eine wichtige Nektarpflanze.

pfeilförmige Blätter

Siedlung: Blumen

Breit-Wegerich >1
Plantago major

- der »König der Wege«
- breite, ledrige Blätter
- schlanke Blütenähren

Merkmale Wegerichgewächse *(Plantaginaceae)*. 10–40 cm hoch, Blätter breit eiförmig, alle in einer Rosette am Grund. Blüten klein und unscheinbar, rot-grün, in einer 2–10 cm langen, schlanken Ähre. Blütezeit Juni bis Oktober. **Vorkommen** Sehr häufig auf verdichteten und betretenen Böden, auf Wegen, Wiesen, Ödland und auf Schuttplätzen. **Wissenswertes** Wegerich heißt so viel wie »König der Wege«, was sich auf seine Häufigkeit auf viel betretenen Wegen bezieht. Seine ledrigen, breiten (Name!) Blätter sind widerstandsfähig gegen Verletzungen und die Wurzeln reichen tief in verdichtete Böden hinab. Optimal dem Standort angepasst ist seine Verbreitungsstrategie: Bei Feuchtigkeit quellen die Samen zu einer klebrigen Masse auf und haften an Fuß- und Schuhsohlen von Tier und Mensch.

Gänseblümchen >2
Bellis perennis

- blüht auch im Winter
- häufig im Rasen
- Heilpflanze

Merkmale Korbblütlergewächse *(Asteraceae)*. 3–15 cm hoch mit den bekannten, innen gelben und außen weißen Blüten. Blätter eiförmig, als Rosette am Grund. Blütezeit Februar bis Dezember. **Vorkommen** Häufig auf Rasen, Weiden und an Wegrändern. **Wissenswertes** Namen wie »Maßliebchen« und »Tausendschön« zeigen die Beliebtheit der hübschen und bescheidenen Pflanze, die überdies schon blüht, wenn alle anderen Blütenpflanzen noch in schützenden Knospenhüllen ruhen. Das heute aus keinem Rasen mehr wegzudenkende Gänseblümchen konnte sich erst mit der Mode, Grünanlagen kurz zu mähen, ausbreiten, denn nur hier bekommt es genügend Licht zum Wachsen. In der Volksmedizin wird es als Heilmittel gegen Husten, Bronchitis, Leber- und Gallebeschwerden genutzt.

Wiesen-Löwenzahn >3
Taraxacum officinale

- »Butterblume«
- Blätter »wie Löwenzähne«
- bekannt als Pusteblume

Merkmale Korbblütlergewächse *(Asteraceae)*. 5–50 cm hoch mit den bekannten, tief gesägten Löwenzahn-Blättern (Name!) und leuchtend gelben Blüten, die sich innerhalb weniger Tage zu den bei Kindern beliebten Pusteblumen entwickeln. Blütezeit April bis Oktober. **Vorkommen** Überall häufig, auf Rasen, Wiesen und Weiden. **Wissenswertes** Im Volksmund unter dem Namen »Butterblume« bekannt; früher benutzte man die Blüten, um Butter intensiver gelb zu färben. Pflückt man Löwenzahn-Stängel, so wird ein weißer Milchsaft frei, der nicht von Kindern ausgesaugt werden sollte, er ist nämlich schwach giftig! Die Blätter eignen sich hingegen sehr gut zum Verzehr, zusammen mit Giersch und Gänseblümchen (am besten sind hier die Blüten) ergeben sie einen vitaminreichen Salat. Mit seinen tiefen Pfahlwurzeln zählt der Löwenzahn zu den schwer loszuwerdenden »Unkräutern« im Garten.

tief reichende Pfahlwurzel

Siedlung: Bäume und Sträucher

Rosskastanie >1 — *Aesculus hippocastanum*

- weiße Blütenkerzen
- klebrige Winterknospen
- Kastanien zum Basteln und zur Winterfütterung

typisches Kastanienblatt

Merkmale Rosskastaniengewächse *(Hippocastanaceae)*. Bis zu 25 m hoher, sommergrüner Baum mit handförmig gefingerten Blättern, 20–30 cm hohen, weißen Blütenkerzen und stacheligen Früchten mit den braun glänzenden Kastanien. Auch ohne Blätter und Blüten erkennt man die Rosskastanie im Winter leicht an ihrer rotbraunen, klebrigen Winterknospen. Blütezeit April/Mai, Fruchtreife September/Oktober. **Vorkommen** Wild nur auf der Balkanhalbinsel, als Zierbaum wird sie seit Ende des 16. Jahrhunderts in fast ganz Europa angepflanzt. **Wissenswertes** Die Blüten werden von Bienen und Hummeln bestäubt. Rot oder rosa blühende Bäume *(A. carnea)* sind Kreuzungen mit der Pavie *(A. pavia)*.

Sommer-Linde >2 — *Tilia platyphyllos*

- wird 1000 Jahre alt
- wertvolle Bienenweide
- duftet abends am intensivsten

mit Blättern wie Herzen

Merkmale Lindengewächse *(Tiliaceae)*. Bis zu 40 m hoher, sommergrüner Baum mit weichen, herzförmigen Blättern. Sie sind 10–15 cm lang, am Rand gesägt und beidseitig weich und weiß behaart. Linden gehören zu den wenigen heimischen Laubbäumen, die erst blühen, nachdem sie vollständig belaubt sind. Die Blüten sind hellgelb und etwa 1 cm groß, sie hängen zu zwei bis fünf unter den Blättern. Die etwa 1 cm großen Früchte erinnern an Kirschkerne, sie sind kugelig und stark verholzt. Blütezeit Juni, Fruchtreife September. **Vorkommen** In Europa bis Kleinasien und Kaukasus heimisch. **Wissenswertes** Ähnlich ist die Winterlinde *(T. cordata)*. Sie hat aber oberseits kahle Blätter und die Behaarung auf der Blattunterseite ist eher rotbraun. Ihre Früchte sind kaum fünfrippig und liegen auf dem Blätterdach.

Goldregen >3 — *Laburnum anagyroides*

- tödlich giftig!
- blüht reich
- bohnenähnliche, braune Früchte

Auch die Samen sind hochgiftig!

Merkmale Schmetterlingsblütler *(Fabaceae)*. Aufrechter, bis zu 7 m hoher Strauch oder Baum. Blätter kleeartig dreizählig gefiedert mit 2–7 cm langen, seidig behaarten Stielen. Goldgelbe Blüten in 20–30 cm langen, hängenden Trauben. Hülsenfrüchte abgeflacht, 3–7 cm lang, mit mehreren nierenförmigen Samen. Blütezeit Mai/Juni, Fruchtreife August/September. **Vorkommen** Ursprünglich in den Gebirgen Mittel- und Südeuropas auf steinigen, sonnigen Standorten. Häufig als Zierstrauch in Gärten und Parks, von dort aus auch verwildert. **Wissenswertes** Goldregen gehört zu den giftigsten bei uns vorkommenden Pflanzen. Er enthält in allen Teilen tödlich wirkende Substanzen. Besonders gefährdet sind Kinder, die die bohnenähnlichen Früchte zum Spielen nehmen und essen. Vergiftungserscheinungen wie Brennen im Mund, Übelkeit, Erbrechen und Krämpfe zeigen sich bereits nach etwa 30–60 Minuten: Höchste Zeit, einen Notarzt zu rufen! Als tödliche Dosis für Kinder gelten drei bis vier Früchte.

Siedlung: Bäume und Sträucher

> blüht sehr früh
> kirschenähnliche, essbare Früchte
> Ziergehölz in Gärten

Kornelkirsche >1 — *Cornus mas*

Merkmale Hartriegelgewächse *(Cornaceae)*. 2–6 m hoher Strauch oder Baum. Gelbe Blüten als Dolden direkt an den Zweigen, vor Laubaustrieb erscheinend. Blätter eiförmig, zugespitzt. Kirschenähnliche, rote Steinfrucht. Blütezeit Februar bis April, Fruchtreife August/September. **Vorkommen** Ursprünglich in trockenen, lichten Laubmischwäldern und Gebüschen, vielerorts als Ziergehölz in Gärten und Parks. **Wissenswertes** Völlig ausgereifte Früchte sind wohlschmeckend und reich an Vitaminen. Sie können sowohl roh als auch zu Marmelade verarbeitet genossen werden. In unseren Breiten ist die Kornelkirsche einer der ersten blühenden Sträucher im Jahr und deshalb für Bienen und andere Insekten nach der entbehrungsreichen Winterzeit ein wichtiger Nektar- und Pollenlieferant.

> immergrüner Kletterer
> im Winter oft rötlich
> in Gärten auch als Zuchtform

Efeu >2 — *Hedera helix*

Merkmale Efeugewächse *(Araliaceae)*. Immergrüner Kriech- und Kletterstrauch. Blätter dunkelgrün mit weißer Äderung, fast dreieckig und ledrig. Die Sprosse sind mit zahlreichen, braunen Haftwürzelchen bedeckt. In Wäldern oder anderen schattigen Stellen kriecht der Efeu am Boden, steigt dann mit seinen Haftwurzeln bis zu 20 m hoch an Bäumen oder Steinwänden empor. Blüten unscheinbar, klein und grünlich gelb, in Dolden. Früchte (rechts) blauschwarz, wie kleine Beeren. Blütezeit September/Oktober, Fruchtreife Februar bis April. **Vorkommen** Wild in west- und mitteleuropäischen Laubwäldern. **Wissenswertes** Im vollen Sonnenlicht bildet der Efeu ganz anders gestaltete Blätter aus! Sie sind fast herzförmig und nicht weiß geädert. Auch tragen hier die Sprosse keine Haftwurzeln mehr.

grünlich gelbe Blüten

> Fassadenbegrünung
> stammt aus Nordamerika
> bildet Haftscheiben

Wilder Wein, Jungfernrebe >3 — *Parthenocissus spec.*

Merkmale Weinrebengewächse *(Vitaceae)*. 6–12 m lange (im Extremfall noch länger), holzige Kletterpflanze. Ranken mit fünf bis zwölf Verzweigungen und je einer Haftscheibe. Blätter drei- bis siebenzählig gefingert, oberseits dunkelgrün, unterseits weißlich grün, im Herbst leuchtend rot. Kleine, unscheinbare, grünliche Blüten. Blauschwarze, erbsengroße Früchte. Blütezeit Juli bis September, Fruchtreife im Spätherbst. **Vorkommen** Heimat ursprünglich Nordamerika, bei uns in Gärten, Parks und Städten als Fassaden-, Lauben- und Mauerbegrünung angepflanzt. **Wissenswertes** Sobald die Ranken einen Gegenstand berühren, legen sie sich dicht an diesen an, bilden Haftscheiben aus und sondern einen zähflüssigen Stoff ab, der eine feste Verbindung mit der Unterlage eingeht. Versucht man, so fest verankerte Ranken zu entfernen, ist dies nicht ohne Beschädigung der Unterlage möglich.

Die Früchte sind nicht essbar!

Siedlung: Wirbellose Tiere

- > häufige »Nacktschnecke«
- > bringt Gärtner zur Verzweiflung
- > zäher Körperschleim

Rote Wegschnecke >1 — *Arion ater*

Merkmale Bis zu 15 cm lange Schnecke ohne Gehäuse (»Nacktschnecke«). Färbung von Ziegelrot über Braun bis Schwarz. **Vorkommen** Sehr häufig und weit verbreitet, von Wäldern bis zu kleinsten Gärten überall. **Lebensweise** Kriecht besonders nach Regen überall auf Wegen, an Waldrändern, Hecken und in Gärten. Frisst Pflanzen, Abfälle, Aas und Kot. Legt kugelige, weiße Eier (rechts) in kleine Erdlöcher. **Wissenswertes** Frostarme Winter und feuchtwarme Sommer lassen den Bestand förmlich explodieren!

- > frisst Nacktschnecken!
- > »Tigerschnegel«
- > Vorratsschädling

Großer Schnegel >2 — *Limax maximus*

Merkmale Bis zu 20 cm lange, schlanke Nacktschnecke mit dunklen Streifen und Flecken (»Tigerschnegel«). **Vorkommen** Ursprünglich in Süd- und Westeuropa beheimatet, von wo aus er sich nach Mitteleuropa ausgebreitet hat. In Wäldern, Parks, Gärten, Schuppen und Kellern. **Lebensweise** Ernährt sich von grünen Pflanzen, Pilzen und Aas, jagt aber auch andere Nacktschnecken! **Wissenswertes** Wie für Nacktschnecken typisch, pflanzt sich auch der Schnegel zahlreich fort. Ein Gelege umfasst bis zu 200 Eier, aus denen nach wenigen Wochen die Jungschnecken schlüpfen.

- > unsere häufigste Gehäuseschnecke
- > braunes Haus, gelbe Flecken
- > auf allem, was grünt

Gefleckte Schnirkelschnecke >3 — *Arianta arbustorum*

Merkmale Kugeliges, 2–2,5 cm großes Gehäuse, meist braun mit strohgelben Streifen und Flecken (Name!), an der Seite mit dunklem Spiralband. Der Körper selbst ist schwarz. **Vorkommen** Überall häufig. **Lebensweise** Frisst Blätter von Bäumen und Sträuchern, Kräuter, Pilze und Beeren. Sie besitzt beide Geschlechtsmerkmale, ist also ein Zwitter. Eine Selbstbefruchtung findet aber nicht statt. **Wissenswertes** In schattigen, kalkarmen Lebensräumen sind die Gehäuse oft dünnschalig und einfarbig braun, im Hochgebirge werden sie nur etwa 1 cm groß.

- > unsere bekannteste Schnecke
- > braucht Wärme und Kalk
- > Kulturfolgerin

Weinbergschnecke >4 — *Helix pomatia*

Merkmale Wohl bekannteste Schnecke. Etwa 5 cm großes, kräftiges Gehäuse. Es hat meist fünf Umgänge und ist weißlich bis dunkelbraun gefärbt. **Vorkommen** In Wäldern, Wiesen, Weinbergen und Gärten. **Lebensweise** Zum Aufbau ihres Gehäuses benötigt sie viel Kalk und kommt deshalb bevorzugt in Gebieten mit kalkhaltigen Böden vor. Sonnige Lebensräume wie Weinberge sind für sie ideal. Ernährt sich von Pflanzen. **Wissenswertes** Zieht sich bei Gefahr »in ihr Schneckenhaus zurück«. So übersteht sie auch kalte Winter.

Siedlung: Wirbellose Tiere

- »Tauwurm«
- schafft fruchtbare Böden
- meidet Trockenheit und Sonne

Regenwurm >1 — *Lumbricus terrestris*

Merkmale Bis zu 30 cm langer, rosa bis bräunlicher, geringelter Wurm. **Vorkommen** Kommt fast überall in der Erde vor. **Lebensweise** Lebt in bis etwa 1,5 m tiefen, selbst gegrabenen Gängen und frisst Erde. So sorgen Regenwürmer für eine gute Durchlüftung und Auflockerung des Bodens und erzeugen wertvollen Humus. **Wissenswertes** Man kann die ökologische Bedeutung der Re-genwürmer gar nicht hoch genug einschätzen. Unter 1 m^2 Bodenfläche können etwa 50 Regenwürmer leben, gebietsweise sind es sogar bis zu 2000 pro Quadratmeter.

- trägt ein weißes Kreuz
- baut große Radnetze
- für Menschen harmlos

Gartenkreuzspinne >2 — *Araneus diadematus*

Merkmale Bis zu etwa 1,5 cm groß, sehr variabel gefärbt (gelb bis bräunlich), aber immer mit kreuzförmiger Zeichnung aus länglichen, weißen Flecken auf dem Hinterleib (Name!). Typisch ist ihr großes Radnetz. **Vorkommen** An Waldrändern, auf Wiesen und in Gärten. Spinnt ihr Netz im Gebüsch. **Lebensweise** Lauert im Zentrum des Netzes, bis sich Beute darin verfängt. Dann wickelt sie sie in Spinnfäden und tötet sie mit ihrem Giftbiss. **Wissenswertes** Männchen sind nur 0,5–1 cm groß.

- schwarz-weiß gestreift
- springt ihre Opfer an
- an Häusern häufig

Zebraspringspinne >3 — *Salticus scenius*

Merkmale Etwa 0,5 cm große, zebraartig schwarzweiß gestreifte Spinne mit kurzen, kräftigen, hell und dunkel gezeichneten Beinen. **Vorkommen** Sehr häufig an und in Gebäuden und Zäunen. **Lebensweise** Pirscht sich vorsichtig an ihre Beute (z. B. Fliegen) an, um urplötzlich vorzuspringen und mit ihren kräftigen Giftklauen zuzuschlagen. Damit sie selbst dabei nicht abstürzt, spinnt sie sich einen »Sicherheitsfaden«. **Wissenswertes** Ist nur an sonnigen Tagen aktiv, bei kühlem Wetter bleibt sie in ihrem Gespinst in kleinsten Mauerfugen versteckt.

- Krebse auf Landgang
- brauchen es immer feucht
- sorgende Mütter

Kellerassel >4 — *Porcellio scaber*

Merkmale 1,5–2 cm groß und graubräunlich mit sehr flachem Körper aus plattenartigen Segmenten. **Vorkommen** In feuchten Wäldern, Komposthaufen und feuchten Kellern sehr häufig. **Lebensweise** Asseln sind Land bewohnende Krebse und atmen wie Fische durch Kiemen. Deshalb können sie nur an Orten überleben, die so nass sind, dass ihre Hinterbeine mit den Kiemen stets feucht gehalten werden. Asseln ernähren sich hauptsächlich von verrottenden Pflanzen. **Wissenswertes** Asselmütter tragen ihre Jungen 40–50 Tage lang am Bauch in einem Brutbeutel umher.

Siedlung: Wirbellose Tiere

- > »Zuckergast«
- > völlig harmlos
- > gern in älteren Wohnungen

Silberfischchen >1 — *Lepisma saccharina*

Merkmale Etwa 1 cm großes, sogenanntes »Ur-(tümliches) Insekt«, das noch keine Flügel ausgebildet hat. Silbriger Körper, vorne mit zwei Antennen und hinten mit drei langen Schwanzanhängen. **Vorkommen** Häufig in älteren Wohnungen, was kein Zeichen für mangelnde Sauberkeit ist, sondern für vorhandene Versteckmöglichkeiten. **Lebensweise** Lichtscheu und nachtaktiv, frisst kleinste, organische Partikelchen und ist völlig harmlos. Huscht in Verstecke, sobald das Licht angeht. **Wissenswertes** Wird höchstens bei Massenauftreten an Vorräten lästig.

- > nicht an Ohren interessiert
- > tagsüber in Verstecken
- > frisst Blattläuse

Gemeiner Ohrwurm >2 — *Forficula auricularia*

Merkmale Kein Wurm, sondern ein bis etwa 2 cm großes Insekt mit zwei kräftigen Zangen am Hinterleib. **Vorkommen** Fast überall sehr häufig. **Lebensweise** Dämmerungs- und nachtaktiv, tagsüber in dunklen Verstecken, z.B. unter Borke oder Blumentöpfen. Gilt als Nützling, weil er Blattläuse frisst, knabbert als Allesfresser aber auch junge Triebe an. **Wissenswertes** Weder kriecht er in Ohren und schmerzhaft kneifen (»Ohrenkneifer«) tut er auch nicht. Sein Name rührt von dem alten Brauch, die Tiere pulverisiert als Medizin gegen Ohrenkrankheiten zu verabreichen.

- > Vorderbeine wie Grabschaufeln
- > lebt wie ein Maulwurf

Maulwurfsgrille >3 — *Gryllotalpa gryllotalpa*

Merkmale Unverwechselbar durch ihre mächtigen, zu Grabschaufeln umgebildeten Vorderbeine. Sie wird bis zu 5 cm groß, ist braun und hat kurze Fühler. **Vorkommen** Im Norden sehr selten, im Süden Deutschlands regelmäßig. Auf Feuchtwiesen, in Sümpfen und Gärten mit lockeren, feuchten Böden. **Lebensweise** Lebt unterirdisch wie ein Maulwurf und frisst dabei im Boden lebende Würmer und Insektenlarven, aber auch Pflanzenwurzeln. **Wissenswertes** Durch das Nagen an Wurzeln verursacht sie z.T. Schäden in Gärten, auf Äckern und in Wäldern. Die Tiere können schwimmen und auch fliegen.

- > »Goldauge«
- > Nützling für den Menschen
- > im Winter oft in Häusern

Gemeine Florfliege >4 — *Chrysoperla carnea*

Merkmale Etwa 1 cm groß, grün und zart mit vier durchsichtigen Flügeln und goldenen Augen. Färbt sich im Herbst rötlich braun. Legt gestielte Eier ab (rechts). **Vorkommen** Häufig in Wäldern und Gärten, im Winter oft in Häusern. **Lebensweise** Fliegt hauptsächlich in der Dämmerung und jagt Blattläuse. Noch effektiver tut dies ihre gefräßige Larve, die auch als »Blattlaus-Löwe« bezeichnet wird. **Wissenswertes** Sie wird zur biologischen Schädlingsbekämpfung gegen Blattläuse gezüchtet.

Siedlung: Wirbellose Tiere

Siebenpunkt-Marienkäfer >1 — *Coccinella septempunctata*

- > rot mit sieben schwarzen Punkten
- > vertilgt Blattläuse
- > gelegentlich in Massen

Merkmale Etwa 0,5 cm groß, rund, rot mit sieben schwarzen Punkten. Seine Larve (links) ist lang gestreckt und blau mit gelben Flecken. **Vorkommen** Überall häufig, an Waldrändern, in Wiesen und Gärten. **Lebensweise** Die hübschen und beliebten Marienkäfer gelten als Glücksbringer, was sie auf alle Fälle auch für Gärtner und Landwirte sind. Denn die Käfer, besonders aber ihre Larven, vertilgen Unmengen an Blattläusen und Milben. Ihre leuchtend gelben Eier legen die Käfer in dichten Klumpen meist in unmittelbare Nachbarschaft von Blattlauskolonien – so haben die Larven nach dem Schlupf etwas zu fressen. **Wissenswertes** Die hübsche Färbung des Marienkäfers soll Fressfeinde warnen. Denn als Abwehr sondert er eine gelbe, übel riechende und bittere Flüssigkeit ab.

Gefleckter Schmalbock >2 — *Strangalia maculata*

- > oft auf Blütenschirmen
- > gelb-schwarz gestreift
- > braucht morsches Holz

Merkmale 1,5–2 cm großer, gelb-schwarz gestreifter Käfer mit langen und kräftigen, gelb-schwarz geringelten Fühlern. **Vorkommen** An Waldrändern, auf blütenreichen Wiesen und in Gärten. Seine Larven brauchen zur Entwicklung morsches Holz. **Lebensweise** Meist sieht man die Käfer auf Blütenschirmen sitzen und Pollen fressen. Sie knabbern aber auch Pflanzen an. Ihre Larven leben drei Jahre in morschen Waldbäumen und -sträuchern in Bodennähe. **Wissenswertes** Der Gefleckte Schmalbock zählt auch heute noch zu den häufigeren Vertretern aus der Familie der Bockkäfer. Andere Arten wie der Große Eichenbock werden dagegen immer seltener: Seine Larven können sich nur in alten, morschen Eichen entwickeln und die sind in der modernen Forstwirtschaft kaum noch zu finden.

Kartoffelkäfer >3 — *Leptinotarsa decemlineata*

- > bekannt und unbeliebt
- > frisst Kartoffelblätter
- > aus Amerika eingeführt

Merkmale Unverwechselbarer, etwa 1 cm großer, rundlicher Käfer mit gelb-schwarz gestreiften Flügeldecken und orangem Halsschild mit schwarzen Punkten. **Vorkommen** Ursprünglich nur in Nordamerika, heute weltweit auf Kartoffelfeldern und in Gemüsegärten. **Lebensweise** Der Käfer und seine Larven (links) fressen »nur« die Blätter und nicht die Knollen von Kartoffeln sowie von nah verwandten Pflanzen. Die Weibchen legen über 2000 Eier in kleinen Paketen an die Unterseite übrig gelassener Blätter. **Wissenswertes** Erstmals gelangte der Kartoffelkäfer 1876 mit Handelsschiffen von Amerika nach Frankreich in den Hafen von Bordeaux. Seit 1938 frisst er auch östlich des Rheins und konnte sich in den Kriegsjahren bis zur Elbe hin ausbreiten. Bei Massenbefall kann es zu beträchtlichen Schäden kommen.

Siedlung: Wirbellose Tiere

- > friedfertige Riesenwespe
- > lebt in Staaten
- > größte Wespenart

Hornisse >1 — *Vespa crabro*

Merkmale 2–3,5 cm große, kräftige Wespe mit braunem Vorderkörper und gelb-schwarz gestreiftem Hinterleib. **Vorkommen** In lichten Wäldern und in Siedlungen. **Lebensweise** Ursprünglich eine Waldbewohnerin, die ihre Nester in Baumhöhlen anlegt. Da alte, morsche Bäume immer seltener werden, breitet sich die Art auch in Siedlungen aus, wo sie ihre Nester unter Dachsparren, in Vogelnistkästen oder ähnlichen Hohlräumen anlegt. **Wissenswertes** Angeblich sollen sieben ihrer Stiche ein Pferd töten. Solche und ähnliche Geschichten sind Unsinn! Ein Hornissenstich ist nicht giftiger als ein Bienen- oder Wespenstich. Und die Wahrscheinlichkeit, gestochen zu werden, ist viel geringer, weil Hornissen viel scheuer und friedlicher sind.

- > lästig an der Kaffeetafel
- > aggressiv im Nestbereich
- > sticht schmerzhaft

Deutsche Wespe >2 — *Vespula germanica*

Merkmale 1–1,5 cm große, schwarz-gelb gestreifte Wespe. **Vorkommen** Überall häufig. **Lebensweise** Baut Nester an dunklen, verborgenen Orten wie in Mäuselöchern oder im Inneren von Gebäuden hinter Verkleidungen oder Verschalungen. Dazu kaut sie morsches Holz durch, bis es dünn wie Papier ist. In jede Zelle des Wabennestes (links) legt die Königin des Staates ein Ei. Im Laufe des Sommers wachsen der Staat und das Nest kontinuierlich weiter, darin leben etwa zwischen 1000 und 10 000 Tiere. **Wissenswertes** Durch ihre Angewohnheit, Süßigkeiten zu naschen und zu stechen, wenn man sie vertreiben will, ist diese häufigste aller Wespen äußerst lästig. Leider treffen Bekämpfungsmaßnahmen meist ins Leere, weil man dabei selten die sehr gut versteckten Nester der eigentlichen Übeltäter vernichtet, sondern eher die absolut harmloser Wespenarten.

- > sammelt Pollen und Nektar
- > liefert unseren Honig
- > sticht schmerzhaft

Honigbiene >3 — *Apis mellifera*

Merkmale 1–1,5 cm groß, bräunlich und dicht behaart. **Vorkommen** Ursprünglich in Wäldern zu Hause, heute überall häufig, wo Imker Bienen züchten. **Lebensweise** Baut Wabennester (links) aus Wachs, das sie in Drüsen produziert. In die sechseckigen Zellen werden die Eier gelegt. Natürlicherweise befestigen die Bienen ihre Nester in hohlen Baumstämmen, der Imker bietet ihnen fertige Kunststoffnester an. Ein Bienenvolk kann bis zu 80 000 Tiere beherbergen. Zur Versorgung sammeln die Bienen-Arbeiterinnen Blütennektar, den sie in den Waben lagern. Aus ihm besteht der Honig. Außerdem sammeln sie Blütenpollen zur Fütterung der Larven. **Wissenswertes** Wo die Honigbiene fliegt, verdrängt sie Wildbienen-Völker und sollte deshalb nicht in sensiblen Schutzgebieten angesiedelt werden.

Siedlung: Wirbellose Tiere

- › tut, als sei sie eine Wespe
- › völlig harmlos
- › nützlicher Blütenbesucher

Gemeine Winterschwebfliege >1 — *Episyrphus balteatus*

Merkmale Etwa 1 cm große Fliege (keine Wespe!) mit schwarz-gelb gestreiftem Hinterleib. Typisch sind ihre Schwirrflüge: Dabei »steht« sie im Flug auf einer Stelle vor der Blüte und schwirrt mit den Flügeln. **Vorkommen** Überall da, wo es reichlich Blüten gibt. Fliegt gelegentlich an warmen Wintertagen (Name!). **Lebensweise** Schwebfliegen sind Blüten besuchende Fliegen. Das Weibchen legt seine Eier genau wie Marienkäfer gezielt an Blattlaus-Kolonien ab. So haben ihre Larven nach dem Schlüpfen gleich ihre Lieblingsspeise vor der »Nase«. Sie fangen die Läuse und saugen sie aus. **Wissenswertes** Die gelb-schwarze Warnfärbung der harmlosen Fliege ist kein Zufall: Sie täuscht damit nicht nur den Menschen, sondern vor allem Fressfeinde wie Vögel, die das wespenähnliche Tier lieber in Ruhe lassen.

- › lästig im Haus
- › läuft an der Zimmerdecke
- › lebt von Nahrungsresten

Gemeine Stubenfliege >2 — *Musca domestica*

Merkmale Knapp 1 cm große, überwiegend schwarze Fliege mit großen, rotbraunen Augen. **Vorkommen** Sehr häufig in menschlichen Wohnungen sowie in Ställen. **Lebensweise** Lebt von Nahrungsresten, die sie mit ihrem stempelartigen Saugrüssel auftupft. Feste Nahrung feuchtet sie erst mit Speichel an, um sie dann in verflüssigter Form aufzutupfen. Die Weibchen legen ihre bis zu 150 Eier in Aas, auf Dung oder in Komposthaufen ab. Bereits nach kurzer Zeit wimmelt es darin von weißen Fliegenmaden und schon nach zwei bis drei Wochen sind diese fertige Stubenfliegen. **Wissenswertes** Im Herbst gehen die meisten Fliegen zugrunde. Einige überwintern aber in Gebäuderitzen und kommen an den ersten warmen Märztagen heraus.

- › angelockt durch Obst und Saft
- › rote Augen
- › Paradetier der Vererbungslehre

Essigfliege, Fruchtfliege >3 — *Drosophila melanogaster*

Merkmale 2–3 mm lang. Gelbbräunliche Grundfärbung, Hinterleib dunkel gebändert. Rote Augen. **Vorkommen** In Häusern, Gärten, Komposthaufen, ansonsten in feuchten Wäldern. **Lebensweise** Fruchtfliegen werden in ganzen Schwärmen von überreifem Obst und gärenden Fruchtsäften angelockt und können daher in Küchen, besonders aber in Fruchtkeltereien, Weinkellern und Brauereien lästig werden. **Wissenswertes** An Fruchtfliegen wurden und werden die Gesetze der Vererbungslehre erforscht und gelehrt. Sie sind dafür besonders geeignet, weil sie sich leicht und kostengünstig halten lassen und sich rasch vermehren. Im Labor hat man so z. B. Tiere ohne Flügel, mit weißen oder schwarzen Augen und veränderter Flügeläderung gezüchtet und untereinander gekreuzt, um zu untersuchen, wie und in welcher Kombination sich die veränderten Merkmale an die Nachkommen vererben.

Siedlung: Wirbellose Tiere

- > frisst Löcher in Kleidung
- > lichtscheu
- > Raupe in Gespinstköcher

Pelzmotte >1 *Tinea pellionella*

Merkmale Spannweite 11–17 mm. Vorderflügel gelblich mit Metallglanz, mit auffälligem dunklen Punkt. **Vorkommen** In Räumen mit Textilien, ursprünglich in Tiernestern. **Lebensweise** Die lichtscheuen Weibchen legen ihre Eier an Textilien, vor allem an Wolle, Pelzen oder Federn ab. Die madenähnlichen Raupen bauen sich beiderseits offene Gespinstköcher und fressen an den Stoffen. Die Falter haben verkümmerte Mundwerkzeuge und nehmen keine Nahrung zu sich. **Wissenswertes** In Aussehen und Lebensweise sehr ähnlich ist die Kleidermotte *(Tineola bisselliella)*. Ihre Vorderflügel sind ockergelb und ohne Zeichnung. Da sich die Motten schnell vermehren und versteckt leben, kann es zu anfangs unentdecktem Massenauftreten mit einhergehender Zerstörung von Kleidern und Polstermöbeln kommen.

- > tagaktiver Nachtfalter
- > Gammazeichen auf Flügel
- > Wanderfalter

Gammaeule >2 *Autographa gamma*

Merkmale Spannweite 35–40 mm. Vorderflügel graubraun mit namensgebender Zeichnung: In der Flügelmitte ein silbrig weißes Abzeichen, das an das griechische »Gamma« erinnert. Raupe (links) hellgrün mit vier schwachen hellen Linien am Rücken und einer hellen Seitenlinie. **Vorkommen** Häufig in Gärten, Parks, Alleen, auch auf Wiesen und an Waldrändern. **Lebensweise** Die Falter sind überall dort zu finden, wo es nektarreiche Blüten gibt, in Gärten oft massenweise an Schmetterlingssträuchern (Buddleja). Die Raupen fressen an Salat, Kohl, Brennnessel, Löwenzahn und anderen Kräutern. **Wissenswertes** Gammaeulen gehören zu den sogenannten Wanderfaltern, die alljährlich aus dem Süden nach Mitteleuropa einwandern und im Herbst in zum Teil riesigen Mengen in den Mittelmeerraum zurückfliegen.

- > frisst Kohl
- > klettert an Hauswänden hoch
- > häufig in Gemüsegärten

Großer Kohlweißling >3 *Pieris brassicae*

Merkmale Etwa 3 cm groß und weiß mit schwarzer Flügelspitze. Weibchen außerdem mit je zwei schwarzen Punkten auf den Vorderflügeln. Raupe (links) schwarz-gelb. **Vorkommen** Häufig auf Feldern und in Gärten. **Lebensweise** Bekannt und unbeliebt wegen seiner Vorliebe für Kohl: Die Falter legen ihre Eier auf Kohlblättern ab, die geschlüpften Raupen leben in geselligen und gefräßigen Gruppen und »skelettieren« dabei Kohlblätter, bis nur noch die Mittelrippe übrig ist. Flugzeit April bis Oktober. **Wissenswertes** Die Raupe krabbelt gern an Hauswänden hoch, um sich hier zu verpuppen. Seit der Mensch begann, großflächig Kohl anzubauen, wurden diese Felder zu einem wahren Schlaraffenland für diesen Schmetterling! Durch riesige Monokulturen kommt es immer wieder zu Massenvermehrungen.

Siedlung: Wirbellose Tiere

- überwintert in Gebäuden
- braucht Brennnesseln
- im Herbst häufig in Gärten

Kleiner Fuchs >1 *Aglais urticae*

Merkmale Etwa 3 cm großer, bunter Schmetterling. Flügel orange und braun mit schwarzen Flecken und blauer Fleckenreihe am Hinterrand. Raupe schwarz mit gelben Längsstreifen. **Vorkommen** Überall häufig. **Lebensweise** Überwintert in Häusern, kommt früh im Jahr hervor und saugt Nektar an früh blühenden Pflanzen. Während der Falter viele verschiedene Blüten besucht, lebt die Raupe fast ausschließlich von Brennnesseln, an denen sie oft in Massen auftritt. **Wissenswertes** Häufig im Herbst an Astern und am Schmetterlingsflieder.

- mit großen »Pfauenaugen«
- schwarze Stachelraupen
- überwintert in Häusern

Tagpfauenauge >2 *Inachis io*

Merkmale Etwa 3,5 cm groß, rotbraun mit leuchtend blauen Augenflecken auf jedem Flügel, die an Pfauenfedern erinnern (Name!). Raupe schwarz und stachelig mit kleinen, weißen Punkten. **Vorkommen** Häufig in offenen Lebensräumen. **Lebensweise** Die Falter fliegen auf Kleefeldern und Blumenbeeten, die Raupen entwickeln sich auf Brennnesseln. **Wissenswertes** Wer im Winter »eingefrorene« Falter auf dem Dachboden findet, sollte sie dort lassen! Warme Zimmer bedeuten das Todesurteil für die Tiere, die erst im Frühjahr wieder Nektar finden.

- der »Zugvogel« der Schmetterlinge
- wandert durch ganz Europa
- nascht an Fallobst

Admiral >3 *Vanessa atalanta*

Merkmale Bis zu 3,5 cm groß und braunschwarz mit orangefarbenem Band und weißen Flecken an der Spitze der Vorderflügel. Raupe schwarz mit gelben Flecken. **Vorkommen** Überall häufig. **Lebensweise** Die Falter wandern durch ganz Europa: Im Herbst ziehen jene, die nördlich der Alpen leben, ans Mittelmeer und kommen im Frühjahr wieder zurück. Sie saugen Blütensäfte und an Fallobst. Ihre Raupen leben an Brennnesselblättern. **Wissenswertes** Nördlich der Alpen überlebt der kälteempfindliche Falter selten den Winter.

- von Afrika bis zum Polarkreis
- mag Disteln und Brennnesseln
- in offenen Landschaften

Distelfalter >4 *Cynthia cardui*

Merkmale Etwa 3 cm groß, orangefarben, Flügelspitzen schwarz mit weißen Punkten. **Vorkommen** In Südeuropa und Nordafrika. Außer in Wäldern nahezu überall häufig. **Lebensweise** Der Distelfalter fliegt jährlich aus dem europäischen und dem afrikanischen Mittelmeerraum zu uns und produziert hier eine oder auch mehrere Nachfolgegenerationen. Im Herbst fliegen die Distelfalter zurück in wärmere Gebiete. **Wissenswertes** Einzelne Falter wandern im Sommer bis an den Polarkreis. Doch dauerhaft anzutreffen sind sie nur in den Mittelmeergebieten.

Siedlung: Vögel

- brütet gern auf Gebäuden
- wenig scheu
- in Scharen auf Marktplätzen

sind sehr variabel gezeichnet

Straßentaube >1 — *Columba livia f. domestica*

Merkmale Knapp hühnergroß und sehr variabel gefärbt: Von nahezu weiß über Grau- und Brauntöne bis hin zu schwarz. **Vorkommen** Brutvogel in Städten, häufig auf Marktplätzen und in der Nähe von Sehenswürdigkeiten. **Lebensweise** Brütet bevorzugt in hohen Gebäuden mit Mauerlöchern, Nischen oder Simsen. Als Nahrung dienen hauptsächlich Brot, Mais, Knospen und Jungpflanzen sowie Zivilisationsabfälle. **Wissenswertes** Straßentauben stammen von verwilderten Haustauben ab, die ihren Ursprung wiederum in der felsbrütenden Felsentaube haben. Unsere Gebäude dienen den anpassungsfähigen Tauben als Ersatzfelsen. Mit ihren ständigen Balzrufen »gruuh-ohh-uhh« und den dicken Kotschichten im Nistbereich machen sie sich bei Städtern oft unbeliebt.

- in Dörfern und Städten
- Einwanderer aus Asien
- ruft dreisilbig »hu-huuu-hu«

Flugbild der Türkentaube

Türkentaube >2 — *Streptopelia decaocto*

Merkmale Schlanke und helle, sandfarbene Taube mit schwarzem Nackenband. Typisch ist ihr dreisilbiger Revierruf mit Betonung auf der zweiten Silbe. **Vorkommen** In Dörfern und Städten, gern in der Nähe von Baumgruppen. **Lebensweise** Leb vegetarisch von Samen, Blättern und Kräutern oder Beeren, profitiert aber auch von Fütterungen in Tier- und Stadtparks. Das Nest (links) wird bevorzugt auf Bäumen und Büschen gebaut, aber auch an Gebäuden. Brütet meist zwei- bis viermal im Jahr, gelegentlich sogar im Winter. **Wissenswertes** Die ursprünglich in Vorderasien beheimatete Taube hat sich in den letzten Jahrzehnten rasant über Mitteleuropa ausgebreitet. Heute zählt sie zu den häufigen Brutvögeln in unseren Städten und Dörfern.

- weißer Gesichtsschleier
- in Kirchtürmen und Scheunen
- fliegt lautlos

mit sehr heller Unterseite

Schleiereule >3 — *Tyto alba*

Merkmale Schlanke, hochbeinige und helle Eule mit herzförmigem, weißem Gesichtsschleier. **Vorkommen** In offener, relativ waldarmer Kulturlandschaft mit geeigneten Brutplätzen in Scheunen, auf Dachböden, in Kirchtürmen oder in Ruinen. Auch künstliche Nisthilfen werden angenommen. Nachts hört man vom Brutplatz keuchende, schnarchende und zischende Laute. **Lebensweise** Die nachtaktive Eule geht in offenem Gelände am Rand von Ortschaften auf Jagd. Zu ihrer Hauptbeute zählen Feldmäuse und Spitzmäuse. Während das Weibchen allein die Eier ausbrütet, wird es vom Männchen mit Nahrung versorgt. Schlechte Mäusejahre bedeuten für die Schleiereule schlechten Bruterfolg. **Wissenswertes** Neben geeigneten Brutplätzen benötigen Schleiereulen in strengen Wintern Zugang zu Gebäuden, in denen sie auf Mäusejagd gehen können.

Siedlung: Vögel

- jagt durch Häuserschluchten
- schriller Rufer im Flug
- schläft im Flug

wie ein fliegender Bumerang

Mauersegler >1 — *Apus apus*

Merkmale Größer als die Schwalbe, mit der er häufig verwechselt wird. Typisch sind seine langen, sichelförmigen Flügel und der kurze Schwanz. Außer der grauweißen Kehle komplett rußschwarzer Körper. **Vorkommen** Typischer Großstadtvogel. **Lebensweise** Rasanter Dauerflieger, der sein Leben außerhalb der Brutzeit in der Luft verbringt. Die Segler balzen in der Luft, ernähren sich von umherfliegendem Kleingetier, sogar die Nächte werden in hohen Luftschichten verbracht, wo sie in der Thermik segelnd schlafen. Brüten in Mauerlöchern, unter Dächern und in anderen dunklen Hohlräumen. **Wissenswertes** Auffällig sind die Flugjagden an lauen Sommerabenden. Unter schrillen »sriiieeh«-Rufen preschen sie dann gemeinsam durch die Häuserschluchten unserer Städte.

- unsere häufigste Schwalbe
- auffallend lange Schwanzspieße
- Nest im Inneren von Gebäuden

Ober- und Unterseite im Flug

Rauchschwalbe >2 — *Hirundo rustica*

Merkmale Große, oberseits blauschwarz metallische Schwalbe mit langen Schwanzspießen und rostrotem Gesicht bei beiden Geschlechtern. **Vorkommen** In offenen Kulturlandschaften mit Dörfern und Einzelgehöften, im Gegensatz zum Mauersegler nicht in Städten. Brütet in Ställen und anderen Gebäuden. **Lebensweise** Baut ihr Nest aus lehmigen Erdklümpchen, die sie mit Speichel und eingeflochtenen Halmen an Wände klebt. Bevorzugt hierzu die Innenräume frei zugänglicher Gebäude. Jagt Insekten im Flug, bei regnerischem Wetter dicht über dem Boden. **Wissenswertes** Im Herbst, vor dem Abflug in ihre afrikanischen Winterquartiere, versammeln sich Rauchschwalber zu großen Schwärmen. Häufig sieht man sie dann zu Hunderten auf Leitungsdrähten sitzen.

- markanter, weißer Rückenfleck
- kurz gegabelter Schwanz
- Nest an Außenwänden

kleine Schwalbe ohne Schwanzspieße

Mehlschwalbe >3 — *Delichon urbica*

Merkmale Kleiner als Rauchschwalbe mit kurz gegabeltem Schwanz ohne Schwanzspieß. Weißes Feld auf dem Rücken, fällt im Flug schon von Weitem auf. Unterseite rein weiß. Fliegt weniger rasant und wendig als die Rauchschwalbe. **Vorkommen** In menschlichen Siedlungen vom Einzelhaus bis zum Großstadtzentrum. **Lebensweise** Nistet im Gegensatz zur Rauchschwalbe außen an Gebäuden, meist zu mehreren Paaren. Bevorzugt raue Wände, die etwas überdacht und vor Regen geschützt sind. Ihr Nest baut sie aus Lehmkügelchen, die sie mit Speichel verklebt. Mehlschwalben fliegen oft gemeinsam über Gewässern, dabei erbeuten sie hauptsächlich Mücken und Fliegen. **Wissenswertes** Für den Bau eines Nestes benötigen Mehlschwalben zwei bis drei Wochen und etwa 700–1500 Lehmkügelchen. Überwintern im Süden Afrikas.

Siedlung: Vögel

Heckenbraunelle >1
Prunella modularis

- singt von hoher Warte
- huscht mausartig umher
- im Winter am Futterhäuschen

Merkmale Knapp spatzengroß und ähnlich schlicht braun und grau gefärbt, aber mit pinzettenartigem Insektenfresserschnabel. Am auffälligsten ist ihr glockenheller, plaudernder Gesang. **Vorkommen** Sehr häufiger Brutvogel in Wald, Parks und Gärten, wegen des bescheidenen Aussehens trotzdem recht unbekannt. **Lebensweise** Sucht Nahrung meist am Boden. Erbeutet im Sommer vor allem kleine Insekten, im Winter Samen. **Wissenswertes** Heckenbraunellen sitzen am liebsten exponiert auf Fichtenspitzen. Kaum ein anderer Vogel lässt sich so gut beim Singen beobachten.

Rotkehlchen >2
Erithacus rubecula

- Gesicht und Brust orangerot
- feierlicher Gesang in der Dämmerung
- im Winter am Futterhäuschen

Merkmale Etwas kleiner als ein Spatz, rundlich, Gesicht und Brust orangerot. Singt (sehr) früh und abends. **Vorkommen** Häufiger Brutvogel in Wäldern, Gebüschen, Parks und Gärten mit reichlich Unterwuchs. **Lebensweise** Sucht auf dem Boden nach Insekten, Würmern und Schnecken, frisst im Herbst und Winter Beeren. Baut tiefe Napfnester, gern in Baumhöhlungen oder in dichtem Pflanzenwuchs. **Wissenswertes** Ein Teil der Rotkehlchen zieht im Herbst in den Mittelmeerraum, die Überwinterer halten sich in Parks und Gärten auf.

Gartenrotschwanz >3
Phoenicurus phoenicurus

- rostroter Schwanz
- nimmt gern Nistkästen an
- Knicksen und Schwanzzittern sind typisch

Männchen im Flug

Merkmale Etwas kleiner als ein Spatz. Rostroter Schwanz fällt besonders im Flug auf. Männchen (links) prächtig rot, schwarz und weiß, Weibchen (rechts) schlicht graubraun. **Vorkommen** Häufiger Brutvogel an Waldrändern, in Parks und Gärten, gern in Obstgärten. Verbringt den Winter in Zentral- und Westafrika, kehrt im April zurück. **Lebensweise** Singt schon vor Sonnenaufgang. Erbeutet Insekten. **Wissenswertes** Nimmt gern Nistkästen an, am liebsten solche mit hochovalem Einschlupfloch.

Hausrotschwanz >4
Phoenicurus ochruros

- Schwanz rostrot
- Gesang knisternd und knirschend
- rußschwarz und rot

Merkmale Spatzengroß, aber zierlicher mit rostrotem Schwanz. Männchen (rechts) auffällig rußschwarz, Weibchen (links) graubraun. Frühaufsteher kennen seinen typischen Gesang, den er noch vor dem Hellwerden über die Dachfirste schmettert: Dem »Wo wo wo bi bist« folgt eine Reihe eigenartig knisternder und knirschender Laute. **Vorkommen** In Dörfern und Städten. **Lebensweise** Brütet in Halbhöhlen an Gebäuden, fängt Insekten und Spinnen. **Wissenswertes** Ursprünglicher Felsenbrüter, hat sein Brutgebiet ins Tiefland ausgebreitet, indem er hohe Gebäude als Ersatzfelsen nutzt.

Siedlung: Vögel

- > »Schwarzdrossel«
- > orgelt und flötet
- > im Winter am Futterhaus

Amsel >1 — *Turdus merula*

Merkmale Männchen (oben) schwarz mit gelbem Schnabel, Weibchen (Mitte) braun mit Flecken. Wohlklingender, flötender Gesang. **Vorkommen** Einer der häufigsten Brutvögel unserer Dörfer und Städte, aber auch in Wäldern und Parks. **Lebensweise** Ursprünglich in Wäldern zu Hause, hat sich nach und nach dem Menschen angeschlossen, in dessen Nähe sie reichlich Nahrung und Deckung für ihr Nest findet. Häufig baut sie es in Kletterpflanzen an Mauern, auch auf Dachbalken und in vielerlei Nischen. Frisst am liebsten Regenwürmer und Insekten, im Herbst gern Früchte. **Wissenswertes** Wer kennt es nicht: »Amsel, Drossel, Fink und Star ...«: Doch die Weisheit aus unseren Kindertagen trügt ein wenig. Die Amsel ist eine Drossel, genau wie die Singdrossel. Im Volksmund heißt sie auch »Schwarzdrossel«.

- > singt alles zwei- bis dreimal
- > gepunkteter Bauch
- > Drosselschmieden

Singdrossel >2 — *Turdus philomelos*

Merkmale Etwas kleiner als die Amsel, beide Geschlechter olivbraun mit gepunktetem Bauch. Singt lautstark in der Dämmerung, wiederholt dabei die meisten Elemente mehrmals, das klingt dann wie: »Kuhdieb, Kuhdieb!« **Vorkommen** In lichten Wäldern, Parks und Gärten mit Büschen und Bäumen. **Lebensweise** Baut aufwendiges, stabiles Nest aus Zweigen, Gras, feuchter Erde und zerkleinertem Holz in Bäumen und Büschen. Pickt am Boden nach Würmern, anderen Bodentieren und Schnecken. **Wissenswertes** Zu ihren Lieblingsspeisen zählen Gehäuseschnecken: Die packt sie mit dem Schnabel und schlägt sie gegen eine harte Unterlage wie einen Stein (»Drosselschmiede«), um an das leckere Innere zu kommen. So einen »Amboss« benutzt sie häufig über mehrere Jahre.

typisch: orangegelb auf der Unterseite

- > »Hausvögelchen«
- > schnappt nach Insekten
- > am Nest wenig scheu

Grauschnäpper >3 — *Muscicapa striata*

Merkmale Alles in allem ein leicht zu übersehender und überhörender Vogel. Kleiner als der Spatz, doch ähnlich bescheiden gefärbt; mit pinzettenartigem Insektenfresserschnabel. Wer genau hinschaut, erkennt die typische, fein gestrichelte Brust. Ebenso unauffällig wie sein Äußeres ist der kaum hörbare Gesang aus einzelnen, hohen Tönen. **Vorkommen** In lichten Wäldern, Parks und Gärten. **Lebensweise** Baut sein Nest in Halbhöhlen fast jeder Art: in Wäldern in Astlöchern oder hinter loser Borke, im Siedlungsbereich über Außenleuchten, in Blumenkästen oder in alten Vogelnestern von Amseln oder Schwalben. **Wissenswertes** Typische Verhaltensweise: Unternimmt von einer Sitzwarte aus kurze Jagdflüge auf Insekten und landet danach wieder am selben Platz. Dabei zuckt er häufig mit dem Schwanz und mit den Flügeln.

Siedlung: Vögel

- > ruft seinen Namen
- > »Backofennest«
- > Nestbau ist hier Frauensache

Zilpzalp >1
Phylloscopus collybita

Merkmale Deutlich kleiner als ein Spatz, olivbraunes, rundliches, unruhiges Vögelchen. **Vorkommen** Häufiger Brutvogel in Mischwäldern, Parks und Gärten. **Lebensweise** Sucht ständig Blätter nach Insekten und Spinnen ab. Das Männchen singt sein »zalp zalp zilp zalp zalp« gern von erhöhten Zweigen herab. Derweil fliegt das Weibchen etwa 1200–1500 Mal hin und her, um Halme und Moos für das kugelige Nest herzuschaffen. **Wissenswertes** Schlägt beim Umherhüpfen ständig mit dem Schwanz.

- > baut Spielnester
- > nie ohne Kappe
- > singt auch zur Mittagszeit

Mönchsgrasmücke >2
Sylvia atricapilla

Merkmale Kleiner und zierlicher als ein Spatz. Typisch ist die Kappe: Beim Männchen (links) ist sie schwarz, beim Weibchen (rechts) rotbraun. **Vorkommen** Sehr anpassungsfähiger, häufiger Brutvogel in Wäldern, Hecken, Parks, Gärten und Städten. **Lebensweise** Frisst Insekten, Spinnen und Beeren. **Wissenswertes** Solange das Männchen allein ist, baut es mehrere Nester, sogenannte Spielnester. So lockt es seine Auserwählte an. Hat sie sich für eins (und ihn) entschieden, muss sie mit anpacken, damit es fertig wird.

- > klein, aber laut
- > huscht wie eine Maus
- > knickst häufig

Zaunkönig >3
Troglodytes troglodytes

Merkmale Rundlicher, brauner Winzling, viel kleiner als ein Spatz, stelzt häufig mit dem Schwanz. Selbst mitten im Winter hört man oft seinen lang anhaltenden, lauthals schmetternden Gesang. **Vorkommen** In Wäldern, Hecken, Parks und Gärten mit Dickichten und Schlupfwinkeln. **Lebensweise** Baut kunstvolle, kugelige und dickwandige Nester an Baumwurzeln, aber auch an kuriosen Halbhöhlen wie Blechdosen. **Wissenswertes** Einzelne Zaunkönige verbringen den Winter bei uns. Sie übernachten gern an Häusern oder in Schuppen und kommen tagsüber an Futterplätze.

- > schwatzt pausenlos
- > brütet gern in Nistkästen
- > im Herbst riesige Schwärme

bräunlicher Jungvogel

Star >4
Sturnus vulgaris

Merkmale Knapp amselgroß mit schwärzlich grün und purpurn schillerndem Gefieder und zitronengelbem Schnabel. Im Flug auffällig kurzer Schwanz und dreieckige Flügel. **Vorkommen** Verbreiteter Brutvogel im Kulturland. Häufig in Nistkästen im Garten. **Lebensweise** Baut selbst nur »schlampige« Nester, brütet lieber in Spechthöhlen und Nistkästen. **Wissenswertes** Gesang ein Schwätzen, Pfeifen und Schnarren, ahmt talentiert andere Vögel nach. Im Herbst in riesigen Schwärmen, die häufig in Großstädten oder Schilfgebieten übernachten.

Siedlung: Vögel

Blaumeise >1 — *Parus caeruleus*

- unser einziger blau-gelber Vogel
- im Winter an Meisenringen
- turnt an Zweigen

besetzt gern Nistkästen

Merkmale Kleiner als ein Spatz, rund und gedrungen mit kurzem Schnabel. Typisch ist ihr blau-gelbes Gefieder, es ist beim Weibchen nicht ganz so leuchtend wie beim Männchen. **Vorkommen** Lichte Wälder, Parks, Hecken und Gärten mit Höhlen. **Lebensweise** Turnt an kleinen Zweigen, pickt kleine Insekten wie Blatt- und Schildläuse und Spinnen auf. **Wissenswertes** Durch Nistkästen und Winterfütterungen konnte sich die Blaumeise bei uns stark vermehren. Außerhalb der Brutzeit ernährt sie sich hauptsächlich von Sämereien.

Kohlmeise >2 — *Parus major*

- singt typisches »zi zi bääh«
- wird oft handzahm
- plustert sich bei Kälte auf

mit breiten, rundlichen Flügeln

Merkmale Unsere größte und häufigste Meise, etwas kleiner als ein Spatz. Typischer schwarz-weißer Kopf, gelber Bauch, das Männchen ist leicht an seinem breiteren schwarzen Bauchstreifen zu erkennen. **Vorkommen** Ganzjährig in lichten Wäldern, Parks und Gärten. **Lebensweise** Zur Nahrungssuche (Raupen und andere Insekten) an Baumstämmen und am Boden. Brütet in Baumhöhlen, in Mauerritzen und Nistkästen. **Wissenswertes** Konkurriert mit der Blaumeise um Nistkästen, deren Einflugöffnungen sie mit dem Schnabel größer pickt.

Schwanzmeise >3 — *Aegithalos caudatus*

- extrem langer Schwanz
- kunstvolles Kugelnest
- nach der Brutzeit in Winterschwärmen

Merkmale Viel kleiner als ein Spatz, klein und rundlich mit winzigem Schnabel und sehr langem Schwanz. **Vorkommen** In Mischwäldern, Parks und großen Gärten mit vielen Büschen. **Lebensweise** Sucht an den äußersten Zweigspitzen nach Nahrung, v.a. Blattläuse, Raupen, Mücken und Spinnen. Das Nest ist eine dickwandige Kugel mit seitlichem Eingang, es wird mit mehr als 2000 Federn ausgepolstert. **Wissenswertes** Nach der Brutzeit fliegen Schwanzmeisen in kleinen Trupps von bis zu 30 Vögeln umher (bis etwa Mitte April).

Kleiber >4 — *Sitta europaea*

- kopfüber an Stämmen
- »Spechtschnabel«
- klebt Höhlen zu

Merkmale Spatzengroß mit spechtartigem Schnabel (wird auch »Spechtmeise« genannt), gedrungenem Körper und kurzem Schwanz. Mit grauem Rücken, orangefarbenem Bauch und schwarzem Augenstreif. Weibchen etwas blasser. **Vorkommen** Häufig in Wäldern, Parks und Gärten. **Lebensweise** Pickt Insekten aus der Rinde von Baumstämmen. **Wissenswertes** »Kleiber« bedeutet »Kleber«, denn die Weibchen kleben Bruthöhlen mit Lehmklümpchen so weit zu, dass gerade noch sie selbst hineinpassen (kein größerer Vogel oder Eierräuber).

Siedlung: Vögel

- extrem langer Schwanz
- baut große Reisignester
- ist kein Dieb

typisches Flugbild

Elster >1 — *Pica pica*

Merkmale Etwas kleiner als eine Krähe, auffällig schwarz-weiß mit sehr langem Schwanz. **Vorkommen** Offene Kulturlandschaft mit Büschen und Bäumen, Gärten. **Lebensweise** Männchen und Weibchen leben in Dauerehe, bauen große Reisignester. Allesfresser: Insekten, Schnecken, Eier, Jungvögel, Aas, Abfälle. **Wissenswertes** Elsternester werden gern von Waldohreulen und Turmfalken bezogen, die selbst keine Nester bauen. Noch konnte nicht bewiesen werden, dass Elstern glitzernde Gegenstände stehlen.

- helle »kja«-Rufe
- lebenslanger Ehebund
- schlauer Rabenvogel

Dohle >2 — *Corvus monedula*

Merkmale Kleiner als Krähen, kürzerer Schnabel, grauer Nacken. **Vorkommen** Oft in menschlicher Nähe, brütet meist in Kolonien auf Gebäuden, in Fels- und Baumhöhlen. Nicht im Gebirge (vgl. Alpendohle S. 212). **Lebensweise** Allesfresser: Insekten, Schnecken, Mäuse, Vogeljunge, Feldfrüchte, Abfall. Sucht auf Äckern und Wiesen nach Nahrung, auch an Müllkippen. **Wissenswertes** In Winterschwärmen mit Krähen hört man Dohlen an ihren hellen »kja«-Rufen heraus. Bekannt ist die Sprachbegabung handaufgezogener Dohlen.

- lebt paarweise
- im Winter in großen Scharen
- ruft laut »kraahh«

komplett schwarzer Vogel

Rabenkrähe >3 — *Corvus corone corone*

Merkmale Schwarz mit kräftigem schwarzen Schnabel. **Vorkommen** In Kulturland mit Siedlungen, Dörfern und Bäumen. **Lebensweise** Lebt paarweise in großem Revier. Baut ihr großes Nest meist in Baumkronen am Waldrand, in Alleen und Parks. Zur Nahrungssuche auf Äckern und Wiesen. Frisst Insekten, Würmer, Mäuse, Eier, Jungvögel, Früchte und Abfälle. **Wissenswertes** Mit der Nebelkrähe *(Corvus corone cornix)* wird sie zu einer Art, der Aaskrähe *(Corvus corone)*, zusammengefasst. In Deutschland kommt die hellgrau und schwarz gefärbte Nebelkrähe nur im Nordosten vor.

- lärmende Brutkolonien
- Altvögel mit Grau im Gesicht
- mag keimendes Getreide

Saatkrähen-Kolonie

Saatkrähe >4 — *Corvus frugilegus*

Merkmale Sehr ähnlich der Rabenkrähe, Altvögel sind aber z.T. um den Schnabel herum gräulich weiß. Das liegt daran, dass diese Partie unbefiedert ist. **Vorkommen** Offene Landschaften mit Nistmöglichkeiten auf Bäumen. **Lebensweise** Brutkolonien oft in Parks. Ernährt sich stärker pflanzlich als Rabenkrähen, mag gern keimendes Getreide, aber auch Insekten, Würmer, Mäuse, Eier, Jungvögel, Aas und Abfall. **Wissenswertes** Saatkrähen bilden im Winter Massenschlafplätze (bis zu 150 000 Vögel) gemeinsam mit Dohlen und Rabenkrähen.

Siedlung: Vögel

Hausspatz >1 — *Passer domesticus*

- lärmende Hausgenossen
- im Winter am Futterhäuschen
- immer in Gesellschaft

Männchen im Flug

Merkmale Männchen mit grauem Kopf und rein weißen Wangen (Unterschied zum Feldspatz). Weibchen schlicht graubraun. **Vorkommen** Das ganze Jahr in menschlichen Siedlungen, auch in Großstädten. **Lebensweise** Brütet meist in Kolonien von 10–20 Paaren. Nester in Nischen an Gebäuden. Ernährt sich von Getreide, Grassamen, Insekten, Haushaltsabfällen. **Wissenswertes** Außerhalb der Brutzeit schwärmen ganze Trupps aus, um sich an Grassaat und Getreide satt zu fressen.

Feldspatz >2 — *Passer montanus*

- scheuer als Hausspatz
- braune Mütze
- dem Nistplatz lebenslang treu

Merkmale Männchen und Weibchen gleich gefärbt. Typisch sind ihre schokoladenbraunen Mützen und die weißen Wangen mit einem kräftigen, schwarzen Fleck. **Vorkommen** Brütet in Hecken, an Waldrändern und in Gärten. Nicht so eng an Menschen gebunden wie Hausspatz. **Lebensweise** Nest meist in Baumhöhlen, Kopfweiden oder Nistkästen, aber auch in Nischen unter dem Dach. Brütet eher nicht in Kolonien wie Hausspatz. Frisst Sämereien wie Getreide, zur Brutzeit auch viele Insekten. **Wissenswertes** Im Winter häufig in Schwärmen mit Hausspatz und Buchfink.

Grünfink >3 — *Carduelis chloris*

- grüner Futterhaus-Besetzer
- ruft laut »grüüü«
- streitbarer Geselle

mit gelbgrünem Bürzel

Merkmale So groß wie ein Spatz, grün mit leuchtend gelben Abzeichen und auffallend dickem Schnabel. Weibchen blasser gefärbt. Singt häufig den Anfang seines Namens: »grüüü«. **Vorkommen** Ganzjährig in der Nähe des Menschen, in Gärten und Parks, oft an Futterplätzen. **Lebensweise** Getrennte Nest- und Nahrungsreviere. Nest meist in Bäumen oder Büschen. Außerhalb der Brutzeit in Trupps auf Nahrungssuche, im Winter auch häufig in gemischten Verbänden mit anderen Finken. **Wissenswertes** Macht sich im Winter am Futterhaus breit und vertreibt andere Vögel.

Gimpel >4 — *Pyrrhola pyrrhola*

- lässt sich mit Pfiffen locken
- »Dompfaff«
- lebt versteckt

auffälliger weißer Bürzel

Merkmale So groß wie ein Spatz, aber plumper. Kurzer, dicker Schnabel, schwarze Kopfkappe. Männchen (links) unten leuchtend rot, Weibchen (rechts) braun. Pfeift sanft »düüüüüe«. **Vorkommen** In Wäldern, Parks, auf Friedhöfen und in Gärten. **Lebensweise** Nest gut versteckt im Gebüsch. Weibchen brütet allein, wird dann vom Männchen gefüttert. **Wissenswertes** Gimpel sind in der Brutzeit recht heimliche Vögel, die trotz ihrer auffälligen Färbung leicht zu übersehen sind. Lassen sich mit ihren leicht nachzuahmenden Pfiffen anlocken.

Siedlung: Säugetiere

- › schnüffelt und schmatzt
- › rollt sich bei Gefahr ein
- › hält Winterschlaf

Igel ›1 *Erinaceus europaeus*

Merkmale Etwa 30 cm groß, Rücken dicht mit Stacheln besetzt. **Vorkommen** In Siedlungen mit Gärten, lichten Wäldern und Parks. **Lebensweise** Einzelgänger, der v. a. nachts schnüffelnd und schmatzend durch Wälder und Gärten streift. Dort stöbert er nach Regenwürmern, Schnecken, Insekten und Asseln, er schätzt aber auch süßes Obst, Eier und Jungvögel. Hält von Oktober bis April Winterschlaf, gern in Laub-, Kompost- oder Reisighaufen. **Wissenswertes** Rollt sich bei Gefahr zur Stachelkugel ein: So schützt er seinen unbestachelten Kopf, Bauch und Beine.

- › mit Grabschaufel und Spürnase
- › lebt unterirdisch
- › wirft Maulwurfshaufen auf

Maulwurf ›2 *Talpa europaea*

Merkmale Wie große Maus mit mächtigen Grabklauen, samtigem Fell und winzigen, im Fell verborgenen Augen und Ohren. **Vorkommen** Auf Wiesen mit lockerer Erde, in Gärten und lichten Laubwäldern. **Lebensweise** Lebt unter Tag in weit verzweigten selbst geschaufelten Gangsystemen. Hier spürt er Insekten, deren Larven, Tausendfüßer, Schnecken und Würmer auf. Das Aushubmaterial wirft er als Haufen auf. **Wissenswertes** Unter großen Maulwurfshügeln liegen im Sommer die Nester mit zwei bis neun nackten, fingergroßen Jungen.

- › recht große Fledermaus
- › jagt vor Sonnenuntergang
- › Quartiere in Baumhöhlen

Gemeiner Abendsegler ›3 *Nyctalus noctula*

Merkmale Mit 7–8 cm Körperlänge eine große Fledermaus. Im Flug mit etwa 40 cm Spannweite größer als Rauchschwalbe. **Vorkommen** In Dörfern und Städten im Flachland, auch in Mischwäldern und Parks. **Lebensweise** Beginnt kurz vor Sonnenuntergang mit Jagdflügen. Ortet Fluginsekten mit Ultraschall: Schnell aufeinander ausgestoßene Peillaute werden von den Beuteinsekten reflektiert und mit den großen Ohren empfangen. Tagsüber versteckt er sich in Baumhöhlen. **Wissenswertes** Bis zu 1000 Tiere halten gemeinsam Winterschlaf in Baumhöhlen, hohen Dachstühlen oder Felshöhlen.

- › schwarze Räubermaske
- › stammt aus Nordamerika
- › breitet sich aus

Waschbär ›4 *Procyon lotor*

Merkmale Etwa fuchsgroß, gedrungener Körper, kurze Beine. Schwarze Gesichtsmaske, langer schwarz-weiß geringelter Schwanz. **Vorkommen** Heimat Nordamerika, bei uns durch ausgesetzte und aus Pelzfarmen entkommene Tiere überall eingebürgert. Lebt in Wäldern und Siedlungsräumen, bevorzugt in Gewässernähe. **Lebensweise** Überwiegend dämmerungs- und nachtaktiv. Allesfresser: Früchte, Getreide, Würmer, Schnecken, Insekten, Fische, Amphibien, Mäuse, Jungvögel und Eier. **Wissenswertes** Die Waschbärin bringt ihre Jungen meist in Baumhöhlen zur Welt und versorgt sie alleine.

Siedlung: Säugetiere

- > lebt auf Bäumen
- > baut Kugelnester
- > oft futterzahm

Eichhörnchen >1 *Sciurus vulgaris*

Merkmale Bis zu 25 cm groß mit fast ebenso langem, buschigem Schwanz. Fell im Sommer leuchtend rostrot, im Winter dunkler. **Vorkommen** In Gärten, Parks und Wäldern mit altem Baumbestand. **Lebensweise** Lebt auf Bäumen, klettert und springt gut. Baut kugelförmige Reisignester (Kobel) in Astgabeln und Baumkronen. Bringt hier die Jungen zur Welt. Frisst Nüsse und andere Baumsamen, legt Wintervorräte an. **Wissenswertes** In der ersten Jahreshälfte sieht man häufig wilde Hetzjagden: Es sind paarungsbereite Männchen, die hinter Weibchen herjagen.

- > nächtlicher Poltergeist
- > hält Winterschlaf-Rekord
- > oft in Wochenendhäusern

Siebenschläfer >2 *Glis glis*

Merkmale In Größe und Aussehen wie eine Mischung aus Eichhörnchen und Ratte. Graues Fell, buschiger Schwanz und große Augen typisch. **Vorkommen** In Mischwäldern, Gärten und Parks. **Lebensweise** Baut Nester in Baumhöhlen, Nistkästen, Schuppen und auf Dachböden. Frisst Baumfrüchte und -rinde, Obst, Insekten und Vogeleier. **Wissenswertes** Siebenschläfer bringen es in kalten Wintern tatsächlich auf sieben Monate Winterschlaf: Im September/Oktober verkriechen sie sich in frostsichere Erdhöhlen, um erst wieder im Mai/Juni aufzuwachen.

- > graue Maus
- > gern in Häusern
- > viele Kinder

Hausmaus >3 *Mus musculus*

Merkmale 7–10 cm groß, grau mit ebenso langem, nacktem Schwanz. Augen und Ohren groß. **Vorkommen** An Feldrändern und Hecken, meist aber in Scheunen, Vorratslagern und Häusern. **Lebensweise** Im Sommer oft »frei« lebend, im Winter in Gebäuden. Versteckt sich tagsüber in Hohlräumen und kommt erst nachts hervor. Nagt alles an, was auch nur den geringsten Nährwert hat. Wirft bis zu achtmal im Jahr drei bis acht Junge. **Wissenswertes** Die Hausmaus ist die Stammform aller gezüchteten Labormäuse.

- > »Automarder«
- > nächtlicher Jäger
- > Poltergeist

Steinmarder >4 *Martes foina*

Merkmale Etwa katzengroß, langer Körper, kurze Beine. Vom ähnlichen, aber viel scheueren Baummarder durch weiße (nicht gelbe) Kehle unterschieden. **Vorkommen** Als Kulturfolger fast überall: in Wäldern, Ackerlandschaften, Dörfern und Städten. **Lebensweise** Frisst Mäuse, Vögel und deren Eier, Insekten, Regenwürmer und Früchte. **Wissenswertes** Bewohnt gern Dachböden, wo er nachts herumpoltert und Isoliermaterial annagt. Berüchtigt auch als »Automarder«, der Bremsschläuche und Kabel zerbeißt.

Lebensraum Gewässer

Blumen	206–217
Wirbellose Tiere	218–231
Fische	232–235
Amphibien und Reptilien	236–239
Vögel	240–251
Säugetiere	252–255

Gewässer: Blumen

- > Unterwasserpflanze
- > Blätter fühlen sich weich an
- > »Winterknospen«

fein zerschlitzte Blätter

Quirlblättriges Tausendblatt >1 *Myriophyllum verticillatum*

Merkmale Tausendblattgewächse (*Haloragaceae*). 50–200 cm lang, untergetaucht oder auf dem Wasser flutend. Gefiederte, 25–45 mm lange Blätter in meist fünfzähligen Quirlen. Unscheinbare weißliche Blüten in aus dem Wasser ragender Ähre. Blütezeit Juni bis September. **Vorkommen** Verbreitet und häufig in langsam fließenden und stehenden Gewässern. **Wissenswertes** Im Herbst fallen die verdickten Endknospen der Stängel ab und überwintern als »Winterknospen« am Grund der Gewässer. Im Frühjahr wachsen sie wieder zu ganzen Pflanzen heran.

- > unter Wasser
- > raue Blätter
- > gern in Gartenteichen

Raues Hornblatt >2 *Ceratophyllum demersum*

Merkmale Hornblattgewächse (*Ceratophyllaceae*). 30–100 cm lang. Unter Wasser lebende, wurzellose Pflanze. Quirlig angeordnete, gabelig geteilte, hornartige, starre Blätter. Blütezeit Juni bis September. **Vorkommen** Langsam fließende und stehende Gewässer. **Wissenswertes** Das Hornblatt vermehrt sich durch abbrechende Teile. Es wird in Gartenteichen oder Kaltwasseraquarien zur Selbstreinigung des Wassers eingesetzt. Mit den fein zerschlitzten Blättern filtert es Schwebstoffe aus dem Wasser.

- > aus Nordamerika eingeschleppt
- > blüht selten
- > bildet Massenbestände

Kanadische Wasserpest >3 *Elodea canadensis*

Merkmale Froschbissgewächse (*Hydrocharitaceae*). 30–60 cm lang, untergetaucht lebend, dicht beblättert, im Boden wurzelnd. Blätter länglich lanzettlich, in dreizähligen Quirlen. Kleine, weiße Blüten an fädigem Stiel über den Wasserspiegel ragend. Blütezeit Juni bis August. **Vorkommen** In nährstoffreichen stehenden oder langsam fließenden Gewässern. **Wissenswertes** Vor etwa 150 Jahren wurde die Wasserpest aus Nordamerika nach Europa eingeschleppt und breitete sich stark aus. Sie bildet zum Teil Massenbestände und behindert Schifffahrt, Fischerei und Wasserabfluss.

- > Fleisch fressende Unterwasserpflanze

Unterwasserblatt mit Fangblasen

Wasserschlauch >4 *Utricularia vulgaris*

Merkmale Wasserschlauchgewächse (*Lentibulariaceae*). 30–150 cm lang, untergetaucht, wurzellos. Gefiederte Blätter, mit 1–5 mm langen Fangblasen. Gelbe Blüten in 10–30 cm über das Wasser ragendem Blütenstand. Blütezeit Juni bis September. **Vorkommen** Am häufigsten in stehenden, flachen Tümpeln und Moorgewässern, auch in Altarmen. **Wissenswertes** Der Wasserschlauch ist eine Fleisch fressende Pflanze. Die blasenartigen Blätter sind zu Tierfallen umfunktioniert: Stößt ein Wasserfloh gegen eine Falle, schwingt sie auf und das Tier wird nach innen gesogen. Im Inneren wird das Opfer verdaut.

Gewässer: Blumen

- weiße, sternförmige Blüten
- öffnet sich im Sonnenlicht
- viele Zuchtformen

Weiße Seerose >1 *Nymphaea alba*

Merkmale Seerosengewächse *(Nymphaeaceae)*. 0,5–3 m lang, Blüten und Blätter schwimmen auf dem Wasser. Blüten weiß, sternförmig, bis zu 15 cm groß und duftend. Blätter groß, rund bis herzförmig. Blütezeit Mai bis September. **Vorkommen** In relativ warmen, nährstoffreichen Gewässern, die nicht tiefer als 3 m sind. **Wissenswertes** Die Blüten öffnen sich etwa um 7 Uhr und schließen sich gegen 16 Uhr. Für Gartenteiche sind zahlreiche Zuchtformen erhältlich, leider selten unsere heimische, die auch härteste Winter übersteht.

- dottergelbe Blütenkugeln
- flaschenförmige Früchte
- auch in Fließgewässern

Schwimmblatt mit Blüte

Gelbe Teichrose, Mummel >2 *Nuphar lutea*

Merkmale Seerosengewächse *(Nymphaeaceae)*. 0,5–2,5 m lang, Blätter auf dem Wasser, Blüten auf Stängeln über dem Wasser. Salatartige Blätter unter Wasser. Blüten kugelförmig, etwa 4 cm, Blätter eiförmig, bis 30 cm lang. Blütezeit Juni bis September. **Vorkommen** In stehenden und langsam fließenden Gewässern mit schlammigem Grund. **Wissenswertes** Die duftenden, gelben Blüten locken Käfer und Schwebfliegen zur Bestäubung an. Die Früchte gleichen kleinen, grünen Flaschen, schwimmen auf dem Wasser.

- weißer Schleier im Teich
- flutet auf dem Wasser
- nichts für kleine Gartenteiche

Wasser-Hahnenfuß >3 *Ranunculus aquatilis*

Merkmale Hahnenfußgewächse *(Ranunculaceae)*. Flutet mit bis zu 2 m langen Stängeln auf dem Wasser. Blüten 1–2 cm groß, weiß mit gelbem Grund, auf Stielen aus dem Wasser herausragend. Schwimmende Blätter herzförmig und dreifach gespalten, untergetauchte Blätter fadenförmig. Blütezeit Mai bis August. **Vorkommen** In nährstoffreichen, bis zu 2 m tiefen Teichen. **Wissenswertes** Über vielen Teichen liegt im Sommer ein zarter, weißer Schleier aus seinen Blüten. Da die Pflanze stark wuchert, ist sie für kleinere Gartenteiche nicht zu empfehlen.

- dottergelbe Blüten am Ufer
- lockt Bienen und Fliegen
- blüht im März

herzförmige Blätter

Sumpfdotterblume >4 *Caltha palustris*

Merkmale Hahnenfußgewächse *(Ranunculaceae)*. 20–60 cm hoch mit auffallend glänzenden Blüten und Blättern. Blüten dottergelb (Name!), 2–4 cm groß, Blätter herzförmig. Blütezeit März bis Mai. **Vorkommen** An Ufern, auf sumpfigen Wiesen, in Gräben und Auwäldern. **Wissenswertes** Eine der auffälligsten Pflanzen, die schon früh im Jahr blüht. Wichtige Bienenweide. Die Samen schwimmen und bilden, wo sie an feuchten Ufern stranden, schnell neue Bestände aus. Bildet auf Feuchtwiesen mitunter dichte Bestände.

Gewässer: Blumen

- alte Heilpflanze
- duftet intensiv
- gibt dem Met die Süße

Echtes Mädesüß >1 — *Filipendula ulmaria*

Merkmale Rosengewächse *(Rosaceae)*. Stattliche, bis 2 m hohe Staude mit kantigem Stängel. Blüten cremefarben, knapp 1 cm groß, in dichten Knäulen am Stängelende, duften süß nach Mandeln. Blätter mehrfach gefiedert und fein gezähnt. Blütezeit Juni bis August. **Vorkommen** Auf feuchten bis nassen Böden, häufig auf ungenutzten Feuchtwiesen, an Ufern und Gräben. **Wissenswertes** Früher setzte man dem Met (Honigwein) bzw. dem Bier die Blüten als Aromatikum zu. Altes Heilmittel gegen fiebrige Erkrankungen. Die im Mädesüß enthaltene »Spirsäure« stand Pate bei der Herstellung des Aspirins.

duftende Blüten am Stängelende

- lilafarbene Blütenkerzen
- Blätter weidenähnlich
- lockt Schmetterlinge

Blut-Weiderich >2 — *Lythrum salicaria*

Merkmale Weiderichgewächse *(Lythraceae)*. 0,5–2 m hoch mit auffälligen, pink- bis lilafarbenen Blütentrauben am Stängelende. Einzelblüte 1–3 cm groß, Blätter lanzettlich. Blütezeit Juni bis September. **Vorkommen** Auf nassen Wiesen, an Ufern und Gräben. **Wissenswertes** Der Name leitet sich von den weidenähnlichen Blättern her (*salicarius* = weidenähnlich) und vom Gebrauch der Pflanze als blutstillendes Mittel (griech. *lythron* = Blut). Zitronenfalter saugen an ihr Nektar.

- Blüten mit Bärten
- Blätter kleeartig
- selten und geschützt

Fieberklee >3 — *Menyanthes trifoliata*

Merkmale Fieberkleegewächse *(Menyanthaceae)*. 15–30 cm hoch mit dreigeteilten, kleeartigen Blättern (Name!), die aber viel größer sind als beim Wiesen-Klee. Blüten in dichten Trauben, weiß bis zartrosa mit weißen Bärten. Blütezeit Mai bis Juli. **Vorkommen** An Ufern von Teichen, in Mooren und auf Feuchtwiesen. Empfindlich gegen Überdüngung und daher selten geworden und streng geschützt. **Wissenswertes** Seine Blätter enthalten den Bitterstoff Loganin (»Bitterklee«), er wird Magenbittern zugesetzt. Früher bereitete man aus den Blättern fiebersenkende Tees (Name!).

Einzelblüte mit Bart

- riecht nach Pfefferminze
- liefert bekömmlichen Tee
- bildet Ausläufer

Wasserminze >4 — *Mentha aquatica*

Merkmale Lippenblütengewächse *(Lamiaceae)*. 20–80 cm hoch mit runden, rosa, lila oder weißen Blütenköpfen. Blätter am Rand gesägt, duften nach Pfefferminze. Blütezeit Juli bis Oktober. **Vorkommen** Bildet durch lange Ausläufer dichte Bestände an Ufern und auf nassen Wiesen. **Wissenswertes** Aus der Kreuzung mit der Grünen Minze *(M. spicata)* entstand 1696 in einem englischen Arzneigarten die Pfefferminze. Auch die Blätter der Wasserminze eignen sich für Tees. Nektarpflanze für Schmetterlinge.

Gewässer: Blumen

- Magnet für Schmetterlinge
- rosafarbene Blütenschirme
- Blätter wie Hanf

Wasserdost >1 — *Eupatorium cannabinum*

Merkmale Korbblütlergewächse *(Asteraceae)*. Bis 1,5 m hohe Wildstaude mit rotem Stängel, rosafarbenen Blütenschirmen und hanfartig geteilten Blättern (*cannabis* = Hanf). Blütezeit Juli bis September. **Vorkommen** Häufig an Ufern und Gräben, auch im Halbschatten lichter Wälder. **Wissenswertes** Die Blüten des Wasserdostes sind für etliche Insekten außerordentlich attraktiv. Sie duften süß und bieten mit ihren breiten Blütenschirmen gute Landemöglichkeiten. Fast immer tummeln sich hier Hummeln, Bienen, Schwebfliegen und bunte Schmetterlinge. Mehr als 40 verschiedene Arten von Schmetterlingen saugen hier süßen Saft, darunter die prächtigen Kaisermäntel, Tagpfauenaugen, Admiräle und Distelfalter. Sie kommen übrigens nur da vor, wo auch das geeignete Raupenfutter wächst. Und das sind die wenig beliebten Brennnesseln.

- Heilpflanze
- hilft bei Nervosität
- Wurzelgeruch lockt Katzen an

Wurzel riecht unangenehm

Echter Baldrian >2 — *Valeriana officinalis*

Merkmale Baldriangewächse *(Valerianaceae)*. 70–150 cm hoch. Zahlreiche rötliche oder rosa-weißliche Blüten in halbkugeligem Blütenstand. Blätter gegenständig, gefiedert. Stängel aufrecht, kahl, hohl. Blütezeit Juni bis August. **Vorkommen** Häufig an sonnigen oder halbschattigen Ufern, in Gräben und auf Feuchtwiesen. **Wissenswertes** Seit der Antike wird Baldrian als Heilpflanze geschätzt. Verwendet werden dabei die etwas unangenehm riechenden Wurzeln. Wissenschaftlich nachgewiesen ist, dass Baldrianzubereitungen gegen Unruhe und Einschlafstörungen helfen. Einen nervenberuhigenden Tee bereitet man mit 1 Teelöffel zerkleinerter Wurzel pro Tasse, den man etwa 10 Minuten lang ziehen lässt. Baldrian kommt auch in der Homöopathie sowie anderen Fertigarzneien zum Einsatz.

- Pflanzenteppiche auf dem Wasser
- Kinderstube für Fische
- wächst in ruhigen Buchten

Schwimmendes Laichkraut >3 — *Potamogeton natans*

Merkmale Laichkrautgewächse *(Potamogetonaceae)*. 0,5–2 m lang mit auf dem Wasser schwimmenden Blättern. Blätter derb, bis 12 cm lang, eiförmig und lang gestielt. Zahlreiche, winzige, grünliche Blüten in einer 3–8 cm langen Ähre, die aus dem Wasser herausgestreckt wird. Blütezeit Mai bis August. **Vorkommen** In Teichen und Seen mit schlammigem Grund oft zusammen mit Seerosen. **Wissenswertes** Massenbestände des Laichkrauts sind häufig die Kinderstube von Jungfischen. Bei Stürmen reißen sich oftmals dicke Büschel des Laichkrauts los und treiben dann frei im Wasser umher. Für Schwimmer können die langen Pflanzenstängel sehr unangenehm werden, weil es nicht immer einfach ist, sich aus ihnen zu befreien.

Gewässer: Blumen

- > langer, blattloser Blütenstand
- > löffelförmige Blätter
- > giftig

Gemeiner Froschlöffel >1 *Alisma plantago-aquatica*

Merkmale Froschlöffelgewächse *(Alismataceae)*. 20–100 cm hoch. Pyramidenförmiger, blattloser Blütenstand. Blüten weiß, ca. 10 mm im Durchmesser. Blätter über dem Wasser oval, Unterwasserblätter bandförmig. Knollig verdickter Wurzelstock. Blütezeit Juni bis September. **Vorkommen** Häufig an Gewässerufern und in Sümpfen. **Wissenswertes** Die gesamte Pflanze und insbesondere der Milchsaft sind giftig. Für Rinder gilt die Pflanze als äußerst giftig, Ziegen vertragen sie gut und weiden sie gerne ab.

- > pfeilförmige Blätter
- > Blütenstängel dreikantig
- > Wurzeln essbar

typisch: pfeilförmiges Blatt

Pfeilkraut >2 *Sagittaria sagittifolia*

Merkmale Froschlöffelgewächse *(Alismataceae)*. 30–80 cm hoch. Blätter in drei Formen: 10–150 cm lange, bandförmige Unterwasserblätter; ovale Schwimmblätter; pfeilförmige Überwasserblätter. Weiße Blüten quirlig auf dreikantigem, über das Wasser ragendem Stängel. Blütezeit Juni bis August. **Vorkommen** Am Ufer stehender und langsam fließender Gewässer. **Wissenswertes** Im Herbst bildet das Pfeilkraut walnussgroße Knollen aus, die der Überwinterung dienen. Sie sind gekocht oder gebraten essbar.

- > selten, geschützt
- > liebt es warm und sonnig
- > beliebte Gartenteich-Pflanze

Blüten am Stängelende

Schwanenblume >3 *Butomus umbellatus*

Merkmale Schwanenblumengewächse *(Butomaceae)*. 50–150 cm hoch. Rosafarbene Blüten in doldigem Blütenstand. Blütenstand überragt die Blätter. Blätter dreikantig, steif, 50–100 cm lang, schwertförmig. Blütezeit Juni bis August. **Vorkommen** Im sonnigen Röhricht stehender oder langsam fließender Gewässer. **Wissenswertes** Die Sonne liebende Schwanenblume wird häufig durch konkurrenzstärkere Röhrichtpflanzen wie Schilf und Rohrkolben beschattet, überwuchert und letztlich verdrängt.

- > giftig!
- > Blätter wie Schwerter
- > große, gelbe Blüten

Sumpf-Schwertlilie >4 *Iris pseudacorus*

Merkmale Schwertliliengewächse *(Iridaceae)*. 0,5–1,5 m hohe Sumpfpflanze, die kräftige Horste ausbildet. Blätter schwertförmig (Name!), 1–3 cm breit und etwa so lang wie der Blütenstängel. Blüten gelb, 8–10 cm groß, äußere Blütenblätter dunkel geädert. Blütezeit Mai bis Juni. **Vorkommen** An sumpfigen Ufern (Name!) stehender und langsam fließender Gewässer, auch in Auwäldern. **Wissenswertes** Raffinierter Aufbau der Blütenblätter: Die drei großen äußeren hängen herab und weisen mit ihrem dunklen Adernetz Insekten den Weg ins Blüteninnere. Die drei inneren bilden Röhren, aus denen nur langrüsslige Insekten wie Hummeln Nektar holen können.

Gewässer: Blumen

Scheiden-Wollgras >1 *Eriophorum vaginatum*

- Blüten wie Wattebäusche
- in dichten Horsten
- Charakterpflanze der Moore

Merkmale Riedgrasgewächse *(Cyperaceae)*. 10–60 cm hohes, dicht horstig wachsendes Riedgras mit wollig weißen, 2–3 cm großen Blütenköpfen. Blätter borstig, graugrün, etwas kürzer als der Stängel. Blütezeit April bis Mai. **Vorkommen** Charakterpflanze der Hochmoore. **Wissenswertes** Der Name bezieht sich auf die auffälligen Blüten (griech. *erion* = Wolle, *phorein* = tragen): Die Ähren sind von langen Härchen umgeben und verleihen ihnen ein wattebauschähnliches Aussehen.

Breitblättriger Rohrkolben >2 *Typha latifolia*

- bildet »Schilfzigarren«
- oft in Trockensträußen
- Bodenfestiger an Ufern

Merkmale Rohrkolbengewächse *(Typhaceae)*. Bis zu 2 m hoch mit zigarrenförmigen Blüten am Stängelende. Die dicken, tiefbraunen Kolben sind die weiblichen Blüten, darüber befinden sich in einem schmalen, helleren und lockeren Kolben die männlichen Blüten. Dieser obere Teil des Kolbens fällt später ab. Blätter 1–2 cm breit und 1–2 m lang. Blütezeit Juni bis August. **Vorkommen** Häufig im Schilfröhricht, an Ufern und in Gräben. **Wissenswertes** Oft als Erstbesiedler auf Schlammböden. Festigt mit seinem Wurzelwerk die Ufer stehender und fließender Gewässer.

Schilf >3 *Phragmites australis*

- bis zu 4 m hoch
- festigt die Ufer
- für Reetdächer

Merkmale Süßgrasgewächse *(Poaceae)*. Bis zu 4 m hohes Ufergras mit verholzendem Stängel, graugrünen Blättern und bis über 40 cm langen Blütenrispen. Blütezeit Juli bis September. **Vorkommen** An schlammigen Ufern stehender und langsam fließender Gewässer. **Wissenswertes** Als Futtergras taugt es nicht, doch die Halme werden anderweitig genutzt: Zum Bau norddeutscher Reetdächer, für Rohrmatten, Gipsdecken und vieles mehr. An den Ufern trägt es mit seinem dichten Wurzelgeflecht zur Bodenfestigung und Landgewinnung bei.

Kleine Wasserlinse >4 *Lemna minor*

- »Entengrütze«
- von Vögeln verbreitet
- bildet grüne Teppiche

dünne Würzelchen

Merkmale Wasserlinsengewächse *(Lemnaceae)*. Besteht aus winzigen, nur 2–3 mm großen Blättchen, die auf dem Wasser schwimmen und dichte Teppiche ausbilden können. Von den Blättchen hängen dünne, fädige Wurzeln ins Wasser. Blüten winzig und unscheinbar. Blütezeit Mai bis Juni. **Vorkommen** In windgeschützten Stillgewässern. Vermehrt sich rasch in nährstoffreichem, warmem Wasser. **Wissenswertes** Wasserlinsen bleiben am Gefieder von Wasservögeln hängen und gelangen so auf neu angelegte Teiche. Sie sind nahrhafte Futterpflanzen für Enten (»Entengrütze«).

Gewässer: Wirbellose Tiere

Geweihschwamm >1
Spongilla lacustris

> festsitzendes Tier
> riecht eklig
> Zwitter

Merkmale Grüne, gelbliche oder graue geweih- oder klumpenförmige Überzüge auf Steinen, Wasserpflanzen, Wurzeln, bis 1 m hoch. Junge Exemplare bilden flache Krusten. **Vorkommen** Stehende und langsam fließende Gewässer. **Lebensweise** Schwämme sind festsitzende Tiere, die im Wasser schwebende Mikroorganismen ins Innere strudeln. **Wissenswertes** Ins Wasser abgegebene Samenzellen gelangen mit dem Wasserstrom ins Innere eines Schwamms zu den Eiern. Die sich entwickelnden Larven setzen sich an einer Unterlage fest und bilden einen neuen Schwammkörper.

Süßwasserpolyp >2
Hydra spec.

> festsitzendes »Raubtier«
> gefährliche Nesselzellen

Merkmale Schlauchförmiger, bis 2 cm langer, gräulicher oder weißlicher Körper aus einem deutlichen Fußstiel und bis zu zwölf filigranen Tentakeln. **Vorkommen** Stehende und langsam fließende Gewässer. **Lebensweise** Packen mit ihren Tentakeln Wasserflöhe, Insektenlarven und frisch geschlüpfte Fischchen. Zum Beutefang dienen Nesselzellen, die auf den Tentakeln sitzen und bei Berührung explodieren. Die herausschnellenden Stacheln durchbohren die Haut des Opfers und entlassen ein lähmendes Gift. **Wissenswertes** Hohe Regenerationsfähigkeit: Kleinste Teilstücke wachsen zu ganzen Tieren heran.

Posthornschnecke >3
Planorbarius corneus

> ein Haus wie ein Posthorn
> tellerförmige Eiballen

Merkmale Unverwechselbar durch ihr derbes, bis zu 3,5 cm großes Gehäuse in Form eines Posthorns. **Vorkommen** In pflanzenreichen Teichen und langsam fließenden Gräben. **Lebensweise** Lebt meist am Teichgrund, wo sie sich von Algen, Aas und Wasserpflanzen ernährt. Ihre Eier klebt sie als 1,5–3 cm große, tellerartige Gebilde an Pflanzen und Steine. Nach etwa drei Wochen schlüpfen 60–70 Jungschnecken. **Wissenswertes** Den Winter verbringen Posthornschnecken in ihr Gehäuse zurückgezogen am schlammigen Teichgrund.

Spitz-Schlammschnecke >4
Lymnaea stagnalis

> Haus mit langer Spitze
> hängt unter der Wasseroberfläche

Merkmale Bräunlich, bis zu 6 cm langes, hornfarbenes, dünnschaliges Gehäuse. Auffallend sind der erste, stark aufgeblähte Umgang der Mündung sowie die lang ausgezogene Spitze (Name!). **Vorkommen** In pflanzenreichen Teichen, in langsamen Fließgewässern. **Lebensweise** »Hängt« meist unter der Wasseroberfläche und weidet hier mit ihrer Raspelzunge organische Partikel ab, frisst auch Aas und Algenaufwüchse. **Wissenswertes** Bei Bedrohung stößt sie die Atemluft aus und sinkt wie ein Stein zu Boden.

Gewässer: Wirbellose Tiere

- hält das Wasser sauber
- bis zu 10 cm groß
- unsere häufigste Großmuschel

Teichmuschel, Entenmuschel >1 — *Anodonta anatina*

Merkmale Mit ihrer bis zu etwa 10 cm langen Schale eine unserer größten und kräftigsten Muscheln. Schalen grünlich und eiförmig. **Vorkommen** In schlammigen und sandigen Still- und Fließgewässern. **Lebensweise** Sie lebt am Teichgrund, wo sie durch eine Art Mundöffnung Wasser einsaugt, Schwebstoffe herausfiltert und das Wasser wieder aus einer Ausströmöffnung herausprustet. So hält die Muschel das Wasser sauber und klar. **Wissenswertes** Teichmuscheln können bis zu 15 Jahre alt werden.

- winzig
- hüpft wie ein Floh
- oft in ungeheuren Mengen

Gemeiner Wasserfloh >2 — *Daphnia pulex*

Merkmale Kein wirklicher Floh, sondern ein winziges, 1–4 mm großes Krebschen, das sich aber hüpfend wie ein Floh vorwärtsbewegt. Der Körper steckt in einer durchsichtigen, zweiklappigen Schale, aus der bloß die langen, zweiästigen Antennen herausschauen. **Vorkommen** Sehr häufig in nährstoffreichen Teichen, austrocknenden Tümpeln und Seen. **Lebensweise** Ernährt sich von Bakterien und Algen. **Wissenswertes** Wasserfloh-Eier überdauern monatelanges Austrocknen und Fröste.

- eingekrümmter Körper
- liegen auf der Seite
- Männchen reitet auf Weibchen

Bachflohkrebs >3 — *Gammarus* spec.

Merkmale Gekrümmt, seitlich abgeflacht, ca. 2 cm lang, gräulich bis bräunlich. **Vorkommen** Besiedeln fast alle Gewässertypen, meist jedoch Bäche und Flüsse. **Lebensweise** Flohkrebse leben am Gewässergrund, meist versteckt unter Steinen oder zwischen Wasserpflanzen. Sie laufen auf der Seite liegend, können aber auch gut schwimmen. Ihre Nahrung besteht aus abgestorbenen Pflanzenteilen und Aas. **Wissenswertes** Bachflohkrebse trifft man häufig paarweise an: Das Männchen reitet vor der eigentlichen Paarung tagelang auf dem Rücken des Weibchens.

- baut Taucherglocke
- lebt unter Wasser

eine echte Unterwasserspinne

Wasserspinne >4 — *Argyroneta aquatica*

Merkmale Vorderkörper dunkelbraun, Hinterkörper grau. 1–2 cm lang. **Vorkommen** Pflanzenreiche, stehende Gewässer, oft in Moorweihern. **Lebensweise** Einzige ständig unter Wasser lebende Spinne. Baut Taucherglocke, indem sie Atemluft von der Wasseroberfläche unterhalb eines Spinnnetzes transportiert. Hier frisst sie, häutet sich, paart sich und legt ihre Eier ab. Ernährt sich von Insektenlarven und kleinen Krebsen. Die Opfer werden mit Giftbiss getötet und ausgesaugt. **Wissenswertes** Oft erscheint die Wasserspinne silbrig glänzend. Dies ist die Atemluft, die zwischen feinen Härchen festgehalten wird.

Gewässer: Wirbellose Tiere

Eintagsfliege >1
Ephemera vulgata

- lebt länger als einen Tag
- tanzt in Schwärmen
- verbringt Jugend im Wasser

Merkmale 2–3 cm großes, fliegenähnliches Insekt mit zwei bis drei langen Fäden am Hinterleib. In Ruhe klappt sie ihre Flügel über dem Körper zusammen. Ihre Jugendstadien (Larven, links) sind ungeflügelt. **Vorkommen** In sauberen Fließgewässern und an Seen. **Lebensweise** Das Leben der Eintagsfliegen währt keinesfalls nur einen Tag: Zunächst leben sie ein Jahr lang als noch ungeflügelte Larven unter Wasser. Eines Sommerabends kriechen sie ans Ufer, verwandeln sich zu geflügelten Eintagsfliegen und versammeln sich zu großen Schwärmen, die ihre Hochzeitstänze veranstalten. Nun haben sie wirklich nur noch wenige Stunden bis Tage zu leben. **Wissenswertes** Die ausgewachsenen Eintagsfliegen haben verkümmerte Mundwerkzeuge, die keine Nahrungsaufnahme gestatten. Ihre Aufgabe liegt ausschließlich in der Fortpflanzung.

Steinfliege >2
Plecoptera spec.

- zwei Schwanzfäden
- fliegen schlecht und ungern
- Larven leben im Wasser

Larven zeigen sauberes Wasser an.

Merkmale 15–25 mm lang, schwarzbraun. Vier annähernd gleich große, häutige Flügel, die in Ruhestellung flach über dem Hinterleib gefaltet werden. Zwei Schwanzfäden. **Vorkommen** In klaren, schnell fließenden Bächen und Flüssen. **Lebensweise** Die Flugzeit der Steinfliegen liegt im Sommer. Ihre Mundwerkzeuge sind zurückgebildet und sie nehmen während ihres Erwachsenendaseins keine Nahrung auf. Die Weibchen legen ihre Eier ins Wasser. Dort findet die etwa dreijährige Entwicklung der Larven statt. **Wissenswertes** Die flachen Larven haben zwei lange, fadenförmige Anhänge am Hinterleib. Sie leben räuberisch und halten sich meist an der Unterseite oder der Strömung abgewandten Seite von Steinen auf. Mehr als 100 mitteleuropäische Arten, die genaue Bestimmung ist nur Spezialisten möglich.

Schlammfliege >3
Sialis spec.

- kräftige Flügeläderung
- fliegen wenig

Larven leben im Wasser

Merkmale 2–3 cm lang, schwarzbraun. Grob netzartig geaderte Flügel, in Ruhe dachartig über dem Hinterleib zusammengelegt. Lange fadenförmige Fühler. Larven mit drei Beinpaaren am Vorderkörper und sieben Paar beinähnlichen Anhängen am Hinterleib. **Vorkommen** Je nach Art in stehenden, langsam fließenden oder stark strömenden Gewässern. **Lebensweise** Das Weibchen legt bis zu 2000 Eier dicht gepackt auf die Oberseite von Blättern in Gewässernähe. Die frisch geschlüpften Larven fallen ins Wasser oder kriechen dorthin. Sie erbeuten Insektenlarven, Krebschen und andere kleine Wassertiere, verpuppen sich nach etwa zwei Jahren und schlüpfen schließlich als flugfähige Schlammfliege. **Wissenswertes** Die flugunlustigen, ausgewachsenen Tiere sitzen von April bis Juli meist unauffällig auf Pflanzen dicht an Gewässern.

Gewässer: Wirbellose Tiere

- > Männchen mit blauen Flügelbändern
- > ähnelt Schmetterlingen

Larven leben in Fließgewässern.

Gebänderte Prachtlibelle >1 — *Calopteryx splendens*

Merkmale Etwa 5 cm lang, schlank, ca. 7 cm Flügelspannweite. Männchen (links) metallisch blau, Weibchen (rechts) metallisch grün mit blassgrünen Flügeln. Auffällig sind die blauschwarzen Flügelbänder der Männchen, durch die sie an Schmetterlinge erinnern. Flugzeit Mitte Mai bis Mitte September. **Vorkommen** Die Larven leben nur in fließenden Gewässern, die ausgewachsenen Libellen sieht man auch an Teichen. **Lebensweise** Das Männchen besetzt Reviere, die es gegen andere Männchen verteidigt. **Wissenswertes** Durch Gewässerausbau und -verschmutzung gefährdet.

- > leuchtend rot
- > eine der ersten Libellen im Jahr

Frühe Adonislibelle >2 — *Pyrrhosoma nymphula*

Merkmale Leuchtend rote Grundfärbung. Männchen mit schwarzer Zeichnung auf dem Hinterleibsende. Flugzeit bereits ab Ende April bis August. **Vorkommen** Pflanzenreiche Kleingewässer. **Lebensweise** Meist sieht man die flugunlustigen Tiere in der Ufervegetation ruhen. Die Larven leben ein bis drei Jahre im Gewässer. **Wissenswertes** Die Späte Adonislibelle *(Ceriagrion tenellum)* hat hellrote statt schwarze Beine, den Männchen fehlt die schwarze Zeichnung am Hinterleibsende.

- > hellblaues »Schlusslicht«
- > auch an Gartenteichen

Große Pechlibelle >3 — *Ischnura elegans*

Merkmale Ca. 3 cm lang, Flügelspannweite 3,5–4 cm. Brust, erstes und achtes Hinterleibssegment blau, Hinterleib oben schwarz, unten gelblich. Auffällig ist das hellblaue »Schlusslicht«. Flugzeit Anfang Mai bis Ende September. **Vorkommen** An stehenden und langsam fließenden Gewässern. **Lebensweise** Die Weibchen legen die Eier am späten Abend ohne Begleitung der Männchen in Wasserpflanzen ab. Die Larven leben im Uferbereich im Unterwasserpflanzengewirr. **Wissenswertes** Regelmäßig an Gartenteichen zu sehen.

- > himmelblau mit schwarzem Becher
- > sticht Eier in Wasserpflanzen

Becher-Azurjungfer >4 — *Enallagma cyathigerum*

Merkmale Etwa 3 cm lange, schlanke Libelle mit ca. 4 cm Flügelspannweite. Männchen (links) himmelblau mit typischem schwarzen Fleck auf dem zweiten Hinterleibsring in Form eines gestielten Bechers (Name!). Weibchen (rechts) grünlich bis bräunlich. Flugzeit Mai bis September. **Vorkommen** Bevorzugt an größeren stehenden Gewässern. **Lebensweise** Verbringt ihr erstes Lebensjahr als ungeflügelte Larve am Teichgrund. Die geschlüpfte, geflügelte Libelle lebt ca. 40 Tage. **Wissenswertes** Es gibt weitere, ähnliche Azurjungfern, deren Männchen auch blauschwarz sind. Sie unterscheiden sich durch die jeweils charakteristische Zeichnung auf dem zweiten Hinterleibsring.

Gewässer: Wirbellose Tiere

- Körper wie ein Mosaik
- Männchen fliegen Patrouille
- sticht nicht!

Blaugrüne Mosaikjungfer >1 — *Aeshna cyanea*

Merkmale Große und kräftige Libelle mit bis zu 7 cm Körperlänge und 11 cm Flügelspannweite. Typisch ist die mosaikartige Zeichnung auf dem Hinterleib, beim Männchen (links) ist sie blau, grün und schwarz, beim Weibchen (rechts) eher grün und braun. Flugzeit Juni bis September. **Vorkommen** An stehenden Gewässern aller Art. Fliegt oft weitab vom Gewässer. **Lebensweise** Lebt ein bis zwei Jahre als Larve im Wasser, die ausgewachsene Libelle jagt am Teichufer nach Insekten. **Wissenswertes** Ist wenig scheu. Keine Angst: Libellen stechen nicht, sind nicht giftig und beißen auch nicht!

- mit plattem Bauch
- oft an Gartenteichen
- gern auf Sitzwarten

Plattbauch-Libelle >2 — *Libellula depressa*

Merkmale Etwa 4 cm lang, 7–8 cm Flügelspannweite. Auffallend breiter, flacher Hinterleib (Name!). Beim Männchen (links) ist er blau bereift, beim Weibchen (rechts) ockergelb. Flugzeit Mai bis August. **Vorkommen** Oft an Gartenteichen. **Lebensweise** Sonnt sich gern auf Sitzwarten am Wasser, z. B. auf trockenen Zweigen. Wirft die Eier mit wippenden Bewegungen ins Wasser. Die Larven leben zwei Jahre im Wasser. **Wissenswertes** An der Flügelbasis große, dunkelbraune Flecken.

- Männchen wie ein blauer Pfeil
- Weibchen gelb-schwarz

Hinterleib des Weibchens

Großer Blaupfeil >3 — *Orthetrum cancellatum*

Merkmale 4,5–5 cm lang, Flügelspannweite 7,5–9 cm. Männchen mit blauer Brust und blau bereiftem Hinterleib. Weibchen anfangs gelb-schwarz, im Alter bräunlich-schwarz gezeichnet. Flugzeit Mai bis September **Vorkommen** Sonnige Seen und Teiche mit vegetationsarmen Uferabschnitten, an Baggerseen, in Kiesgruben. **Lebensweise** Das Weibchen legt Eier unter Aufsicht des Männchens in Algenwatten oder in untergetauchten Wasserpflanzen ab. Entwicklungsdauer der Larven zwei bis drei Jahre. **Wissenswertes** Auf der Jagd nach Fressbarem verlassen die Libellen das Gewässer und vagabundieren weit umher.

- Männchen rot
- Weibchen gelblich
- Eiablage im Tandem

Gemeine Heidelibelle >4 — *Sympetrum vulgatum*

Merkmale 3,5–4 cm lang, Flügelspannweite 5,5–6,5 cm. Hinterleib beim Männchen leuchtend rot, beim Weibchen ockerbraun. Flugzeit Juli bis November. **Vorkommen** An stehenden Gewässern. **Lebensweise** Heidelibellen legen ihre Eier als Tandem ab: Das Männchen fliegt vorneweg und hält das Weibchen mit Hinterleibszangen hinter dem Kopf fest. Die Eier überwintern am Gewässergrund. Im Frühjahr schlüpfen die Larven. **Wissenswertes** Es gibt einige ähnliche Heidelibellen-Arten in Mitteleuropa.

Gewässer: Wirbellose Tiere

- räubert auf dem Wasser
- überwintert an Land
- erstes Wasserinsekt im Jahr

Gemeiner Wasserläufer >1 — *Gerris lacustris*

Merkmale Etwa 1 cm lange Wasserwanze mit sehr langen, dünnen Beinen. **Vorkommen** An stehenden und langsam fließenden Gewässern. **Lebensweise** Verbringt fast sein ganzes Leben auf dem Wasserspiegel. Räubert hier aufs Wasser gefallene Insekten oder solche, die zum Luftholen auftauchen. Zur Paarung trägt das Weibchen das Männchen oft tagelang huckepack. Die Eier entwickeln sich im Wasser, hier leben auch die Larven. **Wissenswertes** Überwintert steif gefroren an Land unter Laub oder Moos. Erscheint als erstes Insekt ab März auf dem Wasser.

- Vorsicht, sticht!
- skorpionähnliche Fangarme
- mit Schnorchel am Hinterleib

Wasserskorpion >2 — *Nepa rubra*

Merkmale Etwa 2 cm große, breite und flache Wasserwanze mit großen, skorpionähnlichen Fangarmen (Name!) und 1 cm langem Atemrohr am Hinterleib. **Vorkommen** In flachen Kleingewässern. **Lebensweise** Lauerjäger zwischen Wasserpflanzen. Packt schwimmende Insekten, Kaulquappen und Jungfische mit seinen Fangarmen, sticht sie mit dem Rüssel an und saugt sie aus. **Wissenswertes** Sticht nicht mit dem »Stachel« am Hinterleib (Schnorchel), sondern mit dem am Bauch versteckten Rüssel!

- halmartiger Körper
- langes Atemrohr
- kann gut fliegen

Stabwanze >3 — *Ranatra linearis*

Merkmale 3–4 cm lang, stabförmig, am Hinterleib ein 3–4 cm langes Atemrohr. Vorderbeine zu Fangbeinen umgestaltet. **Vorkommen** Im vegetationsreichen Ufersaum stehender Gewässer. **Lebensweise** Lauert unbeweglich und fast unsichtbar getarnt zwischen Stängeln oder schleicht sich langsam an Beute an, die sie dann blitzschnell mit ihren Fangbeinen einklemmt, mit Gift tötet und mit ihrem Rüssel aussaugt. Erbeutet Wasserflöhe, Insektenlarven, Kaulquappen und kleine Fische. **Wissenswertes** Stabwanzen können gut fliegen und so neue Gewässer besiedeln.

- schwimmt auf dem Rücken
- »Wasserbiene«

Rückenschwimmer >4 — *Notonecta glauca*

Merkmale Ca. 1,5 cm lang. Flügeldecken grün- bis gelblichbraun. Große Augen. Langer Stechrüssel. Rücken aufgewölbt, Bauchseite flach, Körper im Querschnitt dreieckig. **Vorkommen** Häufig in stehenden und langsam fließenden Gewässern. **Lebensweise** Meist hängen die Tiere in Rückenlage unter dem Wasserspiegel. Als Nahrung dienen ihnen aufs Wasser gefallene Insekten, Insektenlarven und Kaulquappen. Die Beute wird mit dem Rüssel ausgesogen **Wissenswertes** Rückenschwimmer können auch Menschen sehr schmerzhaft stechen, im Volksmund nennt man sie daher auch »Wasserbienen«.

Gewässer: Wirbellose Tiere

- baut Köcher
- behaarte Flügel
- dämmerungs- und nachtaktiv

Köcherfliege >1 *Lymnephilus* spec.

Merkmale Etwa 3–4 cm langes, etwas schmetterlingsähnliches Insekt mit behaarten Flügeln, die aber in Ruhe dachförmig zusammengeklappt werden. Seine Jugend verbringt es als Larve im Wasser. Die Larven (links) sind kaum je sichtbar, weil nur ihr Kopf und ihre Vorderbeine aus merkwürdigen, 3–3,5 cm langen, köcherähnlichen Gebilden herausschauen. **Vorkommen** In Still- und Fließgewässern. **Lebensweise** Die Larven leben von organischen Abfallstoffen am Gewässergrund. Die geschlüpften Köcherfliegen verlassen das Gewässer und kommen erst im Herbst zur Eiablage zurück. **Wissenswertes** Namensgebend für die Köcherfliegen sind die Köcher, in denen ihre Larven leben. Sie bestehen aus verschiedenen Materialien wie Schneckenhäusern, Blättern, Steinen oder Holzstückchen und werden mit Speichel zusammengeklebt.

- gelb umrandet
- fliegt gut
- lebt im Wasser

Gelbrandkäfer >2 *Dytiscus marginalis*

Merkmale 3–3,5 cm großer, schwärzlicher Schwimmkäfer mit auffälligen, gelben Rändern an Flügeln und Hals. Die ebenfalls wasserlebende Larve (links) wird bis zu 6 cm lang. **Vorkommen** Häufig in Stillgewässern. **Lebensweise** Lauerjäger, der unter Wasser alles erbeutet, was nicht zu groß oder zu schnell ist. Zu seiner Beute zählen andere Insektenlarven, Wasserschnecken, Würmer, Kaulquappen und Jungfische. Zum Luftschöpfen sieht man den Käfer oft mit dem Hinterleib an der Wasseroberfläche hängen (am Hinterleib befinden sich die Atemöffnungen). Zur Paarung trägt das Weibchen das Männchen tagelang huckepack, seine Eier sticht es in Wasserpflanzen ein. Die Larve ist ebenfalls ein gefräßiger Räuber im Teich. **Wissenswertes** Droht ein Tümpel auszutrocknen, fliegen Gelbrandkäfer kurzerhand zum nächsten Gewässer.

- nur die Weibchen stechen
- Männchen mit gefiederten Antennen
- vermehrt sich in Regentonnen

Stechmücke >3 *Aedes* spec.

Merkmale Etwa 1 cm großes Insekt mit langem, herausragendem Rüssel. Männchen mit auffällig gefiederten Antennen. **Vorkommen** Überall sehr häufig, vermehrt sich in kleinsten Gewässern, sogar in Regentonnen. **Lebensweise** Die Weibchen saugen Blut, sie benötigen die Kraftmahlzeit zur Entwicklung ihrer Eier. Die Männchen sieht man häufig in großen Schwärmen über Uferwiesen auf- und niedertanzen. Fliegt ein Weibchen in den Schwarm, wird es sofort von einem Männchen ergriffen. Die Paarung dauert nur wenige Sekunden. Die Eier legt sie als »Mückenschiffchen« aufs Wasser. Die Larven (links) leben im Wasser, sie hängen mit ihren Atemrohren an der Wasseroberfläche und erbeuten Mikroorganismen. **Wissenswertes** In Gartenteichen mit natürlichen Feinden der Mücken kommt es selten zu Mückenplagen.

Gewässer: Fische

- > schlangenförmig
- > durchquert den Atlantik
- > versteckt sich tagsüber

Aal >1
Anguilla anguilla

Merkmale Schlangenförmig, Weibchen bis 1,3 m, Männchen maximal 40 cm. **Vorkommen** In Flüssen und Stillgewässern, die ins Meer münden. **Lebensweise** Nachtaktiv, sucht am Gewässergrund nach Muscheln, Krebsen, Würmern und Fischen. **Wissenswertes** Aale sind Wanderfische: Sie ziehen flussabwärts ins Meer und legen schließlich in der Sargassosee im Westatlantik ihre Eier ab. Die dort geschlüpften Jungaale wandern in drei Jahren mit dem Golfstrom zu europäischen Küsten und schließlich zurück in unsere Flüsse.

- > rot gepunktet
- > in klaren Bächen
- > heute stark gefährdet

Bachforelle >2
Salmo trutta f. fario

Merkmale Silbriger, torpedoförmiger, meist bis zu 30 cm langer Fisch. Rücken mit schwarzen, Seiten mit roten Punkten. **Vorkommen** In schnell fließenden, sauerstoffreichen Bächen mit Kiesgrund. **Lebensweise** Verteidigt feste Reviere unter überhängenden Steinen oder Wurzeln. Erbeutet Kleinkrebse, Insekten und kleine Fische. Legt Eier in Gruben am Kiesgrund. **Wissenswertes** Als ökologisch hochspezialisierte Art ist die Bachforelle durch Gewässerverbau und -verschmutzung und durch die Ausbreitung der nicht heimischen Regenbogenforelle in ihrem Bestand gefährdet.

- > Schnauze wie Entenschnabel
- > gefräßiger Raubfisch
- > versteckt sich am Ufer

Hecht >3
Esox lucius

Merkmale Lang gestreckt, bis zu 1,5 m lang, breites, entenschnabelartiges Maul. **Vorkommen** In stehenden und langsam fließenden Gewässern mit pflanzenreichem Ufersaum. **Lebensweise** Lauert im ufernahen Pflanzendickicht anderen Fischen, aber auch Fröschen und jungen Wasservögeln auf; schießt blitzschnell aus der Deckung. Hat das Maul eine Beute gefasst, gibt es kein Entrinnen: Rückwärtsgerichtete Zähne verhindern ein Herausrutschen selbst glitschiger Fische. **Wissenswertes** Hechte sind (trotz ihrer vielen Gräten) hervorragende Speisefische.

- > stachelige Rückenflossen
- > besiedelt selbst Teiche
- > lange, klebrige Laichschnüre

Flussbarsch >4
Perca fluviatilis

Merkmale Meist 25–35 cm großer, seitlich abgeflachter, gestreifter Fisch mit stacheligen Rückenflossen. **Vorkommen** Fast in jedem stehenden und fließenden Gewässer. **Lebensweise** Einzelgänger im offenen Wasser, erbeutet hier kleinere Fische. Jungbarsche bilden Schwärme in Ufernähe, hier fressen sie Insektenlarven und Kleinkrebse. **Wissenswertes** Legt Eier in bis zu 1 m langen, gallertigen Bändern (»Laichschnüre«) ab. Durch ihre klebrigen Eier, die am Gefieder von Wasservögeln haften bleiben, besiedeln Flussbarsche schnell neue Gewässer.

Gewässer: Fische

- begehrte »Fastenspeise«
- viele Zuchtformen
- bei uns eingebürgert

Karpfen >1 *Cyprinus carpio*

Merkmale Die Wildform des Karpfens wird 30–70 cm lang (max. 1,20 m) und trägt sehr große Schuppen. Zuchtformen oft mit sehr hohem Rücken und ohne Schuppen. Typisch für Karpfen sind ihre zwei Bartfäden am Kinn und das ausstülpbare Maul. **Vorkommen** Ursprünglich in wärmeren Regionen am Schwarzen und Kaspischen Meer beheimatet, bei uns in vielen Teichen und Flüssen ausgesetzt (meist Zuchtformen). **Lebensweise** Durchwühlt den Gewässergrund mit dem rüsselartigen Maul nach bodenlebenden Kleintieren wie Insektenlarven. **Wissenswertes** Karpfen werden seit dem Mittelalter in künstlichen, flachen und warmen Klosterteichen gezüchtet; denn während der fleischlosen Fastentage galt der Verzehr der Schuppen tragenden Tiere als erlaubt.

- rote Flossen
- frisst Wasserpflanzen
- hält Teiche algenfrei

Rotfeder >2 *Scardinius erythrophthalmus*

Merkmale 20–30 cm großer, silbrig glänzender und seitlich zusammengedrückter Fisch mit roten Bauch- und Afterflossen. **Vorkommen** In ruhigen, meist flachen und pflanzenreichen Seen und in flachen Buchten größerer Flüsse. **Lebensweise** Durchstreift in kleinen Gruppen die Ufervegetation und frisst dabei Algen, Laichkraut sowie andere Wasserpflanzen. Darauf lebende Kleintiere wie Krebse, Insektenlarven und Würmer werden mitverspeist. Wird im Sommer der Sauerstoff im Wasser knapp, sieht man Rotfedern oft in Gruppen dicht unterhalb der Wasseroberfläche stehen, wo sie den Sauerstoff der alleobersten Wasserschicht atmen. **Wissenswertes** Rotfedern sind gut geeignet, um auch kleinere Teiche von lästigen Algen und Wasserlinsen zu befreien.

- mit drei Rückenstacheln
- tanzt am Grund
- trägt ein buntes Hochzeitskleid

Dreistachliger Stichling >3 *Gasterosteus aculeatus*

Merkmale Schlanker, bis zu 9 cm langer Fisch mit drei (bis fünf) Rückenstacheln, die er bei Bedrohung aufrichtet. Männchen im Frühjahr bunt gefärbt mit blaugrünem Rücken und rotem Bauch. **Vorkommen** In pflanzenreichen Teichen, Seen und Flüssen. **Lebensweise** Außerhalb der Paarungszeit in lockeren Schwärmen. Frisst Kleintiere wie Kleinkrebse, Insektenlarven und Würmer, räubert aber auch Laich und Jungfische. Zur Paarungszeit zwischen März und Juni färbt sich das Männchen prächtig bunt, baut aus Pflanzenmaterial ein Nest und lockt mit Zickzacktänzen Weibchen dorthin. **Wissenswertes** Der Stichling-Vater betreibt aufwendige Brutfürsorge: Er fächelt den Eiern frisches Wasser zu und bewacht die geschlüpften Jungfische. Wegen ihrer komplexen Verhaltensweisen zählen Stichlinge zu den beliebten Anschauungsobjekten im Schulunterricht.

Gewässer: Amphibien und Reptilien

> lebt an Land
> Hautgifte
> unverwechselbar gelbschwarz

Feuersalamander >1 *Salamandra salamandra*

Merkmale Bis zu 20 cm langer, plumper Salamander mit gelbschwarzer Fleckenzeichnung. **Vorkommen** In feuchten Laubwäldern mit klaren Bächen oder Rinnsalen. **Lebensweise** Versteckt sich tagsüber unter Baumwurzeln, Falllaub oder in Felsspalten. Jagt in der Dämmerung Insekten, Schnecken, Asseln und Würmer. Legt keine Eier ab, sondern die Jungtiere entwickeln sich im Mutterleib, bis sie etwa 3,5 cm lang sind. Diese Larven werden in kühle, sauerstoffreiche Gewässer abgelegt. Nach vier Monaten sind sie ausgewachsen und gehen an Land. Den Winter verbringen Feuersalamander in frostfreien Verstecken unter Baumwurzeln oder in Felsspalten. **Wissenswertes** Nach Kontakt unbedingt Hände waschen. Die Haut enthält Gifte, die brennen, wenn sie in die Augen gelangen!

Larve des Feuersalamanders

> lebt im Wasser
> trägt buntes Hochzeitskleid
> verpackt seine Eier einzeln

Teichmolch >2 *Triturus vulgaris*

Merkmale Bis zu 11 cm langer Molch, Männchen bräunlich mit dunklen Flecken und gestreiftem Kopf, im Hochzeitskleid mit gewelltem Rückenkamm und orange-blau gefärbtem Schwanz, Weibchen schlicht lehmfarben. **Vorkommen** Von März bis Oktober in kleinen, vegetationsreichen Teichen, im Winter an Land unter Steinen, Moos oder Holz. **Lebensweise** Die Tiere paaren sich ab März nach Verlassen der Winterquartiere im Wasser. Das Männchen trägt dann die auffällige Hochzeitstracht. Das Weibchen wickelt jedes seiner 200–300 Eier einzeln in Wasserblätter ein. Bleiben bis zum Herbst im Wasser, erbeuten als behände Schwimmer Wasserflöhe und die Larven von Mücken und anderen Insekten. Ab Oktober wieder in Verstecken an Land. **Wissenswertes** Molche sind wasserlebende Verwandte der Salamander.

> unsere häufigste Kröte
> warzige Haut
> Krötenwanderungen

Erdkröte >3 *Bufo bufo*

Merkmale Bis zu 15 cm große, bräunliche Kröte. Typisch sind ihre kupferfarbenen Augen mit waagerecht gestellten Pupillen. **Vorkommen** Im Winter in feuchten Verstecken an Land, im Frühjahr zur Eiablage an praktisch jedem Kleingewässer, im Sommer und Herbst an Land in fast jedem Lebensraum. **Lebensweise** Versteckt sich tagsüber in Höhlen, im Wurzelbereich der Bäume, unter Holzhaufen und Steinen. Geht nachts auf Jagd nach Käfern, Spinnen, Fliegen und Tausendfüßern. Legt meterlange Schnüre mit Tausenden von Eiern ins Wasser. **Wissenswertes** Ab März sieht man oft ganze Heerscharen von Erdkröten zu ihren Fortpflanzungsgewässern wandern. Die kleineren Männchen oft huckepack auf den Weibchen sitzend. Führen die traditionellen Wanderwege der Erdkröten über (neue) Straßen, endet für viele Tiere dieser Ausflug tödlich.

Gewässer: Amphibien und Reptilien

- Kletterfrosch (kein Wetterfrosch)
- grasgrün
- laute Männerchöre

Laubfrosch >1
Hyla arborea

Merkmale 3–4 cm großer, grasgrüner Frosch. **Vorkommen** In Wäldern, Wiesen und Gebüschen, im Frühjahr an sauberen, sonnigen Gewässern. **Lebensweise** Sitzt meist auf Büschen und Bäumen. Hier fängt er Insekten und Spinnen. Bei schlechtem Wetter, wenn keine Insekten fliegen, sucht er eher am Boden nach Nahrung. **Wissenswertes** Weil er bei schönem Wetter oben sitzt, bei schlechtem eher unten, gilt er fälschlicherweise als Wetterfrosch.

- Grünfrosch
- mit zwei Schallblasen
- quakt den ganzen Sommer

Teichfrosch >2
Rana esculenta

Merkmale Meist 4–5 cm lang, grünlich, Männchen mit zwei weißlichen, ausstülpbaren Schallblasen hinter den Mundwinkeln. **Vorkommen** An pflanzenreichen Teichen und Gräben und an größeren Seen. **Lebensweise** Überwintert in Erdhöhlen oder anderen frostfreien Verstecken, kommt zur Paarungszeit im April an Gewässer. Bleibt nach der Eiablage im Wasser, von wo das Quaken der Männchen den ganzen Sommer zu hören ist. **Wissenswertes** Oft in Massen an den Ufern kleiner, pflanzenreicher Teiche.

- Braunfrosch
- hat keine Schallblasen
- meist einzeln an Land

Grasfrosch >3
Rana temporaria

Merkmale Meist 7–9 cm großer, bräunlicher Frosch mit kräftigen langen Hinterbeinen. **Vorkommen** In feuchten Niederungen, Hecken, Parks und Gärten. **Lebensweise** Lebt außerhalb der Fortpflanzungszeit an Land, wo er sich tagsüber in feuchten Verstecker aufhält. Streift in der Dämmerung und nachts umher, erbeutet Insekten, Spinnen, Asseln und Würmer. Grasfrösche überwintern meist in Gewässern, die mindestens 50 cm tief sind. **Wissenswertes** Bereits an den ersten milden Frühlingstagen paaren sie sich an sonnenbeschienenen Ecken von Kleingewässern.

- Halbmonde am Hinterkopf
- harmlos und ungiftig
- schwimmt und taucht gut

Ringelnatter >4
Natrix natrix

Merkmale Bis zu 1 m lange, graugrüne Schlange mit zwei hellen halbmondförmigen Flecken am Hinterkopf. **Vorkommen** Unsere häufigste Schlange. Im Uferbereich von Teichen, Bächen und Flüssen, aber auch auf Wiesen und in Gärten. **Lebensweise** Sonnt sich vormittags, bis ihr Körper warm genug ist, um Frösche, Kröten und Molche zu erbeuten. Schwimmt und taucht gut, erbeutet auch kleine Fische. Überwintert an frostfreien Plätzen in der Erde, unter Laub oder in Baumstubben. **Wissenswertes** Harmlos und scheu, flüchtet bei Annäherung ins Wasser.

Gewässer: Vögel

Haubentaucher >1

Podiceps cristatus

- balzt mit roten Backen
- führt »Pinguintänze« auf
- flüchtet durch Wegtauchen

im Schlichtkleid

Merkmale Stockentengroß, langer Hals, spitzer Schnabel, zur Brutzeit mit rostrotem Backenbart und Federhaube (Name!). **Vorkommen** Gewässerreiche Landschaften. **Lebensweise** Taucht nach kleinen Fischen, Insekten und Krebsen. Nest in Schilf oder Binsen. **Wissenswertes** Von Winter bis Frühsommer zeigen die Partner perfekt synchronisierte Balztänze auf dem Wasser. Einer ist der Pinguintanz, bei dem sie sich fast senkrecht aus dem Wasser heben und Brust an Brust gegenüberstehen.

Kormoran >2

Phalacrocorax carbo

- ernährt sich von Fischchen
- brütet in Kolonien
- trocknet häufig sein Gefieder

typisches Flugbild

Merkmale Etwa gänsegroß, schwarz mit langem Hals. **Vorkommen** An Flüssen, Seen und Küsten. **Lebensweise** Brütet in Kolonien an küstennahen Binnengewässern. Seine Hauptbeute sind Fische von 10–20 cm Länge. Der rege Appetit (Tagesbedarf gut 500 g Fisch pro Vogel) macht ihn unbeliebt bei Fischern. **Wissenswertes** Das Gefieder ist nicht wasserabweisend und muss nach jedem Tauchgang getrocknet werden. Dazu sitzt er mit ausgebreiteten Flügeln auf Pfählen und Felsen.

Graureiher >3

Ardea cinerea

- s-förmig gekrümmter Hals
- laute Kolonien in Bäumen
- lauert reglos

fliegt mit eingezogenem Hals

Merkmale Knapp storchengroß, grau mit langen Beinen und langem, gelbem Schnabel. Typisches Flugbild mit dem s-förmig gekrümmten Hals (im Unterschied zu Storch und Kranich). **Vorkommen** Zur Nahrungssuche an Gewässern aller Art, auch auf Wiesen und Feldern. **Lebensweise** Frisst hauptsächlich Fische und Frösche, aber auch Insekten und Mäuse. Brütet in Kolonien hoch in Bäumen. **Wissenswertes** Steht zur Nahrungssuche oft völlig reglos (dann schwierig zu entdecken), um plötzlich blitzschnell mit seinem dolchartigen Schnabel einen Fisch aufzuspießen.

Kranich >4

Grus grus

- trompetet lauthals
- bildet Keil-Formationen
- im Herbst in großen Gruppen

Merkmale Größer als Storch, Beine und Hals lang. Beide Geschlechter grau mit schwarz-weiß-roten Köpfen. **Vorkommen** Brutvogel nur in ungestörten Mooren und feuchten Wäldern. **Lebensweise** Zur Nahrungssuche auf Feldern und Wiesen. Frisst Getreide und Früchte, Insekten, Regenwürmer und Mäuse. Bodennest auf kleinen Inseln in sehr feuchtem Gelände, auch auf Schwingrasen. **Wissenswertes** Spektakulär sind die Kranichschwärme zur Zugzeit: An der Ostsee auf dem Darß und der Insel Rügen ziehen Tausende der Vögel Besucherscharen an.

Gewässer: Vögel

- die meisten sind halbwild
- singende Fluggeräusche
- im Winter an Futterplätzen

bräunliche Färbung eines Jungvogels

Höckerschwan >1 *Cygnus olor*

Merkmale Größer als eine Gans, schneeweiß mit elegant s-förmig gebogenem Hals und rotem Schnabel. Jungvögel sind graubraun gefärbt. **Vorkommen** Unsere Höckerschwäne stammen fast ausschließlich von ausgesetzten oder entkommenen Tieren ab und sind halbwild oder verwildert. Verbreitet auf Seen, Flüssen und Parkteichen, zuweilen auch am Meer. Oft in direkter Nähe des Menschen. **Lebensweise** Baut aus Schilf und Blättern ein riesiges, bis zu 2 m großes Nest. Die Küken dürfen zunächst bei der Mutter auf dem Rücken mitschwimmen. Als Nahrung dienen Wasser- und Uferpflanzen. **Wissenswertes** Schwäne sind mit 8–12 kg echte Schwergewichte und zählen zu den schwersten noch flugfähigen Vögeln. Gegen vorwitzige Schwimmer wissen sich die Vögel durchaus zu wehren!

- »Gans des Nils Holgersson«
- Stammmutter der Hausgans
- immer in Gesellschaft

zweifarbige Unterflügel

Graugans >2 *Anser anser*

Merkmale Etwa so groß wie eine Hausgans, hell bräunlichgrau mit blassorangenem Schnabel. Gänsescharen fliegen oft in V-Formationen. **Vorkommen** Häufiger Brutvogel an schilfbestandenen Seen. **Lebensweise** Die Bodennester mehrerer Paare liegen oft in lockeren Kolonien beieinander. Die Tiere suchen oft weit vom Brutgewässer entfernt nach Nahrung, z. B. auf Wiesen und Viehweiden. Fressen Gräser und Kräuter, auch Wurzeln und Sämereien. Auch außerhalb der Brutzeit sind Graugänse gesellig. Große Scharen setzen sich aus mehreren Familien zusammen, die bis zum nächsten Frühjahr zusammenbleiben. **Wissenswertes** Der Nobelpreisträger Konrad Lorenz hat die Graugans mit seinen Verhaltensforschungen berühmt gemacht.

- brütet in Baumhöhlen
- Sägeschnabel zum Fischfang
- taucht viel

große, weiße Flügelfelder

Gänsesäger >3 *Mergus merganser*

Merkmale Größer als eine Stockente. Mit ihren schneeweißen Körpern sind die Männchen (links) auf offenen Wasserflächen unübersehbar. Die Weibchen (rechts) sind schlichter grau gefärbt. Typisch ist der Schnabel mit vielen spitzen Sägezähnchen und Haken an der Spitze. **Vorkommen** An klaren Flüssen, Seen und Küsten mit vielen Fischen. Braucht zum Brüten Baumhöhlen, nimmt aber auch Nistkästen an. **Lebensweise** Frisst hauptsächlich Fische, die er mit seinem Sägeschnabel gut festhalten kann. **Wissenswertes** Gerade einen Tag alt, verlassen die Küken ihre Bruthöhle. Dazu müssen sie sich oft aus beträchtlichen Höhen fallen lassen. Für eine gewisse Fallschirmwirkung sorgen dabei ihre Schwimmhäute an den Füßen, relativ gut entwickelte Flügelstummel und der breit gefächerte Schwanz. Dann geht es ohne Umschweife zur ersten Schwimmstunde ins Wasser.

Gewässer: Vögel

- »Köpfchen unters Wasser ...«
- häufig an Winterfütterungen
- Stammmutter der Hausente

Stockente >1 *Anas platyrhynchos*

Merkmale Männchen (links) im Brutkleid mit flaschengrünem Kopf und schokoladenbrauner Brust, sonst braungrau. Weibchen (rechts) schlicht bräunlich. **Vorkommen** Unsere häufigste Ente, an stehenden und langsam fließenden Gewässern, auch halbzahme Vögel in Parks. **Lebensweise** Stockenten sind Vertreter der »Köpfchen unters Wasser«-Enten, auch »Gründelenten« genannt. Das heißt, sie suchen im Gegensatz zu den Tauchenten ihre Nahrung in seichten Gewässern bis zu 50 cm Tiefe, indem sie einfach den Kopf unter Wasser halten und so Fressbares herausholen. Das sind Ufer- und Unterwasserpflanzen, Wurzeln, Insekten und Krebse. Nester meist am Boden, oft nah am Wasser. **Wissenswertes** Wenn sich Stockenten mit Hausenten paaren, schlüpfen häufig gescheckte Mischlinge aus den Eiern.

mit bläulichem Flügelfeld

- ist eine typische Tauchente
- brütet spät im Jahr
- gern an Futterplätzen

Reiherente >2 *Aythya fuligula*

Merkmale Kleiner als eine Stockente. Männchen (links) im Brutkleid schwarz mit leuchtend weißen Seiten und Federtolle auf dem Kopf. Das Weibchen (rechts) ist schlicht braun mit etwas helleren braunen Seiten. **Vorkommen** Zählt neben der Stockente zu unseren häufigsten Brutvögeln auf Binnengewässern, auch Stauseen, und an der Ostsee. **Lebensweise** Im Gegensatz zur gründelnden Stockente sind Reiherenten typische Tauchenten. Sie tauchen mehrere Meter tief nach Muscheln, Schnecken und Insektenlarven. Ihr Bodennest liegt in unmittelbarer Gewässernähe, Brutbeginn ist erst im Mai oder Juni, sodass Junge führende Weibchen im August keine Seltenheit sind. **Wissenswertes** Die anpassungsfähige Reiherente hat sich im letzten Jahrhundert stark in Westeuropa ausgebreitet.

Männchen und Weibchen im Flug

- »Räubermaske«
- gelber Augenring
- lebt oft in Kiesgruben

Flussregenpfeifer >3 *Charadrius dubius*

Merkmale Etwa spatzengroß. Rücken bräunlich, Unterseite weiß. Schwarz-weiße Kopfzeichnung, schwarzes Brustband. Kurzer, dunkler Schnabel. Gelber Augenring. **Vorkommen** Brutvogel an naturnahen Flüssen und Seen mit Sand- und Schotterbänken, vielfach auch in Kiesgruben. **Lebensweise** Benutzt kein Nistmaterial, sondern legt seine perfekt getarnten Eier direkt auf den Boden. Seine Nahrung besteht aus Land- und Wasserinsekten, kleinen Krebschen und Spinnen, die er meist direkt an der Wasserkante erbeutet. Flussregenpfeifer überwintern als Zugvögel in Afrika südlich der Sahara. **Wissenswertes** Im Aussehen sehr ähnlich ist der Sandregenpfeifer *(Charadrius hiaticula)*. Ihm fehlt jedoch der gelbe Augenring und der Schnabel ist orange gefärbt mit schwarzer Spitze.

ruft beim Abflug »pju!«

Gewässer: Vögel

- rotes Stirnschild
- häufig zahmer Parkvogel
- ruft durchdringend »kik!«

Teichhuhn >1 *Gallinula chloropus*

Merkmale Halb so groß wie eine Stockente, rotes Stirnschild, gelbe Schnabelspitze und lange grüne Beine ohne Schwimmhäute. Teichhühner nicken beim Schwimmen mit Kopf und Schwanz. **Vorkommen** Überall an Seen und Teichen häufig. Brütet auch an Dorfteichen und in Stadtparks. **Lebensweise** Hält sich meist versteckt in der Ufervegetation auf und ernährt sich von Pflanzenteilen sowie Kleintieren wie Insekten und Muscheln. **Wissenswertes** Viele Teichhuhn-Paare beginnen gleich nach dem Schlupf der Küken eine zweite Brut.

- läuft auf dem Wasser
- taucht viel
- im Winter oft an Futterplätzen

Blässhuhn >2 *Fulica atra*

Merkmale Schwarzer Wasservogel mit rundlicher Gestalt, weißer Stirn und weißem Schnabel. Etwas kleiner als Stockente. **Vorkommen** An allen Gewässern mit Ufervegetation häufig, auch an Teichen in Städten. Im Winter in großen Schwärmen an Futterplätzen. **Lebensweise** Taucht nach Wandermuscheln und Schnecken. Frisst als anpassungsfähiger Allesfresser je nach Angebot aber auch Pflanzenteile, Insekten und Abfälle. Nest in dichter Ufervegetation versteckt. **Wissenswertes** Startet zum Flug durch Laufen auf der Wasseroberfläche.

junges Blässhuhn

- Gaukel-Flug
- im Winter am Mittelmeer
- im Flug v-förmige Flügelstellung

Rohrweihe >3 *Circus aeroginosus*

Merkmale Fast so groß wie ein Bussard, aber viel graziler. Männchen wirkt mit hellem Kopf und grau und braun abgesetztem Gefieder im Flug geradezu bunt, beim Weibchen fällt der vom braunen Gefieder abgesetzte, cremeweiße Kopf auf. **Vorkommen** Weihen sind Greifvögel offener Landschaften. Meist sieht man sie in niedrigen Suchflügen über schilfreichen Seen und Feuchtgebieten. **Lebensweise** Brüten in dichtem Röhricht, gelegentlich auf Wiesen oder Getreideäckern. Erbeuten Vögel und deren Eier, auch Mäuse, Ratten und Frösche. **Wissenswertes** Halten bei ihren langsamen, gaukelnden Gleit- und Segelflügen die Flügel v-förmig.

schlank und langschwänzig

- größter heimischer Greifvogel
- mächtiger Schnabel
- leben in Dauerehe

Seeadler >4 *Haliaeetus albicilla*

Merkmale Typisches Flugbild mit breiten, brettartigen Flügeln. Altvögel mit weißem, Jungvögel mit braunem Schwanz. **Vorkommen** Größere Bestände in Nord- und Osteuropa, in Deutschland auf den Norden beschränkt. **Lebensweise** Seeadler bauen ihre riesigen Nester meist in alte, hohe Bäume. Sie erbeuten Fische, Wasservögel sowie Säugetiere. Im Winter ist Aas eine wichtige zusätzliche Nahrungsquelle. **Wissenswertes** Stand durch Verfolgung kurz vor dem Aussterben. Intensive Schutzmaßnahmen haben zu einer deutlichen Bestandszunahme geführt.

Gewässer: Vögel

Eisvogel >1 — *Alcedo atthis*

- › fliegt pfeilartig
- › braucht steile Ufer
- › gräbt tiefe Höhlen

Merkmale Kaum größer als ein Spatz, prächtig türkis und orange gefärbt. Großer Kopf mit langem, dolchartigem Schnabel, kurzer Schwanz. Am auffälligsten ist er im Flug, wenn er mit seinem lauten »tsiiehh« wie ein türkisfarbener Pfeil dicht über der Wasserfläche davonschießt. **Vorkommen** Jagt an klaren Gewässern mit kleinen Fischen und überhängenden Sitzwarten. Zum Bau seiner Bruthöhle braucht er Abbruchkanten von mindestens 50 cm Höhe. Die Höhlen können bis zu mehrere 100 m vom Jagdrevier entfernt liegen. **Lebensweise** Frisst hauptsächlich 4–5 cm lange Süßwasserfische, die er von Sitzwarten aus erspäht und in Sturzflügen, Schnabel voran, aufspießt. **Wissenswertes** Gräbt mit seinem kräftigen Schnabel eine meterlange Röhre in Uferwände. An deren Ende liegt die Nistkammer. Im Winter sieht man Eisvögel auch an kleinen Teichen in Dörfern und Städten.

»fliegender Edelstein«

Uferschwalbe >2 — *Riparia riparia*

- › Brutröhren in Steilwänden
- › Brutkolonien
- › braunes Brustband

Merkmale Etwa spatzengroß. Braune Oberseite, weiße Unterseite mit braunem Brustband. Im Gegensatz zur ähnlichen Mehlschwalbe (s. S. 186) kein weißer Bürzel. **Vorkommen** Brutvogel ursprünglich an sandigen Steilwänden von Flüssen oder an der Meeresküste, der heute vielfach Ersatzbrutplätze in Kies- und Sandgruben findet. **Lebensweise** Sehr gesellig, brütet in Kolonien, die mitunter aus über 1000 Paaren bestehen. Männchen und Weibchen bauen gemeinsam eine waagerechte, bis zu 1 m lange Brutröhre in die Steilwand. An deren Ende werden vier bis fünf Eier abgelegt. In günstigen Jahren beginnt das Weibchen bereits mit einer zweiten Brut, während das Männchen die Pflege der ersten zu Ende führt. Erbeuten im Flug Insekten. **Wissenswertes** Uferschwalben sind Zugvögel, die den Winter in Afrika verbringen.

Ober- und Unterseite im Flug

Wasseramsel >3 — *Cinclus cinclus*

- › an reißenden Bächen
- › taucht viel
- › singt auch im Winter

Merkmale Wie eine kleine Amsel mit braunem statt schwarzem Kopf und auffällig weißer Brust. Stellt ihren kurzen Schwanz oft hoch wie ein Zaunkönig. **Vorkommen** Das ganze Jahr über an schnell fließenden Bächen und Flüssen, zur Brutzeit nur im Mittel- und Hochgebirge, im Winter auch an Flüssen im Tiefland. **Lebensweise** Sucht ihr Futter am Grund von Bächen, schwimmt und taucht gut. Taucht bis zu 1,5 m tief und bis zu 20 m weit. Dreht unter Wasser Steine um oder verschiebt sie, um Nahrung wie Insektenlarven, Würmer, Krebschen und Schnecken hervorzuholen. Baut Nest nah am Wasser in Löchern oder Ritzen, auch unter Brücken. Es ist stets überdacht. **Wissenswertes** Bedroht durch Flussverbauungen und Wasserverschmutzung.

junge Wasseramsel

Gewässer: Vögel

- schwarz-weiß, langer Schwanz
- wippt häufig
- oft in menschlicher Nähe

typisch: wellenförmiger Flug

Bachstelze >1 — *Motacilla alba*

Merkmale Spatzengroß mit sehr langem Schwanz, kontrastreich schwarz und weiß. **Vorkommen** Häufige Vögel in offener Kulturlandschaft, bevorzugt in Wassernähe. **Lebensweise** Bauen ihr Nest in Halbhöhlen oder Löchern am Wasser, auch an Bauwerken wie Schuppen, Brücken und Industrieanlagen. Ihre Nahrung besteht aus Mücken, Ameisen und kleinen Wassertieren. **Wissenswertes** Einer der wenigen Vögel, der von menschlichen Eingriffen in die Natur profitiert.

- langer Schwanz
- gelbe Unterseite
- an Bächen

überlanger Schwanz und gelber Bürzel

Gebirgsstelze >2 — *Motacilla cinerea*

Merkmale Spatzengroß mit sehr langem Schwanz. Rücken grau mit grünlich gelbem Bürzel, Unterseite gelb. Männchen im Prachtkleid an Kinn und Kehle schwarz. **Vorkommen** An schnell fließenden, meist schattigen Bächen, seltener an Seen und Teichen. **Lebensweise** Baut ihr Nest in unmittelbarer Gewässernähe in Nischen und Löchern in der Uferböschung, zwischen Baumwurzeln oder auch in Brücken, Wehren und Gebäuden. Ernährt sich von Insekten, Spinnen und anderen Wirbellosen. **Wissenswertes** Gebirgsstelzen sind Teilzieher, d.h., einige Tiere ziehen im Winter in südliche Gefilde, andere bleiben im Brutgebiet.

- »schwätzender« Gesang
- überwintert in afrikanischen Savannen
- oft Wirtsvogel des Kuckucks

Teichrohrsänger >3 — *Acrocephalus scirpaceus*

Merkmale Kleiner als Spatz, Rücken unscheinbar braun, die Unterseite cremefarben. Am ehesten am Gesang auszumachen. **Vorkommen** Schilfbewohner. **Lebensweise** Teichrohrsänger sieht man am besten in der Dämmerung, dann klettern sie an Schilfstängeln empor und schwatzen mit rhythmischem Gesang. Ihr Nest flechten sie als tiefes Körbchen zwischen senkrechte Schilfhalme. Klettern geschickt zwischen Schilfstängeln und picken kleine Insekten auf. **Wissenswertes** Ziehen im Winter nach Afrika.

- »Rohrspatz«
- singt auf Schilfhalmen
- ruft gedehnt »ziieehh«

Rücken mit hellen Längsstreifen

Rohrammer >4 — *Emberiza schoeniclus*

Merkmale So groß wie ein Spatz und ähnlich gefärbt, deshalb auch »Rohrspatz« genannt. Männchen (rechts) mit schwarzem Kopf, weißem Halsband und Kinnstreifen. **Vorkommen** An schilfreichen Gewässern, auch an Gräben und in Getreidefeldern. **Lebensweise** Das Nest liegt meist in Bodennähe, gern etwas erhöht auf Grasbulten oder Stauden. Frisst Grassamen, im Sommer zur Fütterung der Jungvögel auch Insekten. **Wissenswertes** Neben dem Teichrohrsänger häufigster Vogel in unseren Schilfröhrichten.

Gewässer: Säugetiere

Wasserfledermaus >1
Myotis daubentoni

- nachtaktiv
- bildet Wochenstuben
- jagt über dem Wasser

Merkmale Etwa 5 cm lange Fledermaus, Rücken bräunlich grau, unterseits hellgrau. **Vorkommen** In Wäldern und Parks in Gewässernähe. **Lebensweise** Dämmerungs- und nachtaktiv. Jagt dicht über dem Wasser, erbeutet im Flug Insekten, die sie mit Ortungsrufen im Ultraschallbereich ausmacht. Versteckt sich tagsüber in Baumhöhlen, in Spalten auf Dachböden oder in Mauerritzen. Überwintert in Höhlen, Kellern oder alten Brunnen. **Wissenswertes** Bis zu 50 Weibchen sammeln sich in »Wochenstuben«, um hier ihre nackten und blinden Jungen zur Welt zu bringen.

Wasserspitzmaus >2
Neomys fodiens

- keine echte Maus
- schwimmt und taucht
- bedrohte Art

Merkmale Mausartig, 7–10 cm lang. Spitzes Gesicht, oben schiefergrau, unten weiß. **Vorkommen** An und in klaren, sauberen Gewässern. **Lebensweise** Jagt schwimmend und tauchend Insektenlarven, Wasserschnecken, kleine Fische und Frösche. Die Gänge ihrer Baue haben einen Ausgang zum Wasser. **Wissenswertes** Spitzmäuse sind keine echten Mäuse, sie nagen nicht, sondern fressen vor allem Insekten. Sie sind die nächsten Verwandten des Igels und stehen als bedrohte Art bei uns unter Schutz.

Gemeine Schermaus >3
Arvicola terrestris

- ausgedehnte Gangsysteme
- schwimmt und taucht
- typische »Maulwurfshaufen«

Merkmale Große, 16–22 cm lange Wühlmaus mit kurzen, im Fell versteckten Ohren. Färbung sehr variabel von gelbbraun bis fast schwarz. **Vorkommen** An üppig bewachsenen Ufern stehender und langsam fließender Gewässer, aber auch in Gärten und Obstplantagen. **Lebensweise** Baut unterirdische Gangsysteme mit Nest- und Vorratskammern. Auch oberirdische Gänge sind typisch. Frisst Pflanzen und deren Wurzeln, Früchte und Baumwurzeln. Schwimmt und taucht vorzüglich. **Wissenswertes** Die Erdhaufen neben den Eingängen ähneln Maulwurfshügeln.

Wanderratte >4
Rattus norvegicus

- Allesfresser
- unterirdische Gangsysteme
- schwimmt und taucht gut

Merkmale Große, kräftige, 20–28 cm lange, braungraue Ratte mit nacktem Schwanz. **Vorkommen** In Siedlungen in Gewässernähe. **Lebensweise** Familienrudel leben in tiefen, unterirdischen Gangsystemen mit Vorratskammern und Fluchtröhren. Frisst Mäuse, Kaninchen, Aas und verursacht hohe Schäden in Lagern mit Lebensmitteln. **Wissenswertes** Kam im 18. Jahrhundert mit Handelsschiffen nach Europa und breitete sich explosionsartig aus. Gefürchtet als Überträger von Krankheiten und Seuchen.

Gewässer: Säugetiere

- ist keine Ratte
- wertvoller Pelz
- aus Nordamerika eingebürgert

Bisamratte >1 — *Ondatra zibethicus*

Merkmale Kaninchengroße, braune Wühlmaus (keine Ratte!) mit dichtem, weichem Fell und sehr kurzen Ohren. **Vorkommen** In wasserpflanzenreichen Teichen und Seen, Kanälen und langsam fließenden Flüssen. **Lebensweise** Frisst Schilf, Binsen, Rohrkolben, See- und Teichrosen, Obst und gelegentlich Schnecken und Muscheln. Unterhöhlt mit ausgedehnten Gangsystemen Dämme und Deiche. Wo solche Uferböschungen fehlen, baut sie ähnlich wie der Biber kegelförmige Burgen von 1–2 m Höhe, deren unterer Teil stets von Wasser bedeckt ist. Hier liegen die Eingänge. **Wissenswertes** Als wertvolles Pelztier und Jagdwild wurde die in Nordamerika beheimatete Bisamratte Anfang des 20. Jahrhunderts in Mitteleuropa eingebürgert. Hier konnte sich die anpassungsfähige Wühlmaus schnell ausbreiten.

- breiter, platter Schwanz
- fällt Bäume
- staut Flüsse zu Seen auf

Biber >2 — *Castor fiber*

Merkmale Fuchsgroßes Nagetier mit sehr breitem, plattem Schwanz, der ihn von allen anderen Nagetieren unterscheidet. **Vorkommen** In Flussauen mit stehenden und fließenden Gewässern. **Lebensweise** In Familienverbänden, die ihren Lebensraum aktiv gestalten: Sie fällen Bäume und bauen mit den Ästen Burgen und Staudämme. Sie regulieren Wasserstände so, dass der Eingang der Burgen stets von Wasser bedeckt ist. Schwimmen und tauchen viel, fressen Sumpfpflanzen, Blätter, Rinde und Zweige. **Wissenswertes** Ehemals auf der Nordhalbkugel weit verbreitet, ist der Biber durch Bejagung als Pelztier sowie durch Gewässerzerstörung und -verschmutzung fast ausgerottet worden. Heute gibt es nur noch wenige Restvorkommen. Wiederaussetzungen und Schutzprogramme haben aber regional zur Ausbreitung und Erholung der Bestände geführt.

- bedrohte Art
- nachtaktiv und scheu
- braucht vielfältige Gewässer

Fischotter >3 — *Lutra lutra*

Merkmale Fuchsgroßes Mardertier mit kurzen »Dackelbeinen« und fleischigem, spitz zulaufendem Schwanz. **Vorkommen** An Flüssen und Bächen, Seen und Sümpfen mit reichhaltigem Fischangebot, Flach- und Tiefwasserzonen sowie Flach- und Steilufern. **Lebensweise** Reviergrößen von 2,5 km bis zu 20 km Uferlänge, je nach Nahrungsangebot. Fischotter fressen Fische, Mäuse, Muscheln, Schnecken und Krebse. Graben Erdhöhlen in Uferböschungen, deren Eingänge meist unter Wasser liegen. **Wissenswertes** Durch Bejagung als Pelztier, Verfolgung als Fischfang-Konkurrrent, Flussbegradigungen und Gewässerverschmutzung außerordentlich bedrohte Art. In Tierparks sind die spielfreudigen, »niedlichen« Tiere mit ihren Tauchkünsten häufig eine Attraktion.

Lebensraum Berge

Blumen	258–269
Bäume und Sträucher	270–273
Wirbellose Tiere / Amphibien	274–275
Vögel	276–283
Säugetiere	284–287

Berge: Blumen

- > blüht im Winter
- > schüsselförmige Blüten
- > giftig!

Blätter handförmig geteilt

Schneerose, Christrose >1 *Helleborus niger*

Merkmale Hahnenfußgewächse *(Ranunculaceae)*. 10–30 cm hoch und auffällig, da sie im Winter blüht. Stängel dick und rötlich grün, Blüten 5–10 cm groß, weiß und schüsselförmig, später hellrot verfärbend. Blätter handförmig geteilt, wintergrün. Blütezeit Ende Dezember bis April. **Vorkommen** In kalkhaltigen Laubwäldern und Gebüschen der Alpen bis 1900 m Höhe. **Wissenswertes** Enthält giftige Saponine, die Durchfall und Erbrechen bewirken. Gezüchtete Gartenformen haben meist etwas größere Blüten, die sich schon zu Weihnachten öffnen (»Christrose«).

- > »Teufelsbart«
- > farnähnliche Blätter
- > giftig!

Alpen-Küchenschelle >2 *Pulsatilla alpina*

Merkmale Hahnenfußgewächse *(Ranunculaceae)*. 10–50 cm hoch, dicht behaart, je eine Blüte am Stängelende. Blüten etwa 5 cm groß, aus meist sechs weißen Blütenblättern, außen oft blaurot überlaufen. Blätter farnähnlich. Blütezeit Mai bis Juli. **Vorkommen** Auf kalkhaltigem Geröll, Rasen und Weiden der Alpen bis 2700 m. **Wissenswertes** Wegen der 5 cm langen, silbrigen Federhaare an den Früchten auch »Teufelsbart« genannt. Die Pflanze enthält giftiges Protoanemonin, das zu Lähmungen führt.

- > gelbe Blütenkugeln
- > streng geschützt
- > schwach giftig

mehrfach geteilte Blätter

Trollblume >3 *Trollius europaeus*

Merkmale Hahnenfußgewächse *(Ranunculaceae)*. 20–60 cm hoch mit außergewöhnlichen, leuchtend gelben Blüten: Die Blütenblätter neigen sich nach innen und formen eine 3–5 cm große Blütenkugel. Blätter handförmig geteilt mit gesägtem Rand. Blütezeit Mai bis Juli. **Vorkommen** Auf feuchten Bergwiesen bis 2800 m. **Wissenswertes** Der Name bezieht sich vermutlich auf »Troll«, den nordischen Berggeist, oder auf das althochdeutsche »trol« = Kugel. Soll giftiges Protoanemonin enthalten, wird vom Weidevieh verschmäht.

- > giftigste heimische Pflanze!
- > auf keinen Fall berühren!
- > Blüten helmartig

Auch die Blüte ist extrem giftig!

Blauer Eisenhut >4 *Aconitum napellus*

Merkmale Hahnenfußgewächse *(Ranunculaceae)*. 0,5–2 m hoch mit kräftigem, aufrechtem Stängel. Blüten in lockerer Traube am Stängelende, blauviolett, 2–3 cm groß, das oberste Blütenblatt bildet einen Helm. Blätter handförmig geteilt. Blütezeit Juni bis September. **Vorkommen** In Gebirgswäldern, an Bachufern, auf feuchten Weiden der Alpen und Mittelgebirge. **Wissenswertes** Die ganze Pflanze enthält das stark giftige Aconitin, insbesondere Wurzel und Samen. Schon beim Pflücken kann das Gift durch die Haut eindringen und schwere Vergiftungen hervorrufen.

Berge: Blumen

- blüht goldgelb
- giftig!
- wächst bis in 2800 m Höhe

Berg-Hahnenfuß >1 *Ranunculus montanus*

Merkmale Hahnenfußgewächse *(Ranunculaceae)*. 10–30 cm hoch, goldgelbe, 2–3 cm große Blüten aus meist fünf Blütenblättern. Blätter tief drei- bis fünfgeteilt und unregelmäßig eingeschnitten. Blütezeit Mai bis September. **Vorkommen** Auf Schneeböden, feuchten Weiden und Feuchtwiesen, aber auch auf Geröll und in Wäldern von 600–2800 m Höhe. **Wissenswertes** Berg-Hahnenfuß enthält giftiges Protoanemonin. Es reizt die Schleimhäute bei Kontakt, eingenommen lähmt es Kreislauf und Atmung. In höheren Dosen tödlich.

- große, weiße Blüten
- Blätter fleischig
- höchststeigende Blütenpflanze der Alpen

Gletscher-Hahnenfuß >2 *Ranunculus glacialis*

Merkmale Hahnenfußgewächse *(Ranunculaceae)*. 5–20 cm hoch, wenige, große Blüten, dicker, rötlich grüner Stängel. Blüten 2–3 cm groß, aus fünf Blütenblättern, erst weiß, gegen Ende der Blühzeit rosa oder rotbraun. Blätter dicklich fleischig, tief dreigeteilt und zipfelig eingeschnitten. Blütezeit Juli bis Oktober. **Vorkommen** Höchststeigende Blütenpflanze der Alpen, auf kalkarmem Geröll und Schneeböden in 2000–4300 m Höhe. **Wissenswertes** Der Gletscher-Hahnenfuß ist giftig.

- wächst in kleinen Polstern
- weiße Blüten mit gelbem Grund
- giftig!

Weißer Alpenmohn >3 *Papaver sendtneri*

Merkmale Mohngewächse *(Papaveraceae)*. 5–20 cm hoch, in kleinen Polstern wachsend. Aus diesen sprießen mehrere aufrechte, mit steifen gelben Haaren besetzte Stängel mit je einer Blüte am Ende. Blüten 5 cm groß, aus vier weißen Blütenblättern, die am Grund gelblich oder schwärzlich gefärbt sind. Blätter alle am Grund, länglich und zerschlitzt. Blütezeit Juli bis August. **Vorkommen** Auf Kalksteinschutt der Alpen, auch auf solchem, der sich noch bewegt, von 1300–2600 m Höhe. **Wissenswertes** Enthält giftige Alkaloide, die nach Aufnahme zu Erbrechen und Krämpfen führen.

- Blätter in Rosetten
- wie mit Spinnweben überzogen
- Zierpflanze in Steingärten

Spinnweben-Hauswurz >4 *Sempervivum arachnoideum*

Merkmale Dickblattgewächse *(Crassulaceae)*. 4–12 cm hoch, polsterförmig mit dickfleischigen Blättern. Die Blätter wachsen in 0,5–2,5 cm großen Rosetten, die Blattspitzen sind durch spinnwebenartige Haare untereinander verbunden (Name!). Aus den Rosetten wachsen dickfleischige Stängel mit 5–15 Blüten. Blüten 1–2 cm groß, sternförmig, rot. Blütezeit Juni bis September. **Vorkommen** Auf kalkfreiem, steinigem Boden von 1000–3000 m Höhe. **Wissenswertes** Die fleischigen Blätter dienen der Speicherung von Wasser. Beliebte Zierpflanze für Steingärten.

Berge: Blumen

Roter Steinbrech >1 — *Saxifraga oppositifolia*

> flache Polster
> tiefrosa Blüten
> bricht nicht den Stein!

Merkmale Steinbrechgewächse *(Saxifragaceae)*. Niedrige, 1–5 cm hohe Polsterpflanze. Stängel am Boden ausgebreitet, Blätter eiförmig, 1–6 mm lang, blaugrün und dicklich. Blüten rosa bis pinkfarben, 1–2 cm groß. Blütezeit April bis August. **Vorkommen** Auf feuchtem, kalkhaltigem Fels und Geröll von 1500 bis über 3500 m Höhe. **Wissenswertes** Der Name »Steinbrech« rührt von der Vorstellung her, die Pflanzen würden die Felsen, auf denen sie leben, aufbrechen. Richtig ist, dass sie in bereits vorhandenen Felsspalten einfach am besten Fuß fassen können.

Mehl-Primel, Mehl-Schlüsselblume >2 — *Primula farinosa*

> Stängel und Blattunterseiten mehlig
> Blattrosette
> purpurne Blüten

Merkmale Primelgewächse *(Primulaceae)*. Bis 20 cm hoch. Aus einer dichten Blattrosette am Boden wächst ein blattloser Stängel, an dessen Ende mehrere (meist 3–15) Blüten dicht an dicht stehen. Blätter länglich, bis 8 cm lang, unterseits weißmehlig (Name!), Blüten bis 1,5 cm groß, purpurn. Blütezeit (April) Mai bis Juli. **Vorkommen** Auf feuchten, humosen und kalkhaltigen Böden, in den Alpen bis 3000 m Höhe. **Wissenswertes** Der Name »Primula« (Primus = der Erste) weist auf die frühe Blütezeit hin, die auch für ihre gelb blühenden Verwandten im Tiefland typisch ist.

Alpenglöckchen >3 — *Soldanella alpina*

> fransige Blütenröckchen
> blüht, wenn noch Schnee liegt
> herzförmige Blätter

Merkmale Primelgewächse *(Primulaceae)*. 5–15 cm hoch, zartlila glockenförmige Blüten, unterer Rand fransig eingeschnitten. Blüten bis 1,5 cm lang. Die Blätter stehen alle in einer Rosette am Grund, sind immergrün, ledrig und herzförmig. Aus der Rosette entspringt der blattlose Stängel mit zwei bis drei Blüten. Blütezeit April bis Juli. **Vorkommen** Auf kalkreichen, feucht-nassen Böden der Alpen, in Höhe von 1500–2500 m. **Wissenswertes** Es kommt meist in größeren Beständen vor.

Alpen-Mannsschild >4 — *Androsace alpina*

> dichte Polster
> braucht feuchte Böden
> beliebt in Steingärten

Merkmale Primelgewächse *(Primulaceae)*. Nur 2–5 cm hoch, kleine, etwa 5 mm große, rosafarbene Blüten. Blätter rasenartig dicht stehend, 5–10 mm groß, am Rand und auf der Unterseite behaart. Blütezeit Juni bis August. **Vorkommen** Häufig auf kalkarmen, nassen und lange schneebedeckten Böden der Zentralalpen zwischen 2200 und 3000 m Höhe, gelegentlich bis 4000 m. **Wissenswertes** Beliebte Polsterpflanze. Bekannt ist auch das aus dem Himalaja stammende China-Mannsschild (*A. sarmentosa*).

Berge: Blumen

Stängelloses Leimkraut >1 — *Silene acaulis*

- > bildet halbkugelige Polster
- > duftet intensiv
- > lockt Insekten an

Merkmale Nelkengewächse *(Caryophyllaceae)*. 1–5 cm hohe, halbkugelige Polsterpflanze. Blüten purpurrot, etwa 1–1,5 cm groß. Blätter schmal und lang, etwa 0,5–1 cm lang und nur 1 mm breit. Blütezeit Juni bis September. **Vorkommen** In Felsspalten und auf steinigen Rasen in Höhen von etwa 2000–3000 m. In den Nördlichen und Südlichen Kalkalpen häufig, sonst selten. **Wissenswertes** Auf den ersten Blick ist das Stängellose Leimkraut dem Roten Steinbrech (s. S. 262 oben) zum Verwechseln ähnlich – der hat jedoch etwas breitere, mehr eiförmige Blätter. Doch die beiden sind nicht im Entferntesten miteinander verwandt, sondern gehören zwei vollkommen verschiedenen Pflanzenfamilien an. In der Biologie bezeichnet man ein solches Phänomen als Konvergenz, d. h. ganz ähnliche Wuchsformen bilden sich im Laufe von Jahrmillionen als Anpassung an die Umweltbedingungen heraus, ganz unabhängig davon, was für die Familie sonst typisch ist.

Gelber Enzian >2 — *Gentiana lutea*

- > streng geschützt
- > alte Heilpflanze
- > Enzian-Schnaps

Blüten in Etagen übereinander

Merkmale Enziangewächse *(Gentianaceae)*. 0,5 m bis über 1 m hoch mit großen (bis über 25 cm langen), ovalen und spitzen Blättern. Die gelben, etwa 5 cm großen Blüten stehen büschelig zu drei bis zehn in den Achseln der oberen Blätter. Blütezeit Juni bis August. **Vorkommen** Auf trockenen Rasen und in lichten Gebüschen der Alpen bis über 2500 m Höhe. **Wissenswertes** Der Gelbe Enzian enthält in seinen dicken Speicherwurzeln glykosidische Bitterstoffe, die hochwirksam bei Verdauungsstörungen sind. Daher wurde die Pflanze von alters her häufig ausgegraben – und ist damit vielerorts selten geworden. Enzian-Schnäpse und Magenbitter erfreuen sich auch heute noch großer Beliebtheit, die Pflanzen hierfür stammen meist aus Feldkulturen.

Frühlings-Enzian >3 — *Gentiana verna*

- > typische Alpenpflanze
- > darf nicht gepflückt werden
- > braucht magere Bergwiesen

himmelblaue Blüten

Merkmale Enziangewächse *(Gentianaceae)*. 3–10 cm hoch mit einer einzigen, intensiv himmelblauen, 2–3 cm großen Blüte am Stängelende. Die meisten Blätter stehen in einer Rosette am Grund, sie sind bis zu 3 cm lang und schmal eiförmig. Blütezeit März bis Juni. **Vorkommen** Auf kalkhaltigen, feuchten oder trockenen Wiesen und Bergweiden von etwa 1200–3000 m Höhe. **Wissenswertes** Der Frühlings-Enzian braucht lockere und eher magere Böden. Wo Bergwiesen und Weiden zwecks größerer Ausbeute gedüngt werden, kann er sich nicht mehr behaupten und ist deshalb – und weil zu häufig gepflückt – selten geworden. Die Pflanze ist streng geschützt und darf nicht gepflückt werden. Bei warmer Witterung blüht sie im Herbst ein zweites Mal.

Berge: Blumen

Alpen-Aster >1 — *Aster alpinus*

- > schöne, großblumige Aster
- > lila-gelbe Blüten
- > Nektar für Schmetterlinge

Merkmale Korbblütlergewäche *(Asteraceae)*. 5–20 cm hoch mit meist einzeln am Stängelende stehenden, lila-gelben Blüten. Blüten 3–5 cm groß, innen gelbe Scheibenblüten, umgeben von einem Kranz lilafarbener Zungenblüten. Blätter behaart, schmal und lang. Blütezeit Juni bis August. **Vorkommen** Fast nur in den Alpen auf kalkhaltigen, flachgründigen und steinigen Weiden zwischen 1500 und 3000 m Höhe. Ziemlich häufig und gesellig; wo sie wächst, bildet sie meist größere Bestände. **Wissenswertes** Die Früchte tragen fedrige Haarkronen, sodass die Pflanze im Herbst aussieht, als trüge sie eine wollige Mütze. Oft bleiben die Früchte den ganzen Winter über an der Pflanze, die Samen werden nach und nach vom Wind verbreitet.

Edelweiß >2 — *Leontopodium alpinum*

- > weißer Blütenstern
- > Symbol der Alpen
- > viel begehrte Seltenheit

Merkmale Korbblütlergewächse *(Asteraceae)*. Meist 5–20 cm hoch und insgesamt weißfilzig wirkend. Die eigentlichen Blüten sind nur 4–8 mm klein und gelblich, auffallend sind vielmehr die sie umgebenden, sternförmig angeordneten, weißfilzigen Hochblätter (5–15 an der Zahl), die streng genommen gar nicht Bestandteil der Blüte sind. Blätter schmal und lang, vor allem unterseits dicht weißfilzig. Blütezeit Juli bis August. **Vorkommen** Heute sehr selten in feuchten, sonnigen Felsspalten der Alpen etwa zwischen 1500 und 3400 m Höhe. **Wissenswertes** Jeder kennt sicher das berühmte Edelweiß, ob aus Filmen, Liedern oder von Krawattennadeln und Filzhüten. Doch nur die wenigsten haben es wohl je in der Natur gesehen. Denn das Symbol der Alpen ist zum einen durch unvernünftige Pflücksucht selten geworden, zum anderen aber auch viel schlichter und unscheinbarer, als die meisten sich diese Pflanze wohl vorgestellt hätten.

Arnika >3 — *Oryctolagus cuniculus*

- > wertvolle Heilpflanze
- > duftet aromatisch
- > leicht giftig

medizinisch wirksam: Arnika-Wurzeln

Merkmale Korbblütlergewächse *(Asteraceae)*. 20–60 cm hoch mit 5–8 cm großen, gelben Blüten und borstig behaartem Stängel. Blätter fast alle am Grund als Rosette. Blütezeit Mai bis August. **Vorkommen** Auf kalkarmen, ungedüngten Bergwiesen und -weiden, in lichten Wäldern und Mooren. Im Tiefland, in den Mittelgebirgen und Alpen bis über etwa 2500 m. **Wissenswertes** Arnika ist eines der ältesten Volksheilmittel. Bekannt auch als »Wundkraut«, wirkt die Tinktur entzündungshemmend und wundheilend. Arnika wird äußerlich und innerlich angewandt, gehört aber, da schwach giftig, in die Hand eines erfahrenen Therapeuten. In der Homöopathie ist »Arnica D6« das Erste-Hilfe-Mittel bei Verletzungen und Unfällen jeder Art. Die Pflanze kann aber auch allergische Hautreaktionen auslösen.

Berge: Blumen

- > Blätter silbergrau
- > nur eine Blüte
- > schließt Blüte bei Regen

Silberdistel >1 — *Carlina acaulis*

Merkmale Korbblütlergewächse *(Asteraceae)*. 10–40 cm hohe Distel mit nur einer großen, silbrig grauen Blüte (Name!). Blüten 5–15 cm groß, höchstens kurz gestielt. Blätter tief zerschlitzt, stechend. Blütezeit Juni bis Oktober. **Vorkommen** Vor allem im Gebirge auf trockenen, nährstoffarmen Böden, an Wegen und Böschungen. **Wissenswertes** Als »Wetterdistel« bekannt: Die äußersten, silbrigen Hüllblätter der Blüte krümmen sich bei feuchter Luft nach innen, bei trockener Luft spreizen sie sich auseinander.

- > wie eine große Kornblume
- > zeigt Bodenfeuchte an
- > beliebt als Gartenstaude

Berg-Flockenblume >2 — *Centaurea montana*

Merkmale Korbblütlergewächse *(Asteraceae)*. 10–60 cm hoch, 3–5 cm große, leuchtend »kornblumenblaue« Blüten. Stängel dicht behaart. Blätter schmal eiförmig, ungeteilt. Blütezeit Mai bis Juli, blüht gelegentlich ein zweites Mal im Herbst. **Vorkommen** Wild auf Bergwiesen und in Wäldern bis über 2000 m Höhe, gern auf feuchten, frischen Böden. Oft auch aus Gärten verwildert. **Wissenswertes** Beliebte, pflegeleichte Gartenstaude, die auch im Halbschatten und auf feuchten Böden gedeiht, keine hohen Ansprüche an die Pflege hat und sich auch selbst aussät.

- > himmelblaue Blüten
- > viel Milchsaft
- > schließt bei Regen Blüten

wird bis 2 m groß

Alpen-Milchlattich >3 — *Cicerbita alpina*

Merkmale Korbblütlergewächse *(Asteraceae)*. 0,5–2 m hoch, zahlreiche himmelblaue bis hellviolette, etwa 2 cm große Blüten in einer Traube am Ende des dicht behaarten Stängels. Blätter groß, bis 25 cm lang und 12 cm breit, am Rand sehr unregelmäßig gesägt und mit großem, dreieckigem Endabschnitt. Blütezeit Juli bis September. **Vorkommen** Auf Lehmböden in Bergwäldern in 1000–2000 m Höhe, häufig. **Wissenswertes** Die Pflanze, insbesondere der hohle Stängel, enthält reichlich Milchsaft (Name!). Bei Schlechtwetter schließen sich die Blütenköpfe.

- > Frühjahrsblüher
- > Krokus der Bergwiesen
- > in Gärten und Parks gepflanzt

Alpen-Krokus >4 — *Crocus albiflorus*

Merkmale Schwertliliengewächse *(Iridaceae)*. 10–15 cm hoch mit je einer weißen oder violetten Blüte am Stängelende. Blätter grasartig, grün mit weißem Mittelstreifen. Blütezeit Februar bis April. **Vorkommen** Braucht feuchte, lehmige Böden. Wild nur auf Bergwiesen der Alpen und Voralpen bis etwa 2500 m Höhe. Vielfach angepflanzt und aus Gärten und Parks verwildert. **Wissenswertes** Krokusse blühen nicht selten schon zwischen Schneeresten. Die Blüten sind nur bei vollem Sonnenschein geöffnet.

Berge: Bäume und Sträucher

- oberhalb der Baumgrenze
- wächst buschig
- Bodenfestiger an Geröllhängen

männliche Blüten und Zapfen

Berg-Kiefer >1 — *Pinus mugo*

Merkmale Kieferngewächse *(Pinaceae)*. Bis 3,5 m hoch, buschig; niedrig, aufsteigende Äste, steife, 2–8 cm lange Nadeln, kleine, 3–7 cm große Zapfen. Männliche Blüten gelb, 1–1,6 cm, gehäuft am Grund junger Triebe, weibliche Blüten rosa bis rot, 5–10 mm groß, zu einer bis vier am Ende junger Triebe. Blütezeit Juni/Juli, Samenreife Oktober/November. **Vorkommen** In mittel- und südeuropäischen Gebirgen bis über 2000 m Höhe. **Wissenswertes** Bildet über der Baumgrenze mit Alpenrosen Dickichte, den sogenannten Krummholzgürtel.

- Zapfen aufrecht
- typischer Alpen-Baum
- wird bis zu 1000 Jahre alt

Blüten und Zapfen der Zirbel-Kiefer

Zirbel-Kiefer, Arve >2 — *Pinus cembra*

Merkmale Kieferngewächse *(Pinaceae)*. Bis 25 m hoch, kegelförmig, Nadeln biegsam, 5–12 cm lang. Blüten nur im oberen Kronenteil: Männliche Blüten eiförmig, gelb, 1,5 cm lang, am Grund junger Triebe; weibliche Blüten tiefrot, 1–1,5 cm, an der Spitze junger Triebe. Zapfen eiförmig, aufrecht, 5–13 cm. Blütezeit Mai bis Juli, Samenreife September/Oktober. **Vorkommen** Alpen, Karpaten, Nordrussland bis Mittelsibirien in 1300–2700 m Höhe. **Wissenswertes** Ihre Samen sind die Hauptnahrung des Tannenhähers.

- rosafarbene Blüten
- ziegelrote Hagebutten
- sommergrüner Busch

Alpen-Heckenrose, Gebirgsrose >3 — *Rosa pendulina*

Merkmale Rosengewächse *(Rosaceae)*. 0,5–2,5 m hoch, spärlich bestachelt. Blätter hellgrün, Blüten 4–5 cm, rosa bis purpurn. Hagebutten flaschenförmig, ziegelrot. Blütezeit Mai/Juli, Fruchtreife September/Oktober. **Vorkommen** In Gebirgen Mittel- und Südeuropas bis 2600 m, oft an der Baumgrenze. Neben den Alpen auch im Schwarzwald, auf der Alb, im Bayerischen, Oberpfälzer und Böhmerwald. **Wissenswertes** Die Alpen-Heckenrose ist unsere am höchsten im Gebirge vorkommende Rose. Nicht mit den Alpenrosen (wintergrüne Rhododendron-Arten) verwandt.

- immergrüner Zwergstrauch
- strahlend weiße Blüten
- wird 100 Jahre

Silberwurz >4 — *Dryas octopetala*

Merkmale Rosengewächse *(Rosaceae)*. Immergrün, nur 5–10 cm hoch. Blätter ledrig-runzlig, länglich, 0,5–2,5 cm lang, unten silberweiß filzig behaart. Blüten weiß, 2–4 cm breit, meist mit acht Blütenblättern. Blütezeit Mai bis August, Fruchtreife September/Oktober. **Vorkommen** Alpen, Pyrenäen, Karpaten, Apennin, Gebirge der Balkanhalbinsel, Hochgebirge der nördlichen Halbkugel. Meist in 1200–2500 m Höhe. **Wissenswertes** Äußerst genügsam, gedeiht auf Kalkschutt und Flusskies, wird bis zu 100 Jahre alt.

Berge: Bäume und Sträucher

- > Kalkanzeiger
- > Spalierstrauch
- > Blätter netzartig geädert

Netz-Weide >1 *Salix reticulata*

Merkmale Weidengewächse *(Salicaceae)*. Niederliegend, Äste breiten sich auf dem Boden aus. Blätter 1–3 cm lang, rundlich eiförmig mit tiefer Netzäderung (Name!). Blüten 2 cm lange, aufrechte, rötliche Kolben. Blütezeit Juli/August. **Vorkommen** In feuchtkühlen Hochlagen praktisch aller Gebirge der Nordhalbkugel. **Wissenswertes** Die Netz-Weide ist mit ihren eng an den Boden gedrückten Zweigen ein typischer »Spalierstrauch«; einen höheren Wuchs erlaubt der extreme Standort nicht: Dem Wind und schweren Schneedecken würden höhere Zweige nicht standhalten.

- > heimischer Rhododendron
- > immergrün
- > meidet Kalk

Rostblättrige Alpenrose >2 *Rhododendron ferrugineum*

Merkmale Heidekrautgewächse *(Ericaceae)*. Immergrüner, bis 1 m hoher Strauch. Blätter dunkelgrün glänzend, ledrig, bis 4 cm lang. Blüten etwa 1,5 cm groß, tief rosarot, zu sechs bis zehn in Trauben. Blütezeit je nach Höhenlage Mai bis Juli. **Vorkommen** Auf sauren Böden in den Alpen, Pyrenäen, dem Apennin, dem Jura, den Karpaten und den Gebirgen des Balkans. Wächst häufig an Gebirgshängen bis etwa 2800 m Höhe. **Wissenswertes** In Mitteleuropa sind nur zwei der weltweit etwa 1300 Rhododendron-Arten heimisch.

- > Kalk liebend
- > Blätter am Rand borstig behaart
- > hellrosa Blüten

Behaarte Alpenrose >3 *Rhododendron hirsutum*

Merkmale Heidekrautgewächse *(Ericaceae)*. Immergrün, bis 1 m hoch, junge Triebe behaart. Blätter grün glänzend, ledrig, bis 3 cm lang, im Unterschied zur Rostblättrigen Alpenrose am Rand borstig behaart. Blüten 1–2 cm groß, hellrosa, zu drei bis zehn zusammenstehend. Blütezeit Mai bis Juli, auch noch bis in den September und später. **Vorkommen** Meist über der Baumgrenze, in den Alpen von 600–2500 m Höhe. **Wissenswertes** Geschützte Art, auch unter vielen anderen Namen bekannt, z. B. Almrausch oder Bergrose. Kalk liebend.

- > sommergrüner Bodendecker
- > Blätter im Herbst rot
- > reife Beeren blauschwarz

Alpen-Bärentraube >4 *Arctostaphylos alpina*

Merkmale Heidekrautgewächse *(Ericaceae)*. Sommergrün, kriechend, mit kurzen, aufsteigenden Zweigenden. Blätter schmal, bis 5 cm, lang bewimpert, am Rand scharf gesägt. Blüten 0,5 cm, grünlich weiß bis rötlich, zu zwei bis fünf zusammenstehend. Beeren erst rot, später blauschwarz. Blütezeit Mai/Juni, Fruchtreife September/Oktober. **Vorkommen** Bei uns nur in den Alpen, in sonniger Lage auf kalkarmen Felsböden. **Wissenswertes** Im Herbst Blätter leuchtend rot, bleiben bis zum Frühjahr stehen. Früchte werden von Vögeln gefressen, für Menschen ungenießbar.

grünlich weiße Blüten

Berge: Wirbellose Tiere/Amphibien

- › »Schneewittchen-Falter«
- › fliegt zitternd
- › streng geschützt

Apollofalter ›1 *Parnassius apollo*

Merkmale 5 cm großer Schmetterling mit pergamentartig durchscheinenden Flügeln. Vorderflügel mit vier schwarzen Flecken, Hinterflügel tragen zwei rote Flecken mit schwarzen Rändern. Raupen (links) haarig, schwarz mit einer orangeroten Fleckenreihe an jeder Körperseite. **Vorkommen** In felsigen Gebirgen. **Lebensweise** Die Falter fliegen bei schönem Wetter auf blühenden Bergwiesen und saugen Nektar an Disteln. Die Weibchen legen ihre Eier an Weißem Mauerpfeffer oder an Hauswurz-Arten, die Fraßpflanzen ihrer Raupen. Flugzeit Juni bis September. **Wissenswertes** »Weiß wie Schnee, rot wie Blut, schwarz wie Ebenholz«, so beschrieb der Schmetterlingsdichter Friedrich Schnack den einst gar nicht so seltenen Apollo. Der schöne Falter reagiert empfindlich auf Umweltveränderungen und ist heute fast überall selten geworden.

- › hellblau mit schwarzen Flecken
- › mächtige Fühler
- › in alten Buchenwäldern

Alpenbock ›2 *Rosalia alpina*

Merkmale Bis 4 cm langer, prächtig gefärbter Bockkäfer, kräftige, deutlich mehr als körperlange Fühler. Färbung matt hellblau mit schwarzen Flecken, Beine und Fühler ebenso gefärbt. **Vorkommen** Lebt in alten Buchenwäldern im Bergvorland und im Gebirge. In Deutschland selten, nur noch an wenigen Stellen der Alpen und der Schwäbischen Alb. **Lebensweise** Die Käfer fliegen an sonnigen Tagen, oft landen sie auf Blüten und fressen Pollen. Ihre Eier legen sie in morsches Buchen- oder Eschenholz. Darin verbringen die geschlüpften Larven drei Jahre und mehr, graben sich eine Erdhöhle zum Verpuppen und sind schließlich »fertige« Käfer. **Wissenswertes** Vom Aussterben bedroht, vielerorts verschwunden. Wo er noch vorkommt, lässt er sich durch Fällen und Liegenlassen von Buchen gut vermehren.

- › lackschwarz
- › nachtaktiv
- › gebärt lebende Junge

Alpensalamander ›3 *Salamandra atra*

Merkmale 10–15 cm langer, meist komplett schwarzer Salamander, gelegentlich mit gelben Flecken. **Vorkommen** In den Alpen zwischen 800 und 2000 m Höhe. Bevorzugt feuchte und schattige Orte. **Lebensweise** Geht nachts auf Jagd nach Käfern, Spinnen, Nacktschnecken und Würmern. Versteckt sich tagsüber in Felsspalten oder unter totem Holz. Hält von Oktober bis April Winterruhe in Höhlen und unter Baumstämmen. **Wissenswertes** Biologisch sensationell ist seine Fortpflanzung: Anders als beim Rest der Familie, das sind Frösche, Molche und der Feuersalamander, ist er vom Wasser komplett unabhängig. Denn er legt keine Eier ab, sondern trägt seinen Nachwuchs zwei bis drei Jahre lang im Bauch. Dann bringt er komplett »fertige«, 4–5 cm kleine Alpensalamander zur Welt.

Berge: Vögel

Steinadler >1
Aquila chrysaetos

- > mächtiger Greifvogel
- > segelt hoch in der Luft
- > König der Berge

Merkmale Großer Adler (etwa gänsegroß) mit typischem, vorstehendem Adlerkopf und im Flug langen, schmalen Flügeln. Junge, noch nicht ausgefärbte Steinadler sind mehrere Jahre lang an ihren weißen Feldern auf Flügeln und Schwanz zu erkennen. **Vorkommen** Seltener Brutvogel. Bei uns als ganzjähriger Hochgebirgsvogel nur in den Alpen. In Skandinavien brüten noch etliche Steinadler-Paare in ausgedehnten Wäldern. **Lebensweise** Steinadler brauchen viel Platz: 100 km^2 reichen in der Regel gerade einem Steinadler-Paar als Jagdrevier. Sie leben hauptsächlich von Murmeltieren, Schneehasen, jungen Gämsen oder Schafen (auch als Aas) und Vögeln wie Schneehühnern. Die mächtigen Nester liegen auf Vorsprüngen oder in Nischen unzugänglicher Felswände und werden oft über mehrere Jahre bezogen. **Wissenswertes** Bedrohter Brutvogel, Störungen führen oft zu Brutverlusten.

Jung- und Altvogel im Flug

Wanderfalke >2
Falco peregrinus

- > rasanter Vogeljäger
- > erreicht bis zu 200 km/h
- > von Vogelschützern gerettet

Merkmale Unser größter, kräftigster Falke, größer als eine Taube. Typisch sind der breite, schwarze Backenbart und im Flug die langen, spitz zulaufenden Flügel. **Vorkommen** Bei uns Brutvogel in Felswänden von Mittel- und Hochgebirgen, aber auch an Steilküsten. **Lebensweise** Ausgesprochener Vogeljäger (Haustauben, Stare, Drosseln, Krähen und andere), der in offenen, abwechslungsreichen Landschaften jagt. Baut sein Nest in Felshöhlen und -nischen. **Wissenswertes** Die rücksichtslose Verfolgung sowie Störungen an den Brutplätzen brachten den faszinierenden Vogel bei uns an den Rand der Ausrottung. Eine durchgehende Bewachung und Beobachtung der Brutplätze konnten den Wanderfalken in letzter Minute retten. Heute nehmen die Bestände wieder zu.

im Flug sichtbar: spitz zulaufende Flügel

Dreizehenspecht >3
Picoides tridactylus

- > trägt kein Rot
- > Fichtenspecht
- > trinkt Baumsäfte

Merkmale Etwas kleiner als ein Buntspecht, im Gegensatz zu diesem nur schwarz-weiß, ohne Rot im Gefieder. **Vorkommen** In naturnahen Fichtenwäldern (nicht in künstlich angelegten Fichtenschonungen) mit reichlich Totholz, das er zum Brüten und zur Nahrungssuche benötigt. Bei uns Brutvogel in den Alpen, in den Hochlagen des Bayerischen und Böhmerwaldes und auch wieder im Schwarzwald. **Lebensweise** Männchen und Weibchen zimmern sich im Gegensatz zu anderen Spechten jedes Jahr eine neue Höhle, meist in absterbenden Fichten. Picken mit ihren kräftigen Schnäbeln die Larven und Puppen von Bock- und Borkenkäfern unter der Rinde hervor. **Wissenswertes** Der Dreizehenspecht schlägt ringförmige Spuren in die Rinde von Fichtenstämmen und trinkt die austretenden Harze.

Rücken schwarz-weiß gebändert

Berge: Vögel

Alpenschneehuhn >1 — *Lagops mutus*

- kleidet sich passend zur Jahreszeit
- übernachtet in Iglus
- häufig wenig scheu

Merkmale Etwa halb so groß wie ein Haushuhn. Unterschiedliche Färbung im Jahreslauf, wobei die Flügel immer weiß sind (fällt besonders im Flug auf). Zur Brutzeit ist das Männchen braungrau marmoriert, das Weibchen eher goldbraun, im Winter sind beide schneeweiß (links). Im Frühjahr und Herbst (rechts) sind sie ungleichmäßig gescheckt. **Vorkommen** Ganzjährig in den Alpen, über der Baumgrenze. **Lebensweise** Lebt von Trieben, Blättern und Knospen. **Wissenswertes** Nur mit Anpassungen können die Vögel den eisigen Winter in unwirtlichen Höhen überstehen: Ihr weißes Gefieder tarnt sie hervorragend in der offenen Landschaft, die befiederten Füße dienen als Schneeschuhe und nachts graben sie sich gegen die Kälte eine bis zu 1 m lange Höhle in den Schnee.

im Flug weiße Flügel

Auerhuhn >2 — *Tetrao urogallus*

- poltert beim Auffliegen
- Hähne treffen sich zur Balz
- schleifen, knallen und glucksen

Merkmale Mächtige Hühner: Das Männchen (rechts) so groß wie ein Truthahn, dunkelgrau und braun gefärbt, das Weibchen (links) etwa gänsegroß und schlicht goldbraun marmoriert. **Vorkommen** Bedrohter Brutvogel, braucht ungestörte, naturnahe Nadel- und Mischwälder. **Lebensweise** Ernährt sich vegetarisch von Kiefernnadeln, Knospen, Kräutern und Beeren, im Sommer auch von Ameisen. **Wissenswertes** Legendär ist die Auerhahn-Balz: Noch vor Sonnenaufgang treffen sich die Hähne im Frühjahr an traditionellen Balzplätzen und buhlen mit eigenartigen Verhaltensweisen und Tänzen um die Gunst der Weibchen. Mit hochgereckten Köpfen, abgespreizten Flügeln und hoch aufgefächerten Schwanzfedern laufen sie herum und machen merkwürdige Geräusche, die wie das Knallen von Sektkorken, Glucksen und Schleifen klingen.

Birkhuhn >3 — *Tetrao tetrix*

- die Hähne kullern und zischen
- die Hennen brüten und ziehen die Jungen auf
- bedrohte Art

Merkmale Etwa so groß wie ein Haushuhn, sieht etwa aus wie die kleine Ausgabe des Auerhuhns. **Vorkommen** Im Tiefland Brutvogel ausgedehnter Moore und Heiden, hier jedoch fast ausgestorben. In den Alpen Brutvogel der Baumgrenze. **Lebensweise** Birkhühner sind Vögel ohne jede Paarbindung. Die Männchen (rechts) tun das ganze Jahr über praktisch nichts außer zu balzen und entfernen sich dementsprechend auch kaum von ihren gemeinschaftlichen Balzplätzen. Nach der kurzen Begattung baut das Weibchen (links) ein Nest, legt Eier, brütet und zieht schließlich auch die Jungen alleine groß. **Wissenswertes** Das zum Balzgesang gehörende, gurgelnd klingende »Kullern« der Hähne hört man im Hochgebirge häufig kilometerweit von schneebedeckten Gipfeln.

Berge: Vögel

- in Höhen von 1500–3000 m
- im Winter oft an Schutzhütten
- lerchenartiger Trillergesang

Alpenbraunelle >1 — *Prunella collaris*

Merkmale Etwas größer als ein Spatz, mit pinzettenartigem Insektenfresserschnabel. Unscheinbar braun und grau gefärbt, aber mit leuchtend rotbraunen Körperseiten. **Vorkommen** Häufiger Brutvogel der Alpen, meist oberhalb der Baumgrenze auf schütter bewachsenen alpinen Matten. **Lebensweise** Sucht hauptsächlich am Boden hüpfend nach Nahrung wie Schmetterlingsraupen, Fliegen, Spinnen und auch Sämereien. Das umfangreiche Nest liegt versteckt in Felswänden oder zwischen Steinen. **Wissenswertes** Wird häufig für eine Lerche gehalten, weil sie anhaltend melodisch un d trillernd singt.

- steht hoch aufgerichtet
- schwarze Augenbinde
- Gesang kratzend

T-Zeichnung auf dem Schwanz

Steinschmätzer >2 — *Oenanthe oenanthe*

Merkmale Etwa spatzengroß, Männchen mit grau-schwarzem Mantel, leicht orange überhauchter Brust und schwarzer Augenbinde. Weibchen bräunlicher mit hellerer Augenbinde. Im Flug fällt bei beiden der Schwanz auf: Er trägt ein schwarzes »T« auf weißem Grund. **Vorkommen** In offenen Landschaften mit schütterer Vegetation, Nischen und Sitzwarten, z.B. Kiesgruben, Dünen und im Hochgebirge. **Lebensweise** Ansitzjäger. Erbeutet Insekten, Würmer und Schnecken. **Wissenswertes** Sitzt hoch aufgerichtet auf Steinen u.Ä. und wippt mit dem Schwanz.

- »Amsel der Berge«
- im Winter am Mittelmeer
- trägt ein weißes Lätzchen

Weibchen matter gefärbt

Ringdrossel >3 — *Turdus torquatus*

Merkmale Wie Amsel mit weißem Lätzchen. **Vorkommen** Bei uns Brutvogel der Alpen und höherer Mittelgebirge. Brütet in nadelholzreichen Wäldern. **Lebensweise** Frisst wie die Amsel Regenwürmer, daneben Insekten und im Sommer Beerenfrüchte. Baut ihr recht »schlampiges« Nest in Fichten oder Kiefern, aber auch an Berghütten. **Wissenswertes** Oft brüten mehrere Paare dicht nebeneinander. Sie machen sich keine Konkurrenz, da ihre Nahrungsreviere woanders liegen.

- Spatz der Berge
- im Winter an Berghotels
- bekannt als »Schneefink«

im Flug mit großen weißen Feldern

Schneesperling >4 — *Montifringilla nivalis*

Merkmale Wie ein großer, langflügliger Spatz. Im Flug fallen die schneeweißen Felder auf Flügeln und Schwanz auf. **Vorkommen** Brutvogel der Alpen zwischen Baumgrenze und dem ewigen Schnee in Felsgebieten. **Lebensweise** Frisst im Sommer Insekten und Spinnen, im Winter Sämereien. Brütet häufig gesellig in Felswänden, Steinhaufen, aber auch an Hütten. **Wissenswertes** Im Winter in Trupps, dann trifft man Schneesperlinge auf Nahrungssuche an Bergstationen, Berghütten oder Futterplätzen.

Berge: Vögel

- pflanzt Kiefernwälder
- ruft »grrääh«
- im Herbst in Tälern und Gärten

mit weißer Schwanzbinde

Tannenhäher >1 — *Nucifraga caryocatactes*

Merkmale Kleiner als eine Krähe, dunkelbraun mit weißen Punkten. **Vorkommen** In Mittel- und Hochgebirgen bis zur Waldgrenze. Brutvogel in Nadelwäldern mit Zirbel-Kiefern, auch in Fichtenwäldern mit reichlich Haselsträuchern in der Nähe. **Lebensweise** Ernährt sich hauptsächlich von Baumsamen und Früchten, im Sommer auch von Insekten oder Aas. Für sein Vorkommen von entscheidender Bedeutung sind die großen Samen der Zirbel-Kiefer oder ersatzweise Haselnüsse. Zwischen 50 000 und 100 000 vergräbt er davon jeden Herbst als Wintervorrat. **Wissenswertes** Der Tannenhäher ist von nicht zu unterschätzender Bedeutung für die Forstwirtschaft. So entstehen rund 80% des Jungwuchses in Zirbel-Kiefernwäldern dadurch, dass Tannenhäher nur einen Teil ihrer Wintervorräte an Zirbelnüsschen wiederfinden!

- gesellig und oft futterzahm
- lernfähig und schlau
- fliegt spielend 200 km/h

schwarzes Gefieder und gelber Schnabel

Alpendohle >2 — *Pyrrhocorax graculus*

Merkmale Kleiner als eine Krähe, ganz schwarz mit gelbem Schnabel und roten Beinen. **Vorkommen** Häufiger Brutvogel der Alpen oberhalb der Baumgrenze. **Lebensweise** Brütet einzeln in steilen Felswänden, Mauerlöchern von Ruinen, auch auf Dachböden. Sofort nach dem Ausfliegen der Jungen schließen sich die für ihre Geselligkeit bekannten Vögel schnell zu Schwärmen zusammen und suchen gemeinsam nach Nahrung. Das sind Insekten, Spinnen und Würmer, aber auch Jungvögel. In zunehmendem Maße stehen auch Abfälle und Lebensmittelreste auf ihrem Speiseplan. **Wissenswertes** Dohlen sind für ihre Schläue bekannt, das gilt auch für Alpendohlen. So finden sie sich pünktlich nach der Pause auf Schulhöfen ein, um die Reste des Pausenbrotes zu ergattern, und richten sich sogar nach den Ankunftszeiten der Bergbahnen im Gipfelbereich.

- Flugruf tief »kork«
- akrobatische Flugspiele
- heute wieder häufiger

mit keilförmigem Schwanz

Kolkrabe >3 — *Corvus corax*

Merkmale Mächtiger Krähenvogel, größer als ein Bussard. Glänzend schwarz mit sehr kräftigem Schnabel und dick wirkendem Hals. Segelt wie ein Greifvogel, der keilförmige Schwanz ist dann ein wichtiges Erkennungsmerkmal. **Vorkommen** Im Tiefland in Wäldern und in felsigen Gebirgslandschaften. **Lebensweise** Brütet auf hohen Bäumen oder in Felswänden. Frisst hauptsächlich Aas, schlägt aber auch in Gemeinschaftsjagden junge Hasen und Rehe. Zur Nahrungssuche auch auf Müllkippen. **Wissenswertes** Fast ausgerottet war der Kolkrabe in Mitteleuropa bis zur Mitte des 20. Jahrhunderts in den Mittelgebirgen und im Tiefland. Seit er nicht mehr direkt verfolgt wird (Abschuss, Zerstörung der Nester), breitet er sich durch weit umherstreifende Jungvögel wieder aus.

Berge: Säugetiere

- > im Winter weiß
- > gräbt Schneetunnel
- > häufige Beute des Steinadlers

Schneehase >1 *Lepus timidus*

Merkmale Größe zwischen Kaninchen und Feldhase. Fell im Sommer (rechts) bräunlich grau, im Winter (links) rein weiß. Ohrenspitzen immer schwarz, Schwanz immer weiß. **Vorkommen** In Nadelwäldern, Lawinenstrichen und Kahlschlägen der Alpen von ungefähr 1300–3000 m Höhe. **Lebensweise** Der Schneehase ist in der Nahrungswahl anspruchsloser als der Feldhase. Im Sommer frisst er Kräuter, Knospen, Gräser und Beeren, im Winter genügen ihm Zweige, Flechten und Rinde. **Wissenswertes** Der kräftigere Feldhase verdrängt seinen Nahrungskonkurrenten aus Gebieten, in denen er selbst vorkommen kann. So bleiben den Schneehasen nur karge Lebensräume. Mit seinem weißen Fell und breiten, spreizbaren Pfoten (»Schneeschuhen«) ist er aber hervorragend an kalte, schneereiche Winter angepasst.

- > verschläft den Winter
- > lebt in Kolonien
- > gebietsweise sehr zutraulich

Alpen-Murmeltier >2 *Marmota marmota*

Merkmale Etwa hasengroß, typisch sind der kurze Kopf mit winzigen Ohren und der kurze, buschige Schwanz. **Vorkommen** Auf offenen Almen und Felsregionen zwischen 1000 und 3000 m Höhe, sofern der Boden das Graben von Bauen zulässt. **Lebensweise** Lebt gesellig in unterirdischen, weit verzweigten Bauen. Diese enthalten Wohn-, Schlaf- und Fluchtkammern und können bis zu 3 m tief sein. Oft sieht man einzelne Tiere am Eingang Wache stehen, wobei sie »Männchen« machen. Als Nahrung dienen Gräser, Knospen, Kräuter und Wurzeln. **Wissenswertes** Im Oktober ziehen sich die Familien in ihre Baue zurück. Hier kuscheln sie sich in Schlafkesseln eng aneinander und halten Winterschlaf, bis das Wetter besser wird (meist bis April).

- > schäferhundgroße Katze
- > überall selten
- > für den Menschen völlig ungefährlich

Luchs >3 *Lynx lynx*

Merkmale Etwa so groß wie ein Deutscher Schäferhund, typisch sind der kurze Stummelschwanz und die Pinselohren. **Vorkommen** Ausgedehnte Wälder und Hochgebirge. **Lebensweise** Einzelgängerisch, versteckt und heimlich. Pirscht sich an Rehe, Gämsen und Schneehasen heran und tötet sie mit einem Biss in die Kehle. Ruht tagsüber in Fels- und Baumhöhlen, hier bringen Muttertiere auch ihre Jungen zur Welt, die sie wahrscheinlich alleine großziehen. Nach einem Jahr verlassen die Junglüchse die Mutter und gründen eigene Reviere. **Wissenswertes** Da der Luchs immens große Reviere bewohnt (etwa 100–300 km²), ist er selten. Außerdem ist er fast überall in Mitteleuropa ausgerottet worden. Versuche, ihn wieder anzusiedeln, sind zum Teil erfolgreich. Luchse entnehmen ihrem Revier pro Jahr etwa ein Reh pro Quadratkilometer. Zum Vergleich: Jäger erlegen die drei- bis fünffache Zahl.

Berge: Säugetiere

- > Wildschaf
- > schneckenförmige Hörner
- > fast überall ausgesetzt

Mufflon >1 — *Ovis ammon*

Merkmale Ist etwas kleiner als die meisten Hausschaf-Rassen. Männchen (rechts) mit bis zu 80 cm langen, schneckenförmigen Hörnern, Weibchen (links) hornlos oder höchstens mit kurzen Hörnern. **Vorkommen** Ursprünglich in offenen Gebirgslandschaften auf den Inseln Korsika und Sardinien beheimatet, in Mitteleuropa vielerorts als Jagdwild ausgesetzt. Reinrassige Mufflons trifft man nur selten an, da sie sich mit Hausschafen vermischen. **Lebensweise** Leben in kleinen Rudeln, klettern und springen viel und gern. Ernähren sich genügsam von Gräsern, Kräutern, Knospen, Laub und Baumfrüchten wie Eicheln, Bucheckern und Kastanien. **Wissenswertes** Bei Rangkämpfen krachen die Widder mit Anlauf mit ihren Hörnern aneinander. Dies wird von den Jungwiddern schon früh spielerisch nachgeahmt.

- > lange, säbelartige Hörner
- > an steilen Hängen
- > nur in den Alpen

Alpensteinbock >2 — *Capra ibex*

Merkmale So groß wie eine Ziege, aber kräftiger und mit langen, säbelartig nach hinten gebogenen Hörnern (beim Männchen bis zu 1 m lang). **Vorkommen** In den Alpen oberhalb der Baumgrenze in 2500–3500 m Höhe. Im Winter an steilen, schneefreien Südhängen. **Lebensweise** Klettert und springt an steilen und felsigen Hängen, wo er sich von Gräsern, Kräutern, Jungtrieben und Flechten ernährt. Lebt außerhalb der Paarungszeit (im Dezember und Januar) in getrennten männlichen und weiblichen Herden. **Wissenswertes** Durch Überjagung wurde der Alpensteinbock fast ausgerottet. Nur im Gran-Paradiso-Nationalpark an der italienisch-österreichischen Grenze überlebten einige Herden. Von diesen aus wurde der Alpensteinbock in vielen Gebirgsstöcken der Alpen wieder ausgesetzt.

- > kurze, hakenförmige Hörner
- > Männchen mit Gamsbart
- > auch in Mittelgebirgen

Gämse >3 — *Rupicapra rupicapra*

Merkmale Ziegenähnlich, beide Geschlechter mit kurzen, dünnen Hörnern, die am Ende hakenartig nach hinten gebogen sind. **Vorkommen** In Hochgebirgen wie den Alpen, eingebürgert auch in Mittelgebirgen wie dem Schwarzwald und der Sächsischen Schweiz. Im Sommer oberhalb der Baumgrenze, im Winter darunter. **Lebensweise** Klettert in offenem und felsigem Gelände, wo sie Kräuter, Gräser, Knospen und Beeren frisst. Weibliche Gämsen leben mit ihren Jungen in großen Rudeln, die Böcke leben in kleinen Gruppen oder allein. Im Winter gesellen sich die Böcke zu den Weibchen und kämpfen mit kräftezehrenden Hetzjagden um deren Gunst. **Wissenswertes** Als »Gamsbart« bezeichnet man die bis zu 25 cm langen Haare entlang Nacken und Rücken der Männchen. Während ihrer Rangkämpfe stellen sie ihn auf, um größer zu erscheinen.

Lebensraum Küste

Algen	290–291
Blumen	292–297
Bäume und Sträucher	296–297
Wirbellose Tiere	298–307
Fische	308–311
Vögel	312–319
Säugetiere	318–319

Küste: Algen

Sägetang >1
Fucus serratus

- olivgrün
- am Rand scharf gesägt
- vielfach verzweigt

Merkmale Braunalgen *(Phaeophyceae)*. Groß, bis 1 m lang, olivgrün oder schwarzgrün mit gesägtem Rand. Die Zweige sind flach und mehrfach gegabelt. **Vorkommen** In Ost- und Nordsee sowie an den Atlantikküsten; fehlt im Mittelmeer. Wächst in dichten Beständen in 1–5 m Tiefe auf Felsen und Steinen. **Wissenswertes** Unter den dichten Vorhängen des Sägetangs gedeihen Rotalgen, dazwischen finden zahlreiche Meerestiere Schutz. Auf den Zweigen leben Moostierchen, Röhrenwürmer und winzige Polypen.

Zuckertang >2
Laminaria saccharinum

- Zutat für Speiseeis und Schaumgummi
- bis zu 5 m lang
- krallenartiger »Fuß«

Merkmale Braunalgen *(Phaeophyceae)*. Sehr große, bis zu 5 m lange und 10–30 cm breite, unverzweigte Alge. Gelb-bräunlich und mit krallenartiger Wurzel am Untergrund verankert. **Vorkommen** Auf felsigem Untergrund in Ost- und Nordsee sowie an den Atlantikküsten. **Wissenswertes** Zuckertang hat seit alters große wirtschaftliche Bedeutung. Angespülte Tange wurden gesammelt oder bei Ebbe an ihren Wuchsorten geerntet. Die Verwendung reicht vom Dünger über Emulgatoren und Geliermittel (Speiseeis, Sülzen) bis zur Herstellung von Schaumgummi und Papier.

Roter Horntang >3
Ceramium rubrum

- wächst buschig
- perlschnurartig geringelt
- häufig in Kosmetika enthalten

Merkmale Rotalgen *(Rhodophyceae)*. Buschig, feingliedrig, rot, bis 30 cm groß. Typisch ist die perlschnurartige Ringelung. **Vorkommen** Häufige Rotalge in Ost- und Nordsee sowie im Atlantik. Wächst auf Steinen oder anderen Algen bis in 20 m Tiefe. **Wissenswertes** Rotalgen sind für den Menschen von wirtschaftlicher Bedeutung: Ihre Zellen enthalten Pektinstoffe (z. B. Agar), die industriell bei der Lebensmittelherstellung, zum Kochen und in Kosmetika verwendet werden.

Meersalat >4
Ulva lactuca

- ähnelt Blattsalat
- essbar
- oft an Molen und Klippen

Merkmale Grünalgen *(Chlorophyceae)*. Grün, bis 80 cm hoch, erinnert an Blattsalat. Seine Blätter sind oft in Lappen und Buchten aufgeteilt, wellig und sitzen mit einem kurzen Stiel am Untergrund fest. Häufig treiben auch losgerissene Blätter frei im Wasser. **Vorkommen** Sehr häufige Alge in Ost- und Nordsee, am Atlantik und am Mittelmeer. Wächst auf größeren Steinen und auf Fels bis in etwa 15 m Tiefe. **Wissenswertes** Meersalat erhielt seinen Namen zunächst, weil er wie Salat aussieht, erst später stellte sich heraus, dass er tatsächlich essbar ist. Er ist vitaminreich, in einigen Ländern wird er gern gegessen.

Küste: Blumen

Stranddistel >1 — *Eryngium maritimum*

- > blaue Blütenkugeln
- > Blätter stechen
- > streng geschützt

Merkmale Doldengewächse *(Apiaceae)*. 20–70 cm hohe, oben stahlblau überlaufene und sehr stechende Pflanze. Blätter bläulich grün, tief dreigeteilt und mit langen, stacheligen Spitzen. Zahlreiche, 4 mm kleine, blauviolette Blüten, zu 1–2 cm großen Köpfchen. Blütezeit Juni bis September. **Vorkommen** Dünen an Ost- und Nordsee. Nur noch an vereinzelten Standorten. **Wissenswertes** Die Stängel und Blätter der Stranddistel sind mit einer wachsartigen Schicht überzogen. Sie schützt die Pflanze vor Sandstürmen, Salzduschen und Austrocknung. Badebetrieb und Pflücken haben die stachelige Schönheit selten werden lassen. Streng geschützt.

Meersenf >2 — *Cakile maritima*

- > hellviolett, auf dem Strand
- > fleischige Blätter
- > oft in Massen

Merkmale Kreuzblütlergewächse *(Brassicaceae)*. 10–50 cm hoch, ästig ausgebreitet mit dickfleischigen, graugrünen Stängeln und Blättern. Blätter meist gefiedert. Blüten etwa 0,5 cm groß, aus vier hellvioletten Blütenblättern. Blütezeit Juli bis September. **Vorkommen** Einzige hellviolett blühende Pflanze, die direkt auf dem Sandstrand wächst. **Wissenswertes** Naher Verwandter des gelb blühenden Schwarzen Senfs *(Brassica nigra)*, dessen Samen Sinigrin und Sinapin enthalten und zur Senfherstellung dienen.

Queller >3 — *Salicornia europaea*

- > dickfleischig
- > wächst auf Schlick
- > im Herbst leuchtend rot

unscheinbar: die Blüten des Quellers

Merkmale Gänsefußgewächse *(Chenopodiaceae)*. 5–30 cm hoch und nur aus dicklichen, gelenkartig eingeschnürten Stängeln bestehend. Die Blätter sind zu winzigen Schuppen zurückgebildet. Blüten winzig und unscheinbar. Blütezeit August bis Oktober, dann verfärbt sich die ganze Pflanze leuchtend rot. **Vorkommen** Auf schlickigen Böden, typische Pflanze des Wattenmeeres. **Wissenswertes** Der Queller ist gut an den salzigen Lebensraum angepasst: Er verträgt Salzkonzentrationen von bis zu 12 %.

Strand-Grasnelke >4 — *Armeria maritima*

- > rosafarbene Blütenköpfchen
- > Blätter wie Gras
- > auf salzigen Küstenwiesen

Merkmale Bleiwurzgewächse *(Plumbaginaceae)*. 15–40 cm hoch mit 1,5–2 cm großen, rosafarbenen Blütenköpfen und grasartigen, bis 12 cm langen Blättern, die alle am Grund wachsen. Blütezeit Mai bis September. **Vorkommen** Auf salzigen Küstenwiesen und sandigen Rasen. **Wissenswertes** Es gibt etliche Kleinarten. Sie sind kaum voneinander zu unterscheiden. Sie sind sehr genügsam und besiedeln ganz unterschiedliche Lebensräume wie Hochgebirge, Sandrasen und trockene Kiefernwälder.

Küste: Blumen

- Flieder der Strandwiesen
- heute selten
- streng geschützt!

typisch: einseitswendiger Blütenstand

Strandflieder >1

Limonium vulgare

Merkmale Bleiwurzgewächse *(Plumbaginaceae)*. 20–50 cm hoch mit dekorativen, fliederfarbenen Blütenähren. Blätter ledrig, bis 20 cm lang und in einer Stachelspitze endend. Blütezeit Juli bis September. **Vorkommen** Auf küstennahen, salzigen Wiesen. **Wissenswertes** Durch Eindeichungen und intensive Beweidung ist der einst häufige Strandflieder heute zur Besonderheit auf küstennahen Salzwiesen geworden und wächst fast nur noch in Schutzgebieten. Bitte nicht pflücken!

- Aster der Küsten
- braucht salzige Böden
- Blütenpracht in Gelb und Lila

Strand-Aster >2

Aster tripolium

Merkmale Korbblütlergewächse *(Asteraceae)*. 20–60 cm hoch mit zahlreichen, 2–2,5 cm großen Blüten an jedem Stängel. Blüten innen gelb, außen lila. Blätter schmal und fleischig dicklich. Blütezeit Juni bis Oktober. **Vorkommen** Nur auf salzigen, nassen Böden. Auf küstennahen Salzwiesen und an Flussmündungen. **Wissenswertes** Mit ihren Blüten sprenkelt die Strand-Aster im Spätsommer mäßig beweidete Salzwiesen gelb und lila. Da sie auf salzige Böden angewiesen ist, eignet sie sich nicht für Gärten.

- duftet kaum
- Blätter fleischig
- wächst auf Strandwällen

Strand-Kamille >3

Tripleurospermum maritimum

Merkmale Korbblütlergewächse *(Asteraceae)*. 10–50 cm hoch mit ausgebreiteten, erst an den Enden aufsteigenden Stängeln. Blüten groß, bis etwa 5 cm breit, innen gelbe Röhrenblüten, außen weiße Zungenblüten. Blätter fiederteilig und etwas fleischig. Blütezeit Juli bis Oktober. **Vorkommen** Auf Strandwällen und meernahen Felsen. **Wissenswertes** Die Blüten duften beim Zerreiben nur schwach nach Kamille. Gelegentlich wird die Strand-Kamille mit der Geruchlosen Kamille *(T. inodorum)* zu einer Art zusammengefasst. Diese wächst auf Ödland und hat keine fleischigen Blätter.

- weißfilzig
- duftet betörend
- »Strand-Wermut«

Strand-Beifuß >4

Artemisia maritima

Merkmale Korbblütlergewächse *(Asteraceae)*. 30–60 cm hoch und auffällig gefärbt: Stängel und Blätter schimmern durch einen Filz weißer Haare schon von Weitem weißbläulich. Blätter mehrfach gefiedert, Blüten klein und gelb. Blütezeit August bis Oktober. **Vorkommen** Braucht salzige, feuchte Böden, auf küstennahen Wiesen. **Wissenswertes** Wird auch Strand-Wermut genannt; Blätter enthalten ätherische Öle, beim Zerreiben riechen sie aromatisch nach Wermut. Der weiße Filz ist eine Anpassung an den windigen, salzigen Lebensraum: Er schützt Blätter und Stängel vor dem Austrocknen.

Küste: Blumen/Bäume und Sträucher

Strandhafer >1 *Ammophila arenaria*

- > graugrünes Gras
- > Blätter meist eingerollt
- > festigt Dünen

Merkmale Süßgräser *(Poaceae)*. 0,5–1 m hohes, graugrünes Gras mit sehr schmalen, meist eingerollten Blättern. Blüten in einer 10–20 cm langen, sehr schmalen Ähre. Blütezeit Juni bis August. **Vorkommen** Bildet dichte Rasen in Dünen und am Sandstrand. **Wissenswertes** Mit seinem reich verzweigten, tief reichenden Wurzelwerk hält der Strandhafer lose Dünenanwehungen fest und nimmt selbst Übersandungen nicht krumm: Dann wächst er einfach nach oben weiter. Wird häufig zur Dünenbefestigung angepflanzt. An Strand und Dünen verbreitet ist außerdem der Strandroggen *(Elymus arenarius)*. Er wächst in dichten 70–150 cm hohen Horsten, seine Blätter sind blaugrün, etwa 1–2 cm breit und stechend zugespitzt.

Sanddorn >2 *Hippophaë rhamnoides*

- > vitaminreiche Früchte
- > dornig mit silbrigen Blättern
- > Pionier in den Dünen

Merkmale Ölweidengewächse *(Elaeagnaceae)*. Sommergrüner, dorniger Strauch, kann aber auch bis zu einem 10 m hohen Baum heranwachsen. Blätter 1–6 cm lang und 3–10 mm breit, silbrig behaart. Blüten (rechts) unscheinbar und winzig, in kleinen Trauben an den Ästen. Es gibt rein männliche und rein weibliche Sträucher, die Bestäubung erfolgt durch den Wind oder durch Insekten. Die Früchte sind kugelig, etwa 8 mm im Durchmesser und auffallend orange gefärbt (links). Blütezeit März/April, Fruchtreife September. **Vorkommen** In Europa und Kleinasien heimisch, bei uns häufig an den Küsten von Nord- und Ostsee und im Alpenraum. Liebt sand- oder kieshaltige, vom Grundwasser beeinflusste Böden. **Wissenswertes** Die orangefarbenen Früchte des Sanddorns sind essbar. Sie schmecken außerordentlich sauer und enthalten viele Vitamine. Sie sind auch zu Sanddornsaft verarbeitet erhältlich.

gesund: Sanddorn-Beeren

Schwarze Krähenbeere >3 *Empetrum nigrum*

- > Zwergstrauch in Dünen und Heiden
- > nadelförmige Blätter
- > schwarze Früchte, essbar

Merkmale Krähenbeerengewächse *(Empetraceae)*. Immergrüner, 20–40 cm hoher Zwergstrauch, kriecht und bildet Teppiche. Seine Laubblätter wirken dadurch, dass sie nach unten eingerollt sind, nadelförmig. Sie sind 5 mm lang und etwa 1 mm breit. Die Blüten sind rötlich, unscheinbar und häufen sich an den Zweigenden. Auffällig sind die kugeligen, schwarz glänzenden, 6–8 mm großen Früchte. Blütezeit Mai/Juni, Fruchtreife August/September. **Vorkommen** In Dünen und Heiden an Nord- und Ostsee sowie in den Alpen. **Wissenswertes** Die Früchte wurden lange Zeit fälschlicherweise als giftig angesehen. Nach Frosteinwirkung sind sie jedoch genießbar, schmecken ähnlich sauer wie Preiselbeeren und lassen sich sowohl roh verzehren als auch zu Marmelade verarbeiten.

Küste: Wirbellose Tiere

Ohrenqualle >1
Aurelia aurita

> ein Tier wie Wackelpudding
> oft in Massen angespült
> für Menschen harmlos

Merkmale Bis 30 cm großes Tier, gleicht einem durchsichtigen Regenschirm. Der Mund auf der Unterseite ist von vier kräftigen Fangarmen und zahlreichen, dünnen Tentakeln umgeben. **Vorkommen** Häufig in Nord- und Ostsee. **Lebensweise** Schwimmt frei im Meer und lähmt mit Nesselzellen auf ihren Tentakeln kleine Fische und Meerestierchen. Mit ihren Armen fängt sie die gelähmten Opfer. **Wissenswertes** Unangenehm für Badende sind Begegnungen mit ihrer Verwandten, der rotbraunen Feuerqualle *(Cyanea capillata)*. Ihre Tentakel werden bis zu 10 m lang und verursachen Verbrennungen auf der Haut.

Dickhörnige Seerose >2
Urticina felina

> gefräßiges Blumentier
> für Menschen harmlos
> häufig in Felstümpeln

Merkmale Keine Pflanze, sondern ein »Raubtier«! Bis 15 cm hoch und wie ein kleiner Baum gewachsen. Die mehr als 150 »Äste« sind mit Nesselzellen besetzte Fangarme. An ihrem Grund liegt der Mund. Färbung rot, grün, gelb oder blau, auch gemustert. **Vorkommen** Auf felsigen Gründen in Nord- und Ostsee. Oft in zeitweise trockenfallenden Tümpeln der Gezeitenzone. **Lebensweise** Fängt mit den Tentakeln Würmer, Muscheln und Krebse. **Wissenswertes** Oft in Meeresaquarien gezeigt.

Wellhornschnecke >3
Buccinum undatum

> Schnecke mit langem Rüssel
> bis 10 cm groß
> »Müllabfuhr des Meeres«

Merkmale Bis 10 cm groß, weißliches oder graugelbliches Gehäuse, dessen letzte Umdrehung sehr groß ist. Die Schnecke selbst ist weiß mit schwarz gesprenkeltem Fuß. **Vorkommen** In Nord- und Ostsee vom Flachwasser bis in 100 m Tiefe. **Lebensweise** Frisst Aas, aber auch lebende Tiere. Stößt dazu ihren langen, ausstülpbaren Rüssel zwischen Muschelschalen. Mit einer Raspelzunge am Rüsselende schabt sie die Muscheln leer. **Wissenswertes** Im Spülsaum findet man oft ihre leeren Eiballen.

Gemeine Strandschnecke >4
Littorina littorea

> dickwandige Häuser
> oft in Massen an Felsen
> essbar

Merkmale 2–4 cm groß, dickes, zugespitztes Gehäuse. Graugrün, gelblich oder bräunlich mit helleren Längsstreifen. **Vorkommen** An sandigen und felsigen Küsten von Nord- und Ostsee. **Lebensweise** Raspelt mit ihrer Zunge Algenbeläge von der Oberseite von Steinen ab. Kann mit einer Hornplatte ihr Haus verschließen und übersteht so auch längeres Trockenfallen. **Wissenswertes** Die Schnecke ist essbar, das wussten schon unsere Vorfahren: Ihre Schalen fand man an steinzeitlichen Kochplätzen.

Küste: Wirbellose Tiere

- > eine Muschel, die bohrt
- > frisst Holz
- > zerstört hölzerne Schiffe und Stege

Schiffsbohrwurm >1 — *Teredo navalis*

Merkmale Etwa 20 cm lange Muschel (kein Wurm!), deren Schale nur noch aus zwei winzigen, etwa 1 cm langen Resten besteht. **Vorkommen** Lebt in jeder Art von Holz, das im Meereswasser mit einem Salzgehalt von 9–35 ‰ liegt, steht oder schwimmt. **Lebensweise** Ihre zwei kleinen Schalen sind so konstruiert, dass sich die Muschel damit regelrecht in Holz hineinbohren kann. Die Holzspäne dienen dem genügsamen Tierchen als Nahrung. Sie gräbt sich so bis zu 60 cm tiefe Gänge, die sie mit einer Kalkschicht auskleidet. Den Eingang kann sie mit kleinen Kalkplatten verschließen und überlebt so auch längere Trockenzeiten. **Wissenswertes** Der Schiffsbohrwurm richtet verheerende Schäden (von außen oft nicht sichtbar) an Hafenmolen und Schiffen an.

- > blauschwarz bis violett
- > bildet Miesmuschel-Bänke
- > eine nicht ungiftige Delikatesse

Essbare Miesmuschel >2 — *Mytilus edulis*

Merkmale Meist 6–8 cm große, blauschwarze bis violette Muschel, glänzt innen wie Perlmutt. **Vorkommen** In großen Kolonien auf dem Meeresboden von Nord- und Ostsee. **Lebensweise** Die Muscheln heften sich mit sehr klebrigen Fäden am Untergrund fest. So bilden sie, über- und untereinander liegend, riesige Muschelbänke aus Abertausenden von Tieren. Sie filtrieren pausenlos das Wasser durch und ernähren sich von darin schwebenden, winzigen Teilchen. Ihre Eier und Samen geben sie einfach ins Wasser ab. Aus den befruchteten Eiern schlüpfen winzige Schwimmlarven, die sich wieder festsetzen. **Wissenswertes** Miesmuscheln sind leckere und begehrte Speisemuscheln. Da sie aber nicht nur Wasser filtrieren, sondern auch darin gelöste, giftige Schwermetalle anreichern, sollte man sie nicht zu häufig essen.

- > Schalen wie eine Messerscheide
- > kann schwimmen und graben
- > aus Amerika eingewandert

Amerikanische Scheidenmuschel >3 — *Ensis directus*

Merkmale Meist bis 16 cm lange Muschel. **Vorkommen** In Sandböden der Nordsee (und in der westlichen Ostsee). **Lebensweise** Sie ist bei Weitem nicht so unbeweglich, wie man sich eine Muschel vorstellt. Mit ihrem muskulösen Fuß vermag sie sich flink im Sand einzugraben, und wenn sie ihre Schalen heftig bewegt, schwimmt sie sogar im Wasser. Sie lebt senkrecht eingegraben im Sand, sodass nur noch eine Art Schnorchel herausschaut. Damit saugt sie Wasser ein, filtert Nahrungspartikel heraus und prustet das Restwasser wieder heraus. **Wissenswertes** Die Amerikanische Scheidenmuschel stammt ursprünglich aus Nordamerika und ist wahrscheinlich in den 1970er-Jahren mit Schiffen nach Europa gelangt. Hier konnte sie schnell Fuß fassen und ist heute regelmäßig an der Nordsee zu finden.

Küste: Wirbellose Tiere

- > Delikatesse
- > lebt in großen Kolonien
- > in Muschelfarmen gezüchtet

Europäische Auster >1 *Ostrea edulis*

Merkmale 10–15 cm große, fast kreisrunde, sehr dicke Schalen mit kräftiger Riffelung. Schmutzig weiß bis graubraun gefärbt, gelegentlich auch rötlich. **Vorkommen** Braucht einen Salzgehalt von mindestens 19‰ und kommt daher bei uns nur in der Nordsee vor, nicht aber in der Ostsee. **Lebensweise** Austern leben festgeheftet an Steinen oder Pfählen. Die kleinen Larven schwimmen kurz umher und setzen sich dann fest. **Wissenswertes** Um sich fortzupflanzen, brauchen Austern im Sommer Wassertemperaturen von mehr als 15°C. So werden sie in unseren Gewässern meist nicht geschlechtsreif. Deshalb werden Larven importiert und in Muschelfarmen ausgesetzt. Es gibt aber auch kleinere, natürliche Bestände. Die meisten natürlichen Austernbänke der Nordsee wurden durch Überfischung und Verschmutzung vernichtet.

- > »springt« einen halben Meter
- > atmet über Schnorchel
- > essbar

Essbare Herzmuschel >2 *Cerastoderma edule*

Merkmale Ihre Schalen werden etwa 5 cm groß, sie kann gräulich weiß, gelblich, aber auch bläulich gefärbt sein. **Vorkommen** Sehr weit verbreitet, da sie auch in brackigem Wasser leben kann. Bei uns häufige Muschel in Nord- und Ostsee. **Lebensweise** Lebt eingegraben in sandigen und schlammigen Böden. Streckt zwei Schnorchel ins Wasser: einen zum Wasser-Einsaugen, einen zum Herausprusten. Zwischenzeitlich entzieht sie dem Wasser Sauerstoff und filtert Nahrungspartikelchen heraus. **Wissenswertes** Die Muschel besitzt einen muskulösen Fuß, den sie aus der Schale herausstreckt. Stemmt sie sich damit in den Boden und stößt sich mit einem Ruck ab, springt sie bis zu einem halben Meter weit.

- > sehr intelligent
- > Schnabel papageiartig
- > spritzt Tinte

Gemeiner Tintenfisch >3 *Sepia officinalis*

Merkmale Bis 60 cm langer Tintenfisch, der am Kopf zehn Arme hat: zwei lange und acht kurze. Sie sind mit kräftigen Saugnäpfen ausgestattet. Der Rest des Körpers ist nur ein schlaffer Sack mit einem Flossensaum am Rand. Wird bis zu 5 kg schwer. **Vorkommen** In der Nordsee auf sandigem Grund und zwischen Seegräsern. **Lebensweise** Geht nur nachts auf Jagd. Greift mit seinen Fangarmen Fische, Krebse sowie Muscheln, während eine Art Papageischnabel am Grund der Arme Stücke aus dem Opfer reißt. Er entflieht selbst Feinden, indem er schwarze Tinte verspritzt (Name!). **Wissenswertes** Tintenfische sind keine Fische, sondern eher »Tintenschnecken«, denn sie gehören in die Verwandtschaft der Schnecken und Muscheln. Außerordentlich leistungsfähig ist ihr hochentwickeltes Nervensystem, weshalb die Tiere als sehr intelligent gelten.

Küste: Wirbellose Tiere

- › verpacktes Krebschen
- › Spritzwasser genügt zum Leben
- › häufig an Steinmolen

Gemeine Seepocke ›1 — *Semibalanus balanoides*

Merkmale 0,5–1,5 cm großer Krebs von ungewöhnlicher Gestalt: Sein ganzer Körper ist in einem Berg aus sechs weißlich grauen Kalkplatten verborgen, nur seine Arme gucken heraus. **Vorkommen** In Nord- und Ostsee häufig. **Lebensweise** Lebt festgeheftet auf Gegenständen im Wasser, sogar auf Tieren wie Walen. Am Ufer wird sie oft nur vom Spritzwasser erreicht, selbst das genügt ihr zum Leben. Frisst Schwebteilchen, die an den Fangarmen hängen bleiben. **Wissenswertes** Seepocken überstehen Trockenzeiten, indem sie ihren Kalkpanzer dicht machen.

- › bekannt als »Krabbensalat«
- › mit Krabbenkuttern gefischt
- › nur nachts aktiv

Nordseegarnele ›2 — *Crangon crangon*

Merkmale Bis 7 cm großer, länglicher, durchsichtiger Krebs mit krebstypischem, gepanzertem Körper. **Vorkommen** In Flachwassergebieten von Nord- und Ostsee. **Lebensweise** Ruht tagsüber kaum sichtbar am Meeresboden, geht nur nachts auf Beutefang. Jagt Würmer, Schnecken und kleine Krebse. **Wissenswertes** Ein typischer Anblick an der Nordsee sind die Krabbenkutter mit ihren Schleppnetzen. Sie fangen ausschließlich Nordseegarnelen (»Krabben«). Die großen Weibchen werden als »Nordseekrabben« verkauft, die kleinen Männchen zu Fischmehl verarbeitet.

- › lebt in Schneckenhäusern
- › zieht regelmäßig um
- › mit mächtigen Scheren

Gemeiner Einsiedlerkrebs ›3 — *Pagurus bernhardus*

Merkmale Etwa 10 cm großer, gelboranger Krebs, der in Schneckenhäusern wohnt und diese stets mit sich herumschleppt. Darin verbirgt er seinen weichhäutigen Hinterleib. Aus dem Haus ragen Kopf, Vorderbeine und die mächtigen Scheren. **Vorkommen** Auf Sand- und Felsböden in Nord- und Ostsee. **Lebensweise** Fängt Schnecken, Würmer und andere Kleintiere, frisst auch Aas. **Wissenswertes** Wird sein Schneckenhaus zu klein, krabbelt er in ein nächstgrößeres hinein.

- › immer im Seitwärtsgang
- › knackt Muscheln
- › gräbt sich bei Ebbe ein

Gemeine Strandkrabbe ›4 — *Carcinus maenas*

Merkmale Etwa 8 cm großer Krebs mit fünf Beinpaaren und breitem Rückenpanzer, der am Vorderrand gezähnelt ist. Das erste Beinpaar trägt Kneifscheren. **Vorkommen** Auf Äckern und Wiesen, Weiden und Gärten. **Lebensweise** Bei Ebbe vergräbt sie sich im Meeresboden oder versteckt sich in Felsnischen. Erbeutet bei Flut Fische, Muscheln und Krebse, frisst auch Aas. **Wissenswertes** Wandert nachts auf der Suche nach Fressbarem über den Strand. Bewegen sich im Seitwärtsgang vorwärts.

Küste: Wirbellose Tiere

- > Charakterwurm des Watts
- > frisst Sand
- > hinterlässt »Sandwürstchen«

Wattwurm >1 — *Arenicola marina*

Merkmale Bis 30 cm langer, kräftiger, rotbrauner, geringelter Wurm. **Vorkommen** In der Nordsee sowie in der westlichen Ostsee. **Lebensweise** Lebt unterirdisch in selbst gegrabenen Wohnröhren. Eigentlich sieht man nur das, was er an charakteristischen Lebensspuren auf dem Wattboden hinterlässt: Häufchen aus gedrehten Sandwürstchen (sein Kot) und daneben ein Loch im Wattboden. Das Loch ist ein Fraßtrichter: Darunter frisst der Wurm Sand oder Schlick, er lebt ähnlich wie unser Regenwurm im Garten von den im Sand vorhandenen Nährstoffen. Da, wo der Kothaufen liegt, kommt er regelmäßig nach oben, um die unverdaulichen Reste auszuscheiden. **Wissenswertes** Die »Sandwürstchen« des Wattwurms bedecken riesige Flächen des Wattenmeeres.

- > gefürchtete Stachelkugeln
- > häufig an Hafenmolen
- > weidet Felsen ab

Essbarer Seeigel >2 — *Echinus esculentus*

Merkmale Bis 16 cm groß, meist aber deutlich kleiner. Violett, sehr stachelig und rund mit flacher Unterseite, hier befindet sich die Mundöffnung mit kräftigen Zähnen. **Vorkommen** In der Nordsee in Seegraswiesen, auf Felsböden, Algen und Steinen. **Lebensweise** Bewegt sich mit zahlreichen, winzigen Saugnäpfchen fort, die zwischen den Stacheln hervorragen. So weidet er gemächlich Algen und kleine, festsitzende Tierchen von Pflanzen und Steinen ab. **Wissenswertes** In südlichen Ländern werden die Weichteile des Stachelhäuters gegessen (Name!). Begehrt sind seine Geschlechtsorgane, die früher sogar roh aus den Tieren herausgelutscht wurden. Auf einen Seeigel zu treten ist äußerst schmerzhaft! Die Stacheln brechen dabei ab und injizieren ein zwar harmloses, aber brennendes Gift in die Wunde.

- > hat fünf Arme und Augen
- > gefräßiger Räuber
- > kann Muschelschalen öffnen

Gemeiner Seestern >3 — *Asterias rubens*

Merkmale Bis zu 30 cm großes Tier von eigentümlichem Bau. Es hat fünf sternförmig angeordnete Arme mit je einem roten Augenfleck an der Spitze, der Mund liegt auf der Unterseite (rechts). **Vorkommen** Häufig in Nord- und Ostsee, gern auf Muschelbänken. **Lebensweise** Wirkt auf den ersten Blick friedlich, ist aber ein gnadenloser Räuber. Stülpt sich über seine Opfer, oft Muscheln, und zieht mit seinen Saugnäpfen unter den muskulösen Armen oft stundenlang die Schalen auseinander. Kann die Muschel dem Dauerzug nicht mehr standhalten, stülpt er seinen Magen in sie hinein und verdaut ihr Inneres. **Wissenswertes** Seesterne sind wegen ihrer Gefräßigkeit keine gern gesehenen Tiere auf Muschelbänken. Auch in den Fischereinetzen machen sie sich flink über die gefangenen Fische her.

Küste: Fische

- > schlank und silberglänzend
- > von Seevögeln begleitet
- > bildet »Heringsberge«

Hering >1 *Clupea harengus*

Merkmale Bis zu 40 cm lang, schlank, silbrig glänzend, kurze Rückenflosse. **Vorkommen** Meeresfisch, im freien Wasser bis zu 250 m Tiefe. Bei uns in Nord- und Ostsee weit verbreitet. **Lebensweise** Schwarmfisch. Frisst winzige Krebschen, Schnecken und Fischlarven. Die Eier sinken zu Boden, sie bilden hier dichte Teppiche. **Wissenswertes** Als »Heringsberg« bezeichnet man riesige Schwärme aus Tausenden Tonnen Fisch. Sie werden häufig von Tausenden hungriger Seevögel begleitet.

- > typisch: der Bartfaden
- > »Dörrfisch«
- > färbt sich passend zur Umgebung

Dorsch, Kabeljau >2 *Gadus morhua*

Merkmale Wird bei uns etwa 80 cm lang. Je nach Wohngebiet unterschiedlich gefärbt, meist grünlich, rötlich oder bräunlich gefleckt. Kräftiger Bartfaden. **Vorkommen** Meeresfisch, bei uns in Nord- und Ostsee. **Lebensweise** Sowohl in Küstennähe als auch weit draußen im offenen Meer. Lebt am Meeresgrund, wo er mit dem Bartfaden Krebse, Würmer, Schnecken, Muscheln und Fische aufspürt. **Wissenswertes** Dorsch bedeutet »Dörrfisch«, seit den Tagen der Wikinger sind getrocknete Dorsche (»Stockfisch«) die Lebensgrundlage nordischer Völker.

- > ist kein Aal
- > in flachen Küstengewässern
- > »Gebärfisch«

Aalmutter >3 *Zoarces viviparus*

Merkmale Bis zu 50 cm lang, aalförmig, hinten spitz zulaufend, an Bauch und Rücken mit langen Flossensäumen. **Vorkommen** In flachen Küstengewässern, meist in 4–10 m Tiefe. Bei uns in Nord- und Ostsee. **Lebensweise** Lebt als Grundfisch in Seegraswiesen und im Brackwasser an Flussmündungen. Frisst Würmer, kleine Krebse, Muscheln, Schnecken und Fische. **Wissenswertes** Diese Fische legen keine Eier (»Gebärfische«). Nach einer Tragzeit von vier Monaten bringen Aalmuttern bis zu 400 aalartige Junge zur Welt (Name!). Sie sind etwa 0,5 cm groß und leben als Grundfische am Boden.

- > rot mit gepanzertem Kopf
- > knurrt dumpf
- > »läuft« am Meeresgrund

Roter Knurrhahn >4 *Trigla lucerna*

Merkmale Bis zu 60 cm großer Fisch mit gepanzertem Kopf, oben rotbraun, an den Körperseiten orange. **Vorkommen** Bei uns in der Nordsee in 5–300 m Tiefe. Jungfische häufig in Küstennähe an Flussmündungen. **Lebensweise** Meist als Bodenfisch am Meeresgrund, aber auch im freien Wasser, springt bisweilen weit aus dem Wasser. Frisst Fische und kleine Krebse. Knurrt hauptsächlich zur Paarungszeit. **Wissenswertes** Läuft mit seinen fingerartigen Bauchflossen auf dem Boden und ertastet Beutetiere.

Küste: Fische

- › dicke Oberlippe
- › von den Kanaren bis zur Nordsee
- › in flachen Küstengewässern

Dicklippige Meeräsche ›1 *Chelon labrosus*

Merkmale Schlanker, bis zu 60 cm großer Fisch mit plattem Kopf und dicker, warziger Oberlippe. **Vorkommen** Sommergast in flachen Küstengewässern der Nord- und Ostsee, auch im Brackwasser der Flussmündungen. **Lebensweise** Schwarmfisch, der gern über weichem Grund mit reichhaltiger Vegetation nach Nahrung sucht. Das sind Algen und kleine Bodentiere wie Schnecken, Krebschen und Würmer. Die Jungfische leben dicht unter der Wasseroberfläche, wo sie winzige Organismen (Plankton) aus dem Wasser filtern. **Wissenswertes** Lebt bevorzugt in gemäßigten Meeren vor der westafrikanischen Küste, den Kanarischen Inseln, Madeira und den Azoren. Im Sommer wandern die lebhaften Schwarmfische in Richtung Norden zu uns und bis an die skandinavischen Küsten.

- › rund mit schiefem Maul
- › liegt platt am Boden
- › geschätzter Nutzfisch

Steinbutt ›2 *Psetta maxima*

Merkmale Bis zu 1 m großer, fast kreisrunder, flacher Fisch mit schiefem Gesicht. Je nach Aufenthaltsort unterschiedlich gefärbt und dadurch vorzüglich getarnt. **Vorkommen** Nordsee und westliche Ostsee in 20–70 m Tiefe. **Lebensweise** Am Boden, frisst hauptsächlich andere Grundfische. Die Jungen leben in flachen Küstengewässern. **Wissenswertes** Plattfische haben ihre Körperform in erstaunlicher Weise an das Leben am Meeresgrund angepasst: Ihre eine Körperhälfte (nicht der Bauch!) liegt am Boden, dadurch musste ein Auge zwangsläufig »nach oben wandern« und auch ein Teil der Mundöffnung. So entsteht das schiefe Gesicht der Plattfische. Ihre Jungen sehen noch aus wie normale Fische, erst später, wenn sie 12–13 mm lang sind, wandern Auge und Mundöffnung nach oben.

- › rot gepunktet
- › »Goldbutt«
- › geschätzter Speisefisch

Scholle ›3 *Pleuronectes platessa*

Merkmale Meist 25–40 cm großer, ovaler Plattfisch (selten bis zu 90 cm) mit dem typischen, schiefen Gesicht. Färbung graubraun mit roten oder orangefarbenen Punkten. Wiegt bis zu 7 kg. **Vorkommen** Bei uns in Nord- und Ostsee vom Flachwasser bis in 200 m (meist 10–20 m) Tiefe. Meist auf sandigem Grund. **Lebensweise** Vorzugsweise nachtaktiv, dann auch im flachsten Wasser von Lagunen und Flussmündungen. Frisst Krebse, Würmer und dünnschalige Muscheln. Kann sich nahezu unsichtbar machen, indem sie ihren Körper durch kräftige Flossenschläge mit Sand und Steinchen bedeckt. Im Wattenmeer findet man Schollen bei Ebbe (Niedrigwasser) häufig in überbleibenden Wasserrinnsalen. **Wissenswertes** Die Scholle (»Goldbutt«) ist einer der wichtigsten Nutzfische, der europäische Jahresfang beträgt 100 000 bis 120 000 Tonnen.

Küste: Vögel

Weißwangengans, Nonnengans >1 — *Branta leucopsis*

- > weißes Gesicht
- > Familien überwintern
- > auf Salzwiesen und Weiden

im Flug: schwarze Brust und helles Band

Merkmale Mittelgroße, schwarz-weiße Gans. **Vorkommen** Brutvogel der arktischen Tundra, bei uns hauptsächlich als Wintergast von Oktober bis April im Wattenmeer. **Lebensweise** Frisst bei uns auf Salzwiesen des Wattenmeeres, aber auch auf Weiden und Äckern. Ruheplätze auf Sandbänken und im Watt. **Wissenswertes** Da die Weltpopulation sich im Winter auf Quartiere im europäischen Wattenmeer konzentriert, spielen unsere Küsten eine wichtige Rolle zum Schutz der hochnordischen Gänse.

Ringelgans >2 — *Branta bernicla*

- > Wintergast an der Küste
- > oft in großen Scharen
- > ruft »rott-rott« (»Rottgans«)

kleine Gans mit weißem »Heck«

Merkmale Kleinste (nur stockentengroße), dunkelste Gans mit weißem »Heck« und weißen Halbmondflecken an den Halsseiten. **Vorkommen** Als Brutvogel fast zirkumpolar an seenreichen Küsten des hohen Nordens, bei uns als Durchzügler und Wintergast von Oktober bis Mai im Wattenmeer. **Lebensweise** Brütet kolonieweise in der Tundra, lebt auf dem Zug und im Winter von Seegräsern, Queller und Algen. **Wissenswertes** Bei Ebbe sieht man Ringelgans-Scharen in langen Ketten ins Watt zum Fressen fliegen, bei Flut kehren sie auf die Salzwiesen zurück.

Brandgans >3 — *Tadorna tadorna*

- > auffallend bunt
- > brütet in Kaninchenhöhlen
- > Küken in Kindergärten

auffällig kontrastreiches Flugbild

Merkmale Auffallend kontrastreich mit breitem, fuchsrotem Brustband, Männchen im Sommer mit karminrotem Schnabelhöcker. **Vorkommen** Brutvogel an Meeresküsten und Flussmündungen. **Lebensweise** Legt zwischen fünf und zwölf Eier in Höhlen, z. B. Kaninchenbauten in Dünen. Viele Jungvögel werden zusammen von wenigen Altvögeln betreut (»Kindergärten«). **Wissenswertes** Von Juli bis September versammeln sich Zehntausende Brandgänse auf bestimmten Sandbänken der Nordsee, um hier ihr Gefieder zu erneuern. Während dieser Zeit sind sie flugunfähig.

Eiderente >4 — *Somateria molissima*

- > Kopf keilartig
- > liefert Daunen
- > schätzt frische Muscheln

Männchen und Weibchen im Flug

Merkmale Massige, kontrastreiche Meeresente (links Männchen, rechts Weibchen), größer als Stockente, keilförmiger Schnabel. **Vorkommen** Brutvogel der Küsten, im Winter bei uns zusätzlich zahlreiche Gäste auf Nord- und Ostsee. **Lebensweise** Ernährt sich von Muscheln und Krebsen. Taucht dabei bis zu 20 m (meist bis zu 6 m) tief. **Wissenswertes** Berühmt ist sie wegen ihrer hochwertigen Daunen, mit denen sie ihr Nest und wir unsere Federbetten auspolstern. Zum Gefiederwechsel konzentrieren sich Tausende Eiderenten an traditionellen Plätzen im Wattenmeer.

Küste: Vögel

Austernfischer >1 — *Haematopus ostralegus*

- frisst keine Austern
- ruft lautstark »kliieep!«
- wird über 35 Jahre alt

im Flug sehr ruffreudig

Merkmale Etwa krähengroß. Unverwechselbar durch schwarz-weißes Gefieder mit langem, rotem Schnabel und Beinen. **Vorkommen** Häufiger Brutvogel unserer Küsten, auch binnendeichs auf Wiesen und Weiden. **Lebensweise** Bodennest mit drei Eiern. Zur Nahrungssuche stochert er mit seinem langen Schnabel im Watt nach Mies- und Herzmuscheln (nicht nach Austern!), Krebsen und Würmern. Nachbarn grenzen ihre Reviere mit gesenkten Köpfen und lautstarken Trillerturnieren gegeneinander ab. **Wissenswertes** Austernfischer führen mustergültige Dauerehen (bis zu 20 Jahre nachgewiesen) und brüten über viele Jahre am selben Platz. Auch die Jungvögel kehren an ihren Geburtsort zurück. Außerhalb der Brutzeit versammeln sie sich zu großen Trupps.

Säbelschnäbler >2 — *Recurvirostra avosetta*

- aufwärts gebogener Schnabel
- im Seichtwasser der Küsten
- zur Brutzeit Scheinangriffe

weißer Bauch und gestreifte Oberseite

Merkmale Überwiegend weiß mit schwarzen Abzeichen, etwa taubengroß mit langem, aufgeworfenem Schnabel und langen, bläulichen Beinen. **Vorkommen** Brütet in wenigen Zentren an der Nordseeküste. Durch die hochspezialisierte Form der Nahrungsaufnahme an seichte Gewässer in Meeresbuchten oder an Flussmündungen gebunden. **Lebensweise** Brütet in Kolonien, meist möglichst nah am Wasser. Nester aus zwei bis vier oder fünf Eiern am Boden auf Gras, Schlick oder Sand. Zur Nahrungssuche »säbeln« sie durch seichtes Wasser oder durch Schlick, dabei wird der Kopf seitwärts bewegt, der gebogene Schnabelteil leicht geöffnet. Zur Beute zählen Würmer, kleine Krebse und Insekten. **Wissenswertes** Starten während der Brutzeit Scheinangriffe auf potenzielle Nesträuber.

Seeregenpfeifer >3 — *Charadrius alexandrinus*

- flotter Renner
- ruft weich »djet«
- an Stränden und in Dünen

im Flug mit schmalen, weißen Flügelbinden

Merkmale Kaum größer als Spatz, aber mit längeren Beinen. Hell sandfarben und weiß mit wenigen schwarzen Flecken an Kopf und Hals. **Vorkommen** Brutvogel an sandigen Lebensräumen der Küste. **Lebensweise** Legt drei Eier in eine schlichte kleine Sandmulde ohne Nistmaterial. Männchen (links) und Weibchen (rechts) brüten abwechselnd. Die Küken verlassen das Nest bald nach dem Schlupf (Nestflüchter) und werden noch vier bis sechs Wochen von beiden Elternteilen geführt. **Wissenswertes** Während der Brutzeit locken die Altvögel Bodenfeinde in Nestnähe durch auffälliges Verhalten vom Nest fort: Entweder sie flitzen blitzschnell fort oder sie stellen sich verletzt und torkeln umher, um dann, kurz bevor sie erhascht werden, munter und schnell fortzufliegen. Seeregenpfeifer leiden wie wohl kaum ein anderer Vogel unter dem sommerlichen Badebetrieb an den Stränden.

Küste: Vögel

- › lebt nicht in den Alpen
- › Watvogel der Nordsee
- › bildet große Vogelwolken

Alpenstrandläufer ›1 *Calidris alpina*

Merkmale Etwa starengroß mit langem Schnabel. Zur Brutzeit (links) unverkennbar mit auffälligem, schwarzem Bauchfleck. Im Winter (rechts) unten weiß und dann nicht leicht von anderen Strandläufern zu unterscheiden. **Vorkommen** Als Brutvogel auf Strandrasen und Weiden bei uns eher selten. Zur Zugzeit aber in riesigen Scharen im Wattenmeer der Nordsee. **Lebensweise** Außerhalb der Brutzeit auf festen und feuchten Schlickflächen im Wattenmeer und an Flussmündungen. Hier lebt er von Würmern, Schnecken, Muscheln und kleinen Krebsen. **Wissenswertes** Zur Zugzeit einer der häufigsten Watvögel an der Nordsee. Oft ist er mit anderen Strandläufern wie dem Knutt vergesellschaftet und verdunkelt dann zu Hunderttausenden den Himmel über dem Watt.

fliegt oft dicht über Wattflächen

- › ist die »Stimme der Küste«
- › »jodelt« im Gleitflug
- › sitzt auf Zaunpfählen

Rotschenkel ›2 *Tringa totanus*

Merkmale Etwas größer als eine Amsel, mit langen, roten Beinen und langem roten Schnabel mit schwarzer Spitze. Beim Auffliegen wird ein weißer Rückenkeil sichtbar und der breite, weiße Flügelhinterrand. Rotschenkel-Rufe zählen zu den häufigsten Vogelstimmen an der Küste. **Vorkommen** In küstennahen Grasländern mit nicht zu hohem Pflanzenwuchs und feuchten Nahrungsgebieten in der Nähe. **Lebensweise** Der Rotschenkel legt seine vier Eier in ein Bodennest, das gut in der Vegetation versteckt liegt. Er ernährt sich von kleinen Würmern, Krebsen und Muscheln. Zur Zugzeit in großen Trupps im Wattenmeer. **Wissenswertes** Fällt bei Spaziergängen an der Küste sofort auf mit seinen durchdringenden Jodlern »dahiddlahiddlahidl...«, flötenden Rufen »tjü-dü-dü« und harten Warnrufen »chip-chip«.

charakteristisch: der weiße Rückenkeil

- › grazilier Stoßtaucher
- › Langstreckenzieher
- › brütet in Kolonien

Flussseeschwalbe ›3 *Sterna hirundo*

Merkmale Etwas kleiner, vor allem aber zierlicher und eleganter als eine Lachmöwe. Mit langen, spitzen Flügeln und langem, gegabeltem Schwanz. Typisch sind die durchdringenden »kriiieeää«-Rufe. **Vorkommen** An flachen Küsten wie dem Wattenmeer und an Flussmündungen. **Lebensweise** Brütet in Kolonien von wenigen bis mehreren Tausend Brutpaaren auf ungestörten Sandbänken und Inseln der Küste. Typisch sind ihre langsamen Suchflüge über dem Meer: Hat die Flussseeschwalbe einen Fisch erspäht, stößt sie pfeilschnell senkrecht nach unten ins Wasser. **Wissenswertes** Hält gemeinsam mit der sehr ähnlichen Küstenseeschwalbe den Rekord unter den Zugvögeln: Jedes Jahr im Frühling geht es vom Südzipfel der Erde bis in die arktischen Brutgebiete und im Herbst wieder zurück.

Küste: Vögel/Säugetiere

> - häufigste Möwe im Binnenland
> - in Städten futterzahm
> - Brutkolonien an Süßgewässern

Jung- und Altvogel im Flug

Lachmöwe >1 — *Larus ridibundus*

Merkmale Etwa so groß wie eine Haustaube, aber schlanker. Trägt im Brutkleid (ab Frühjahr, links) eine schokoladenbraune Kapuze (wirkt von Weitem schwarz). **Vorkommen** Bei uns die häufigste Möwe des Binnenlandes, aber auch an der Küste. Brutkolonien befinden sich im Flachwasser-Bereich an Seen und Flüssen. Zur Nahrungssuche weit davon entfernt auf Wiesen, Äckern, in Städten und sogar an Mülldeponien. **Lebensweise** Brutkolonien umfassen meist zehn bis 100 Paare. Feinde werden hier gemeinsam vertrieben. Die Nahrung ist vielseitig: zur Brutzeit hauptsächlich Regenwürmer, Käfer, Krebse und Aas von Kleintieren, im Winter auch vielfach Abfälle. **Wissenswertes** Kulturfolger des Menschen, der vom zunehmenden Ackerbau und von Mülldeponien profitiert.

> - Großmöwe
> - an Schiffen und in Häfen
> - klagt »aau-aau-kjau-kjau-kjau«

Jungvögel sind bräunlich gesprenkelt.

Silbermöwe >2 — *Larus argentatus*

Merkmale So groß wie ein Bussard, weiß und hellgrau gefärbt mit gelbem Schnabel und rosafarbenen Beinen. Junge Möwen sind graubraun gefleckt. **Vorkommen** Häufigste Großmöwe an unseren Küsten. Folgt Schiffen und sitzt häufig in Fischereihäfen auf Pollern. **Lebensweise** Brütet auf Strandwiesen, in Dünen und auf Felsen. Lebt von Fischen und Fischereiabfällen, Krebsen, Würmern sowie von Eiern und Jungvögeln anderer Seevögel. Im Winter oft zur Nahrungssuche in Häfen und auf Müllplätzen. **Wissenswertes** Anpassungsfähige und ideenreiche Möwe, die sich das jeweils günstigste Nahrungsangebot herausgreift: Fische, Brot oder Abfälle – notfalls räumt sie auch die Nester ihrer Brutnachbarn leer. Gibt es auch da nichts mehr zu holen, fastet sie kurzfristig.

> - Junge sind Heuler
> - ruht auf Sandbänken
> - guter Taucher

Seehund >3 — *Phoca vitulina*

Merkmale Graue Robbe mit rundem Kopf und kurzer Schnauze. Bei Abwesenheit der Mutter »heulen« die Jungen. **Vorkommen** In ruhigen Küstengewässern der Nordsee mit Sandbänken. **Lebensweise** Seehunde können bis zu 100 m tief und 30 Minuten lang tauchen. Dabei erbeuten sie in Küstennähe lebende Fische, Muscheln und Krebse. Zwischen April und Juli bringen sie ihre Jungen auf einsamen Sandbänken zur Welt und säugen sie dort noch etwa sechs Wochen lang. **Wissenswertes** Wie menschliche Säuglinge haben auch junge Seehunde in den ersten Wochen nach der Geburt einen empfindlichen Bauchnabel. Werden sie durch Schaulustige oder Wassersportler gestört, führt das fluchtartige Robben über den Sand oft zu Entzündungen und nicht selten zum Tod. »Heulende« Jungseehunde bitte nicht berühren. Meist kehrt die Mutter zurück, sobald der Mensch außer Sicht ist.

Fährten

- › Trittsiegel breit-oval
- › 6–9 cm lang und 4–7 cm breit
- › Schrittlänge 80–150 cm

Rothirsch (Haupttext Seite 86)

In Wäldern. Beim Gehen und Traben stellt der Rothirsch die Hinterhufe in etwa in die Abdrücke der Vorderhufe (s. Abb.). Der Hinterhuf ist immer etwas kleiner. In deutlichen Abdrücken zeichnet sich der Ballen ab, er nimmt etwa ein Drittel des Trittsiegels ein. Auf der Flucht im Galopp und beim Sprung sind die Hufe stark gespreizt, die Abdrücke liegen dann hintereinander.

- › Trittsiegel länglich herzförmig
- › 4–5 cm lang und 3 cm breit
- › Schrittlänge 60–90 cm

Reh (Haupttext Seite 86)

In Wäldern, auf Feldern. Häufigste Gangarten: Gehen und langsamer Trab. Dabei setzt das Reh die Hinterhufe in die Abdrücke der Vorderhufe (s. Abb.), die Trittsiegel sind nach außen gewandt. Auf der Flucht galoppieren und springen Rehe. Die Hufe sind dann V-förmig gespreizt, die Abdrücke liegen hintereinander.

- › Trittsiegel mit Afterklauen
- › 3–5 cm lang und 7–9 cm breit
- › Schrittlänge 35–45 cm

Wildschwein (Haupttext Seite 86)

In Laub- und Mischwäldern mit Wasserstellen. Typisch ist der Abdruck der Afterklauen (das sind zwei weiter oben am Fuß sitzende Zehen). Typische Gangarten: Gehen und Trab. Dabei setzt das Tier die Hinterhufe in die Abdrücke der Vorderhufe oder knapp dahinter. Man sieht den Abdruck aller vier Afterklauen (s. Abb.). Beim Galopp sind die Hufe stark gespreizt, die Abdrücke liegen hintereinander.

- › Vorderfuß rundlich, Hinterfuß länglich
- › Trittsiegel Vorderpfote 5 cm lang, 3 cm breit
- › Trittsiegel Hinterpfote 7–12 cm lang, 3,5 cm breit

Hase (Haupttext Seite 154)

In offenen Kulturlandschaften. Ob langsam oder auf der Flucht: Hasen bewegen sich immer hoppelnd. Daher sehen ihre Spuren stets gleich aus. Die Trittsiegel der länglichen Hinterpfoten liegen nebeneinander vor den ebenfalls nebeneinander gestellten Trittsiegeln der Vorderpfoten (s. Abb.). Je schneller der Hase, umso größer ist der Abstand zwischen den Spurgruppen – er kann bis zu 3 m betragen. Spuren des Kaninchens ähnlich, nur kleiner und kürzer.

- › Vorderfuß vier Zehen, Hinterfuß fünf Zehen
- › Trittsiegel vorne 3–4 cm lang, 1,5–2 cm breit
- › Trittsiegel hinten 4–5 cm lang, 2,5–3,5 cm breit

Eichhörnchen (Haupttext Seite 202)

In Wäldern, Parks und Gärten. Da die einzige Fortbewegungsart auf dem Boden das Hoppeln ist, sehen die Abdrücke stets gleich aus. Die Trittsiegel der größeren Hinterpfoten liegen nebeneinander vor den ebenfalls nebeneinander gestellten Trittsiegeln der Vorderpfoten (s. Abb.). Da der Abstand zwischen den Hinterpfoten größer ist, entsteht so die typische, trapezförmige Spurgruppe.

Fährten

- > Trittsiegel mit Haupt-, vier Zehenballen und Krallen
- > 5 cm lang, 4,5 cm breit
- > Schrittlänge 70–80 cm

Rotfuchs (Haupttext Seite 84)

Fast überall in Wald und Wiese, in Dörfern und Städten. Der Fuchs bewegt sich meist im Trab. Vorder- und Hinterpfote sind etwa gleich groß. Er setzt die Hinterpfoten in die Abdrücke der Vorderpfoten, deshalb liegen die Abdrücke der rechten und linken Pfoten wie an einer Schnur aufgereiht (»Schnüren«, s. Abb.). Fuchsspuren sind leicht mit denen von Hunden zu verwechseln. Die vom Fuchs sind aber kleiner und schmaler, die beiden mittleren Zehenballen liegen etwas weiter vorne als beim Hund (kleine Abb.).

- > Hauptballen, fünf Zehenballen, Krallen
- > 5–7 cm lang, 3,5–5 cm breit
- > Schrittlänge 30–80 cm

Dachs (Haupttext Seite 84)

In Laub- und Mischwäldern. Wichtiges Merkmal: Die Krallen drücken sich deutlich vor den Ballen ab. Typisch ist die leichte Innenwendung der Pfotenabdrücke. Häufigste Fortbewegungsart des Dachses ist der behäbige Gang. Dabei setzt er die Hinterpfoten etwas nach hinten versetzt in die Abdrücke der Vorderpfoten (s. Abb.).

- > Hauptballen, fünf Zehenballen und Krallen
- > 3,5–5 cm lang, 3–4 cm breit
- > Schrittlänge 40–80 cm

Marder (Haupttext Seite 84 und Seite 202)

In Wäldern, Feldern und Dörfern. Die häufigste Fortbewegungsweise der Marder am Boden ist der »Zweisprung«: Dabei setzen sie ihre Hinterpfoten genau in die Abdrücke der Vorderpfoten (s. Abb.). Flüchtende Marder hinterlassen meist alle vier Pfotenabdrücke.

- > Trittsiegel fast rund, Hauptballen, vier Zehenballen
- > 2–3,5 cm lang, etwa 3 cm breit
- > Schrittlänge 35–45 cm

Katze

Überall häufig, wo Menschen wohnen, aber auch in Wald und Wiese umherstreifend. Im Abdruck sind meist keine Krallen zu sehen, weil sie beim Laufen eingezogen sind. Beim Traben setzt die Katze ihre Hinterpfoten genau in die Abdrücke der Vorderpfoten. Deshalb liegen die Abdrücke der rechten und linken Pfoten wie an einer Schnur aufgereiht (s. Abb.), ein Phänomen, das auch vom Fuchs bekannt ist (»Schnüren«).

- > Trittsiegel mit fünf Zehen und langen Krallen
- > 2,5 cm lang und etwa 3 cm breit
- > Schrittlänge 20–25 cm

Igel (Haupttext Seite 200)

In Gärten, lichten Wäldern und Parks. Da der »Daumen« recht kurz ist, hinterlässt er oft keine Spur; das Trittsiegel kann dadurch vierzehig aussehen. Meist geht der Igel gemächlich voran. Dabei setzt er seine Hinterfüße hinter die Abdrücke der Vorderfüße. Im Trab aber setzt er die Hinterfüße in die Vorderfuß-Spuren hinein oder davor.

Haus-hund

hinten vorne

Spuren & Co. im Wald

> **Dachsbau mit Rutsche**
In Wäldern. Mehrere Meter tiefe Bauten auf verschiedenen Etagen mit vielen Ausgängen. Eingang ca. 30 cm Durchmesser. Typisch: »Rutsche« am Haupteingang, häufig mit Dachsfährten (s. S. 322).

> **Kaninchenbau**
In sandigem Gelände, oft in Dünen. Höhleneingang 10–15 cm Durchmesser. Jedes Tier gräbt seinen eigenen Eingang, alle münden in den gemeinsamen Wohnraum; ausgedehntes, unterirdisches Gangsystem.

> **Wühlmausloch**
Auf Feldern, kurzrasigen Wiesen, in Gärten. Höhleneingang etwa 3,5 cm Durchmesser. Wühlmäuse haben weit verzweigte Gangsysteme, die durch oberirdische Wege miteinander verbunden sind.

> **Maulwurfshügel**
Auf Wiesen mit lockerer Erde und in Gärten. Erdhügel meist 10–20 cm Durchmesser. Unter besonders großen Hügeln (bis zu 50 cm Durchmesser) liegen die Sommer- oder Winternester.

> **Spechthöhle**
In Wäldern. Höhleneingang je nach Art 7–12 cm (Schwarzspecht) oder 7 cm (Buntspecht). Spechte zimmern ihre Höhlen in morsche Baumstämme. Verlassene Höhlen beziehen andere Vögel.

> **Wespennest**
In Baumhöhlen, auf Dachböden, in Schuppen. Bis zu 1 m Durchmesser. Wespen bauen Nester aus Papier, indem sie Holz durchkauen und mit Speichel zusammenkleben. Die Nester werden jedes Jahr neu gebaut.

> **Hornissennest**
Papiernester aus durchgekauten Holzfasern in lichten Wäldern und Gärten, in Baumhöhlen, auf Dachböden oder in Vogel-Nistkästen, bis 60 cm Höhe. Reicht der Platz nicht, wird draußen angebaut.

> **»Kuckuckssspeichel« oder »Hexenspucke«**
Auf Wiesen an Stängeln. In dem 1–2 cm großen Schaumgebilde lebt die kleine Larve der Schaumzikade. Sie saugt Pflanzensäfte und schäumt diese mit Luft auf. Der Schaum schützt vor Feinden.

Spuren & Co. im Wald

> **Gewölle einer Eule**
In Wäldern. Ca. 5 cm lange, walzenförmige Gebilde. Von Eulen ausgespuckte, unverdauliche Nahrungsreste wie Haare, Federn, Knochen. Geeignet zur Untersuchung der Nahrungszusammensetzung.

> **Fuchskot**
In Wald und Wiese. Wurstförmig, 5–8 cm lang, an einem Ende abgerundet, am anderen spitz ausgezogen. Im Herbst oft blau, da Füchse gern Blaubeeren fressen. Oft erhöht auf Baumstubben oder Steinen.

> **Kaninchenkot**
In Dünen und auf Wiesen. Kügelchen von 5–7 mm Durchmesser. Kotpillen des Hasen etwas größer, nur vereinzelt. Kaninchenlosung liegt stets in größeren Mengen in der Nähe der Baue herum.

> **Rupfung eines Greifvogels**
In Wäldern. Dass hier ein Greifvogel und kein Raubsäuger am Werk war, erkennt man an den heilen, nur herausgezupften Federkielen. Säugetiere beißen dagegen die Federn ab. Im Foto Rupfung einer Ringeltaube.

> **Abgefressene Fichtenzapfen**
In Wäldern und Parks. Bei Eichhörnchen sind sie ausgefranst und nur an der Spitze unversehrt. Von Mäusen angenagte Zapfen sehen »ordentlich« aus. Gefressen werden die nahrhaften Samen.

> **Aufgespießte Insekten**
In dornigen Hecken. Hier war ein Vogel am Werk: Der Neuntöter hat die Eigenart, Insekten, die er nicht sofort verzehrt, als Vorrat auf Dornen aufzuspießen. Raubwürger spießen auch Mäuse und Eidechsen auf.

> **Borkenkäfer-Fraß am Baumstamm**
Borkenkäfer-Weibchen nagen eine längliche Brutkammer für ihre Eier unter die Baumrinde. Die Larven fressen sich senkrecht zu der Kammer durchs Holz. So entstehen die typischen Fraßbilder.

> **Eichenbockkäfer-Fraß in Baumrinde**
Fingerdicke Gänge in alten Eichen. Die wurmähnlichen Larven des Eichenbockkäfers fressen sich zunächst durch die Baumrinde und dann tiefer ins Holz hinein, bis es völlig durchlöchert ist.

Spuren & Co. im Wald

> **Gallapfel an Eichenblatt**
> Kirschengroß, grün oder rötlich, hervorgerufen durch wenige Millimeter große, unscheinbare Gallwespen, die ihre Eier ins Blattgewebe stechen. Die Larven wachsen in der Galle heran. Sind vor allem im Herbst zu finden.

> **Schlafapfel an Rose**
> Mehrere Zentimeter groß, rot, an Zweigen von Wildrosen. Der »Schlafapfel« ist eine Abwehrreaktion der Rose, wenn Gallwespen ihre Eier ins Pflanzengewebe legen. Mitunter auch an Zierrosen im Garten.

> **Gallen auf Buchenblatt**
> Etwa 0,5–1 cm große Gebilde auf der Oberseite von Buchenblättern, hervorgerufen durch die Buchengallmücke, die ihre Eier ins Blattgewebe legt. Die Larven wachsen in der Galle heran und verpuppen sich dort auch.

> **Ananasgalle**
> Pflaumengroßes, ananasartiges Gebilde auf Fichten, hervorgerufen durch die Fichtengalllaus, die an den Nadeln saugt, die dann zu einer Galle zusammenwachsen. In der Galle leben die Larven.

Gallen auf Lindenblatt
0,5–1,5 cm große Gewebewucherung auf der Oberseite von Lindenblättern. Entsteht durch ins Blattgewebe gelegte Eier der Gallmilbe. Etwa 250 heimische Gallmilben-Arten rufen unterschiedlich gefärbte und geformte Gallen an jeweils spezifischen Blättern hervor.

> **Fraßspur einer Zwergmotten-Raupe**
> Die 2–7 mm kleinen Zwergmotten zählen zu den Schmetterlingen. Sie legen ihre Eier an Blätter; ihre Raupen fressen sich durchs Blattgewebe. So entstehen die weißlichen, gewundenen Gänge (Minen).

»Hexenbesen« an Birke
Im Winter fallen an kahlen Birken die vogelnestähnlichen »Hexenbesen« auf, die aussehen, als »hätte eine Hexe ihren Besen beim Ritt verloren«. Verursacher: im Baum lebende Schlauchpilze.

> **»Hexenring«**
> Phänomen im herbstlichen Wald. Solche Pilzkreise entstehen durch das Wachstum der Pilze von einem Pilzgeflecht in der Mitte aus. Je einheitlicher die Wachstumsbedingungen, umso gleichmäßiger die Kreise.

Spuren & Co. am Gewässer

> **Vom Biber angenagter Baumstamm**
Wo am Ufer solche Bäume zu finden sind, wohnt ein Biber. Mit dem gefällten Holz baut er Wasserburg und Dämme, die den optimalen Wasserpegel garantieren. Dünne Zweige und Blätter werden gefressen.

> **Wohnburg der Bisamratte**
Wie Biber bauen auch Bisamratten gelegentlich bis zu 1 m hohe Wohnburgen in flache Uferzonen von Seen. Sie bestehen aus Schilf, Binsen und Wasserpflanzen, nicht aber aus Holz.

> **Froscheier auf dem Wasser**
Bis zu 4000 Eier legt ein Grasfrosch-Weibchen im Frühjahr in den Teich. Die Eier quellen im Wasser gallertartig auf und schwimmen in dicken Klumpen (»Laichballen«) auf dem Wasser. Aus ihnen schlüpfen die Kaulquappen.

> **Eischnüre der Erdkröte**
Kröten legen ihre Eier in Teichen ab. Die Erdkröte spannt ihre 3–5 m langen Eischnüre zwischen Wasserpflanzen. Sie enthalten 3000–6000 schwarze Eier, in Zweier- oder Viererreihen angeordnet.

> **Fischeier**
> Im Frühjahr findet man in Flüssen und Seen die bis zu 2 cm breiten Eischnüre vom Flussbarsch mit bis zu 200 000 Eiern. Sie liegen zwischen Wasserpflanzen und Steinen. Fischeier werden auch als »Rogen« bezeichnet.

> **Schneckeneier**
> Wasserlebende Schlammschnecken kleben ihre von einer Gallerthülle umgebenen Eier an die Unterseite von Blättern. Besonders beliebt sind die großen, auf dem Wasser schwimmenden Seerosenblätter.

> **Rohrsänger**
> Die Nester sind kunstfertige Gebilde der Rohrsänger in Form tiefer Körbchen. Die Vögel sind perfekt ans Leben im Schilfsaum angepasst und können sogar ihr Nest an den vertikal wachsenden Halmen aufspannen.

> **Haut von Libellenlarven**
> Die leere Haut der Libellenlarve (»Exuvie«) am Schilfstängel verrät, dass hier vor kurzem eine Libelle geschlüpft ist. Aus dem wasserlebenden Tier ist nun ein Flugkünstler am Teich geworden.

Spuren & Co. an der Küste

> **Sandhäufchen im Watt**
Im Wattenmeer treffen wir bei Ebbe auf unterschiedlich große Sandhäufchen. Sie werden von bodenlebenden Würmern wie dem Wattwurm (s. S. 306) oder dem Kotpillenwurm ausgeschieden.

> **Sandklaffmuschel im Wattboden**
Bis zu 30 cm tief, senkrecht im Wattboden eingegraben, lebt die bis 15 cm lange Sandklaffmuschel und streckt nur ihren Versorgungsschnorchel zur Oberfläche. Bei Erschütterung zieht sie ihn sofort ein.

> **Bäumchen-Röhrenwurm**
Der bis 5 cm große Wurm hat am Vorderende ca. 12 cm lange Tentakel. Die Wohnröhre steckt ca. 25 cm tief im Meeresboden und ragt etwa fingerlang heraus. Tarnung mit Sand oder Steinchen.

> **Skelett eines Seeigels**
Die zerbrechlichen, ca. 4 cm großen Kalkgebilde werden oft an den Strand gespült. Sie sind Skelette des 6 cm großen Herz-Seeigels. Darauf wachsen beim lebenden Tier zahlreiche graue Stacheln.

> **Tintenfisch-Skelett**
Wie kleine, bis zu 18 cm große Surfbretter liegen sie oft im Spülsaum: Es sind die kalkigen Innenskelette der Tintenfische, auch »Schulp« genannt. Im Zoofachhandel für Ziervögel erhältlich.

> **Klippenassel**
Ihr begegnet man oft im Spülsaum. Die 2–3 cm lange Klippenassel lebt an Land und im Meer und ist eine Verwandte der Kellerassel. In der Dämmerung weidet sie Algen von Steinen.

> **Rochen-Ei**
Schwarze, rechteckige, 4 x 6 cm große Gebilde mit hakenförmigen Fortsätzen an allen vier Ecken. Es sind die angeschwemmten Eier des Rochens, meist sind die Jungfische bereits geschlüpft.

> **Eigelege der Wellhornschnecke**
Im Spülsaum findet man häufig schwammartige, apfelgroße Klumpen. Sie bestehen aus vielen zusammengeklebten Eikapseln. Diese Eigelege stammen von der Wellhornschnecke, die Jungen sind meist geschlüpft.

Spuren & Co. an der Küste

> **Zerfressenes Holzstück im Spülsaum**
Spuren des Schiffsbohrwurms (s. S. 300). Sie stammen aber von einer Muschel, die sich mit den Schalen durchs Holz pflügt, Kalk abscheidet und in den Kalkröhren lebt. Zerstört dabei Holzstege im Meer.

> **Kalkröhren auf Steinen**
Die gewundenen Kalkröhren des Dreikant-Röhrenwurms sind im Querschnitt dreieckig (Name!). Von dem 2,5 cm langen Wurm guckt nur das fächerförmige Vorderende heraus.

> **»Pelikanfuß«**
Die 4 cm großen Schneckengehäuse mit den charakteristischen »Pelikanfuß« findet man oft im Spülsaum. Die Schnecke lebt im Meeresboden und wird nach der Form ihrer Schale benannt.

> **Vogelgelege am Strand**
Wenn beim Strandspaziergang plötzlich Vögel laut warnen, ist Vorsicht geboten! Die Nester der Strandvögel liegen oft mitten im Sand und sind schwer zu entdecken. So zertritt man sie nur allzu leicht.

> **Krabben**
> In den Hafenstädtchen an der Nordsee gehört »Krabbenpulen« zum Urlaub. Bei den »Krabben« handelt es sich übrigens um Nordseegarnelen (s. S. 304), die bereits auf dem Kutter gekocht werden.

> **Sandriffelwatt**
> Als »Watt« bezeichnet man den Teil des Meeresbodens, der bei Ebbe trockenfällt. Sandwatt ist sandig und so fest, dass man bequem darauf wandern kann. Die Riffel gehen auf die Wellenbewegungen zurück.

> **Schlickwatt**
> Ist der bei Ebbe trockenfallende Boden nicht sandig-fest, sondern schlammig, heißt er »Schlickwatt«. Gut für Abermillionen kleinster Tiere, die dort leben, aber ungeeignet zum Wattwandern.

> **Felswatt**
> Ist der bei Ebbe trockenfallende Untergrund felsig, heißt das Watt »Felswatt«. An der deutschen Nordseeküste gibt es ein solches Felswatt nur vor der Hochseeinsel Helgoland. Es ist besonders artenreich.

Essbare Pflanzen

> **Wald-Erdbeere (s. S. 22)**
Wald-Erdbeeren sind ein leckeres Wildobst. Aus den getrockneten Blättern lässt sich Tee bereiten. Enthalten viel Vitamin C und Gerbstoffe. Vorsicht: Erdbeeren enthalten Allergene! Sammelzeit: Juni–September.

> **Brombeere (s. S. 44)**
Reife Früchte tiefschwarz. Die Blätter, einige Tage in ein feuchtes Handtuch gewickelt und getrocknet, liefern guten Tee. Enthalten Provitamin A, Fruchtsäuren, Gerbstoffe. Sammelzeit: Früchte Juni–September.

> **Himbeere (s. S. 44)**
Reife Früchte korallenrot und sehr schmackhaft. Die fermentierten Blätter ergeben einen guten Tee. Enthalten verschiedene Vitamine und Mineralstoffe. Sammelzeit: Früchte Mai–August, Blätter ganzjährig.

> **Hundsrose (s. S. 120)**
Aus reifen Hagebutten macht man Marmelade. Tees bereitet man aus Hagebutten, Blüten und Blättern. Inhaltsstoffe: Vitamine, Eisen, Magnesium, Pektin, Fruchtzucker. Sammelzeit: Früchte im Spätherbst.

> **Blaubeere** (s. S. 54)
Reife Früchte dunkelblau. Frische Blätter, mit kochendem Wasser übergossen, ergeben einen leckeren Tee. Inhaltsstoffe: Säuren, Gerbstoffe und Mineralstoffe. Sammelzeit Juli–September.

> **Preiselbeere** (s. S. 54)
Reife Früchte tiefrot. Schmecken roh eher herb. Lecker als Marmelade, Beilage für Wildgerichte. Getrocknete Blätter als Tee. Inhaltsstoffe: Vitamin C, Säuren, Gerbstoffe. Sammelzeit Früchte Juli–September, Blätter Mai–August.

> **Schlehe, Schwarzdorn** (s. S. 120)
Reife Früchte schwarzblau. Nach dem ersten Frost ernten, dann schmecken die Beeren milder. Geeignet für Marmelade, Saft, Schnäpse. Inhaltsstoffe: Vitamin C, Gerbstoffe. Sammelzeit: September–Dezember.

> **Sanddorn** (s. S. 296)
Reife Früchte orange. Ergeben hervorragende Marmelade, Kompott und Saft. Auch roh essbar, dann besonders vitaminreich. Inhaltsstoffe: Sehr viel Vitamin C und weitere Vitamine. Sammelzeit: September–Oktober.

Essbare Pflanzen

> **Waldmeister** (s. S. 24)
Das Kraut wird vor der Blütezeit (!) gesammelt und getrocknet und für die »Mai-Bowle« verwendet. Inhaltsstoffe: Cumarin. In zu hoher Konzentration verursacht es Kopfschmerzen und Übelkeit. Sammelzeit: April.

> **Scharbockskraut** (s. S. 18)
Frische junge Blätter schmecken gut zum Salat. Inhaltsstoffe: Vitamin C, aber auch giftiges Protoanemonin und Anemonin; es sollte daher nur in Maßen genossen werden. Sammelzeit: März–April (möglichst vor der Blüte).

> **Gänseblümchen** (s. S. 162)
Nussartiger Geschmack. Blätter roh als Salatbeilage oder in Kräuterquark. Blüten als essbare Dekoration. Als Tee blutreinigend, hustenlösend. Inhaltsstoffe: Saponin, Bitterstoffe. Sammelzeit: ganzjährig.

> **Löwenzahn** (s. S. 162)
Blätter im Frühjahr als Salat. Wurzel gehackt und in Öl gebraten. Getrocknete Blüten, Blätter, Wurzeln als Tee magenwirksam. Inhaltsstoffe: Inulin, Vitamine, Mineralstoffe. Sammelzeit: Blätter im Frühjahr, Wurzel ganzjährig.

> **Knoblauchsrauke** (s. S. 22)
> Nach Knoblauch riechende Blätter (vor oder während der Blüte geerntet) sind lecker im Salat. Inhaltsstoffe: Senf-ölglykoside; gegen Husten, auch gut als Mundwasser. Sammelzeit: April–September.

> **Giersch** (s. S. 158)
> Junge, hellgrüne Blätter ergeben köstlichen Salat. Ältere Blätter als Spinat oder Suppenbeilage gekocht, erinnern an Petersilie. Inhaltsstoffe: Provitamin A, Vitamin C, Mineralsalze. Sammelzeit: Mai–September.

> **Brennnessel** (s. S. 158)
> Blätter kurz abgebrüht (entfernt Brennwirkung) als Salat. Gekocht als Spinat oder Suppe. Als Tee harntreibend, blutreinigend. Inhaltsstoffe: Provitamin A, Vitamin C. Sammelzeit: Mai–September.

> **Bär-Lauch** (s. S. 34)
> Riecht und schmeckt nach Knoblauch. Blätter, Blüten und Zwiebeln eignen sich frisch zum Würzen von Salaten, Suppen und Quark. Inhaltsstoffe: ätherische Öle. Sammelzeit: Blätter und Blüten März–April, Zwiebeln ganzjährig.

Giftpflanzen

> **Aronstab** (s. S. 32)
Alle Teile, v. a. die roten Beeren sind sehr stark giftig! Symptome: brennende, angeschwollene Zunge, Übelkeit, Erbrechen, Magen-Darm-Beschwerden, Krämpfe. Potenziell tödlich, auch für Weidevieh.

> **Eibe** (s. S. 40)
Alle Teile außer dem roten Samenmantel sind stark giftig. Symptome: Erbrechen, schmerzhafte Koliken, Schwindel. Potenziell tödlich durch Atemlähmung, auch für Pferde und Rinder.

> **Seidelbast** (s. S. 54)
Alle Teile, v. a. die roten Beeren und die Rinde sind sehr stark giftig! Symptome: Niesen, Übelkeit, Fieber, Krämpfe, Lähmungen, Kreislaufkollaps. Potenziell tödlich, auch für Schweine, Pferde, Rinder.

> **Pfaffenhütchen** (s. S. 122)
Alle Teile stark giftig. Symptome: treten oft erst nach 12–18 Stunden auf. Übelkeit, Krämpfe, Fieber, Lähmungen, Kreislaufkollaps. Potenziell tödlich. Die verlockenden Früchte führen v. a. bei Kindern zu Vergiftungen.

> **Tollkirsche (s. S. 30)**
Alle Teile, v. a. die süßen Früchte sind sehr stark giftig! 3–4 Beeren für Kinder, 10–12 für Erwachsene tödlich. Symptome: nach 15 Min. Erregungszustände, Übelkeit, Sehstörungen. Tod durch Atemlähmung.

> **Bittersüßer Nachtschatten**
Alle Teile, v. a. die lecker aussehenden Beeren sind stark giftig. Symptome: Übelkeit, Erbrechen, Augenflimmern, Atembeschwerden, Fieber, Krämpfe. Potenziell tödlich durch Atemlähmung.

> **Zaunrübe**
Alle Teile, v. a. die Beeren und Wurzeln sind stark giftig. Symptome: Äußerlich: Hautrötung, Blasenbildung. Innerlich: Übelkeit, Erbrechen, starker Durchfall, heftige Koliken. Potenziell tödlich durch Atemlähmung.

> **Efeu (s. S. 166)**
Die Blätter und die bitter schmeckenden Früchte sind giftig. Symptome: Übelkeit, Erbrechen, Kopfschmerzen, Fieber. Potenziell tödlich, aber da sie sehr bitter schmecken, wird man kaum eine letale Dosis verzehren.

Giftpflanzen

> **Fingerhut (s. S. 30)**
Alle Teile, v. a. die Blätter sind sehr stark giftig! Symptome: Übelkeit, Erbrechen, Durchfall, Herzrhythmusstörungen. Potenziell tödlich durch Herzstillstand. Auch für Pferde, Rinder und Hunde giftig.

> **Blauer Eisenhut (s. S. 258)**
Alle Teile, v. a. Wurzel und Samen sind sehr stark giftig! Das Gift kann schon beim Pflücken durch die Haut eindringen. Symptome: Übelkeit, Erbrechen, Herzrhythmusstörungen. Potenziell tödlich durch Atemlähmung.

> **Wasserschierling**
Alle Teile, v. a. Stängel und Wurzel sind sehr stark giftig! Symptome: nach 15 Min. Brennen im Mund und Rachen, Übelkeit, Erbrechen, Krämpfe, Bewusstlosigkeit. Potenziell tödlich durch Atemlähmung.

> **Herbstzeitlose (s. S. 116)**
Alle Teile, v. a. Knolle und Samen sind sehr stark giftig! Symptome: nach 2–6 Stunden Übelkeit, Benommenheit, Kolik, Herzrhythmusstörungen. Potenziell tödlich durch Atemlähmung. Auch für Weidevieh giftig.

> **Vielblättrige Lupine**
Alle Teile, v. a. die Samen sind mäßig bis stark giftig. Symptome: Speichelfluss, Erbrechen, Herzrhythmusstörungen. In schweren Fällen potenziell tödlich durch Atemlähmung. Auch alle anderen Lupinen-Arten sind giftig.

> **Goldregen (s. S. 164)**
Alle Teile, v. a. die bohnenähnlichen Hülsen und Samen sind sehr stark giftig! Symptome: meist schon nach 15–30 Min. Brennen in Mund und Rachen, Übelkeit, Erbrechen, Schwindel. Potenziell tödlich durch Atemlähmung.

> **Rhododendron**
Alle Teile, v. a. die Blätter sind giftig bis stark giftig – auch die Garten-Zuchtformen. Symptome: Übelkeit, Durchfall, Benommenheit, Kopf- und Gliederschmerzen. Auch für Weidevieh giftig.

> **Buchsbaum**
Alle Teile, v. a. Blätter und Früchte sind stark giftig – also Vorsicht beim Adventskranzbinden. Symptome: Erregung, Übelkeit, Erbrechen, Schwindel, Durchfall, Krämpfe, Kollaps. Giftig auch für Pferde und Rinder.

Register der Arten und Spuren

Zweiteilige deutsche Namen wurden meistens nur einmal, und zwar mit dem vorangestellten Gattungsnamen aufgeführt, z.B. »Berg-Ahorn« unter »Ahorn, Berg-«.

Aal 232
Aalmutter 308
Aaskrähe 196
Abendsegler, Gemeiner 200
Abies alba 38
Accipiter gentilis 70
– nisus 70
Acer campestre 122
– platanoides 46
– pseudoplatanus 46
Achillea millefolium 112
Acker-Kratzdistel 114
Acker-Stiefmütterchen 100
Acker-Winde 106
Aconitum napellus 258
Acrocephalus scirpaceus 250
Adlerfarn 16
Admiral 182
Adonislibelle, Frühe 224
– Späte 224
Aedes spec. 230
Aegithalos caudatus 194
Aegopodium podagraria 158
Aesculus hippocastanum 164
– carnea 164
– pavia 164
Aeshna cyanea 226
Aglais urticae 182
Aglia tau 68
Agrostemma githago 104
Ahorn, Berg- 46
–, Feld- 122
–, Spitz- 46
Ajuga reptans 108
Alauda arvensis 150
Alcedo atthis 248
Alisma plantago-aquatica 214
Alliaria petiolata 22
Allium ursinum 34
Alnus glutinosa 40
Alopecurus pratensis 90
Alpenbock 274
Alpenbraunelle 280
Alpendohle 282
Alpenglöckchen 262
Alpenmohn, Weißer 260
Alpenrose, Behaarte 272
–, Rostblättrige 272
Alpensalamander 274
Alpenschneehuhn 278
Alpensteinbock 286
Alpenstrandläufer 316
Amanita muscaria 12
Amanita phalloides 12
Ammophila arenaria 296
Ampfer, Sauer- 102
Amsel 190

Ananasgalle 328
Anas platyrhynchos 244
Androsace alpina 262
– sarmentosa 262
Anemone nemorosa 18
Anguilla anguilla 232
Anguis fragilis 142
Anodonta anatina 220
Anser anser 242
Anthocaris cardamines 140
Anthriscus sylvestris 98
Anthus pratensis 150
Aphrophora alni 132
Apis mellifera 176
Apodemus sylvaticus 82
Apollofalter 274
Apus apus 186
Aquila chrysaetos 276
Araneus diadematus 170
Araschnia levana 140
Arctia caja 138
Arctostaphylos alpina 272
Ardea cinerea 240
Arenicola marina 306
Argiope bruennichi 128
Argynnis paphia 68
Argyroneta aquatica 220
Arianta arbustorum 168
Arion ater 168
Armadillidium spec. 56
Armeria maritima 292
Armillaria mellea 10
Arnica montana 266
Arnika 266
Aronstab, Gefleckter 32, 340
Artemisia maritima 294
– vulgaris 114
Arum maculatum 32
Arve 270
Arvicola terrestris 252
Asio otus 72
Aster alpinus 266
Aster tripolium 294
Aster, Alpen- 266
Aster, Strand- 294
Athene noctua 146
Atropa bella-donna 30
Auerhuhn 278
Aurelia aurita 298
Auster, Europäische 302
Austernfischer 314
Autographa gamma 180
Avena sativa 92
Aythya fuligula 244

Bachflohkrebs 220
Bachforelle 232
Bachstelze 250
Baldachinspinne 60
Baldrian, Echter 212
Bänderschnecke, Hain- 128
Bandfüßer 58
Bär, Brauner 138

Bärenklau, Riesen- 160
–, Wiesen- 98
Bärentraube, Alpen- 272
Bärlapp, Keulen- 16
Baummarder 84
Baumstamm, angenagter 330
Becher-Azurjungfer 224
Beerenwanze 62
Beifuß, Gemeiner 114
–, Strand- 294
Bellis perennis 162
Besenginster 122
Besenheide 126
Betula pendula 42
Biber 254
Bingelkraut, Wald- 24
Birke, Hänge- 42
Birkenpilz 10
Birkhuhn 278
Bisamratte 254
–, Wohnburg 330
Blässhuhn 246
Blaubeere 54, 337
Bläuling, Gemeiner 140
Blaumeise 194
Blaupfeil, Großer 226
Blindschleiche 142
Blutströpfchen 138
Boletus edulis 10
Bombus pratorum 136
Borkenkäfer 66
Borkenkäfer-Fraß 327
Brachvogel, Großer 148
Brandgans 312
Branta bernicla 312
– leucopsis 312
Brassica napus 94
– nigra 292
Braunkehlchen 150
Brennnessel, Große 158, 339
Briza media 90
Brombeere 44, 336
Bubo bubo 72
Buccinum undatum 298
Buchdrucker 66
Buche, Rot- 42
Buchfink 80
Buchsbaum 343
Buchweizen 94
Bufo bufo 236
Buntspecht 76
Buteo buteo 144
Butomus umbellatus 214
Butterpilz 10

Cakile maritima 292
Calidris alpina 316
Calluna vulgaris 126
Calopteryx splendens 224
Caltha palustris 208
Calystegia sepium 160
Campanula patula 112
– trachelium 28
Cantharellus cibarius 12

Cantharis fusca 134
Capra ibex 286
Capreolus capreolus 86
Capsella bursa-pastoris 102
Carabus nemoralis 64
Carcinus maenas 304
Cardamine pratensis 102
Carduelis carduelis 152
– *chloris* 198
– *spinus* 80
Carlina acaulis 268
Carpinus betulus 42
Castor fiber 254
Centaurea cyanus 116
– *montana* 263
Cepaea nemoralis 128
Cephalanthera rubra 36
Ceramium rubrum 290
Cerastoderma edule 302
Ceratophyllum demersum 204
Ceriagrion tenellum 224
Certhia familiaris 78
Cervus dama 86
– *elaphus* 86
Cetonia aurata 134
Charadrius alexandrinus 314
– *dubius* 244
– *hiaticula* 244
Chelidonium majus 96
Chelon labrosus 310
Chorthippus parallelus 130
Christrose 258
Chrysanthemum leucanthemum 112
– *vulgare* 112
Chrysoperla carnea 172
Chrysosplenium alternifolium 22
Cicerbita alpina 268
Cichorium intybus 116
Cicindela campestris 134
Ciconia ciconia 144
Cinclus cinclus 248
Circus aeroginosus 246
Cirsium arvense 114
Clematis vitalba 52
Clethrionomys glareolus 82
Clupea harengus 308
Coccinella septempunctata 174
Coccothraustes coccothraustes 80
Cochlodina laminata 56
Colchicum autumnale 116
Columba livia f. *domestica* 184
– *palumbus* 74
Convallaria majalis 34
Convolvulus arvensis 106
Cornus mas 166
Cornus sanguinea 122
Corvus corax 282
– *corone* 196
– *corone cornix* 196
– *corone corone* 196
– *frugilegus* 196

– *monedula* 196
Corydalis cava 20
Corylus avellana 46
– *maxima* 46
Crangon crangon 304
Crataegus monogyna 120
Crocus albiflorus 268
Cuculus canorus 148
Cyanea capillata 298
Cygnus olor 242
Cynthia cardui 182
Cyprinus carpio 234
Cypripedium calceolus 36
Cytisus scoparius 122

Dachs 84, 322
Dachsbau 324
Dactylis glomerata 90
Dactylorhiza maculata 118
Damhirsch 86
Daphne mezereum 54
Daphnia pulex 220
Daucus carota 100
Deilephila elpenor 138
Delichon urbica 186
Dendrocopus major 76
Digitalis purpurea 30
Distelfalter 182
Distelfink 152
Dohle 196
Dolycoris baccarum 62
Dorsch 308
Douglasie 38
Dreizehenspecht 276
Drosophila melanogaster 178
Dryas octopetala 270
Dryocopus martius 76
Dryopteris filix-mas 16
Dytiscus marginalis 230

Eberesche 44
Echium vulgare 108
Ectobius lapponicus 62
Edelweiß 266
Efeu 166, 341
Ehrenpreis, Gamander- 106
Eibe 40, 340
Eiche, Stiel- 42
Eichelhäher 74
Eichenbockkäfer-Fraß 327
Eichhörnchen 202, 320
Eiderente 312
Einbeere 32
Einsiedlerkrebs, Gemeiner 304
Eintagsfliege 222
Eisenhut, Blauer 258, 342
Eisvogel 248
Elodea canadensis 204
Elymus arenarius 296
Elster 196
Emberiza citrinella 152
– *schoeniclus* 250
Empetrum nigrum 296
Enallagma cyathigerum 224

Ensis directus 300
Entenmuschel 220
Enzian, Frühlings- 264
–, Gelber 264
Ephemera vulgata 222
Epilobium angustifolium 20
Epipactis helleborine 36
Episyrphus balteatus 178
Equisetum sylvaticum 16
Erdbeere, Wald- 22
Erdkröte 236
–, Eischnüre 330
Erica tetralix 126
Erinaceus europaeus 200
Eriophorum vaginatum 216
Erithacus rubecula 188
Erle, Schwarz- 40
Erlenzeisig 80
Eryngium maritimum 292
Esche, Gewöhnliche 50
Esox lucius 232
Espe 50
Essigfliege 178
Euonymus europaeus 122
Eupatorium cannabinum 212
Euphorbia helioscopia 100

Fagopyrum esculentum 94
Fagus sylvatica 42
Falco peregrinus 276
– *tinnunculus* 144
Fasan 146
Faulbaum 48
Feldgrille 130
Feldhase 154
Feldlerche 150
Feldmaus 154
Feldschwirl 152
Feldspatz 198
Felswatt 335
Feuerqualle 298
Feuersalamander 236
Ficedula hypoleuca 76
Fichte 38
Fichtenzapfen, abgefressene 327
Fieberklee 210
Filipendula ulmaria 210
Fingerhut, Roter 30, 342
Fischeier 331
Fischotter 254
Fliegenpilz 12
Flockenblume, Berg- 268
Florfliege, Gemeine 172
Flussbarsch 232
Flussregenpfeifer 244
Flussseeschwalbe 316
Föhre 38
Fomes fomentarius 14
Forficula auricularia 172
Formica rufa 66
Fragaria vesca 22
Frangula alnus 48
Frauenschuh 36

Register der Arten und Spuren

Fraxinus excelsior 50
Fringilla coelebs 80
Froscheier 330
Froschlöffel, Gemeiner 214
Fruchtfliege 178
Fuchs, Kleiner 182
Fuchskot 326
Fuchsschwanz, Wiesen- 90
Fucus serratus 290
Fulica atra 246

Gadus morhua 308
Gagea lutea 34
Galium odoratum 24
Gallapfel 328
Gallen 328, 329
Gallinula chloropus 246
Gammaeule 180
Gammarus spec 220
Gämse 286
Gänseblümchen 162, 338
Gänsesäger 242
Garrulus glandarius 74
Gartenkreuzspinne 170
Gartenrotschwanz 188
Gasterosteus aculeatus 234
Gebirgsrose 270
Gebirgsstelze 250
Geißblatt, Wald- 52
Gelbrandkäfer 230
Gelbstern, Gemeiner 34
Gentiana lutea 264
– *verna* 264
Geotrupes stercorosus 64
Geranium robertianum 22
Gerris lacustris 228
Gerste 92
Geweihschwamm 218
Gewölle einer Eule 326
Giersch 158, 339
Gimpel 198
Glechoma hederacea 108
Glis glis 202
Glockenblume, Nessel-blättrige 28
Glockenblume, Wiesen- 112
Glockenheide 126
Glomeris marginata 58
Goldammer 152
Goldregen 164, 343
Goldrute, Echte 116
Graphosoma lineatum 132
Grasfrosch 238
Grashüpfer, Gemeiner 130
Grasnelke, Strand- 292
Graugans 242
Graureiher 240
Grauschnäpper 190
Greiskraut, Fuchssches 30
Grünfink 198
Grus grus 240
Gryllotalpa gryllotalpa 172
Gryllus campestris 130

Gundelrebe 108
Gundermann 108
Günsel, Kriechender 108
Gymnadenia conopsea 118

Habicht 70
Haematopota pluvialis 136
Haematopus ostralegus 314
Hafer 92
Hahnenfuß, Berg- 260
–, Gletscher- 260
–, Kriechender 158
–, Wasser- 208
Hainbuche 42
Haliaeetus albicilla 246
Hallimasch 10
Hartriegel, Blutroter 122
Hase 320
Haselnuss, Gewöhnliche 46
– Lamberts- 46
Haubenmeise 78
Haubentaucher 240
Hausmaus 202
Hausrotschwanz 188
Haussparz 194
Hauswurz, Spinnweben- 260
Hecht 232
Heckenbraunelle 188
Heckenrose, Alpen- 270
Hedera helix 166
Heidekraut 126
Heidelbeere 54
Heidelibelle, Gemeine 226
Helix pomatia 168
Helleborus niger 258
Hepatica nobilis 18
Heracleum mantegazzianum 160
Heracleum sphondylium 98
Herbstzeitlose 116, 342
Herrenpilz 10
Herzmuschel, Essbare 302
Heupferd, Grünes 130
Hexenbesen 329
Hexenring 329
Hexenspucke 325
Himbeere 44, 336
Hippophaë rhamnoides 296
Hirschkäfer 64
Hirtentäschelkraut 102
Hirundo rustica 186
Höckerschwan 242
Holunder, Berg- 52
–, Schwarzer 124
–, Trauben- 52
Holzbock 60
Holzkeule, Geweihförmige 14
Holzschlupfwespe, Riesen- 66
Holzstück, zerfressenes 334
Honigbiene 176

Hordeum vulgare 92
Hornblatt, Raues 206
Hornisse 176
Hornissennest 325
Horntang, Roter 290
Huflattich 114
Hundsrose 120, 336
Hydra spec. 218
Hygrophoropsis aurantiaca 12
Hyla arborea 238
Hypericum perforatum 100

Igel 200, 322
Ilex aquifolium 48
– *meserveae* 48
Immergrün, Kleines 26
Inachis io 182
Insekten, aufgespießte 327
Ips typographus 66
Iris pseudacorus 214
Ixodes ricinus 60

Johanniskraut, Tüpfel- 100
Jungfernrebe 166
Juniperus communis 120

Kabeljau 308
Kaisermantel 68
Kalkröhren 334
Kamille, Echte 112
– Geruchlose 294
–, Strand- 294
Kaninchen, Wild- 154
Kaninchenbau 324
Kaninchenkot 326
Karpfen 234
Kartoffel-Bovist, Dickschaliger 14
Kartoffelkäfer 174
Katze 322
Kellerassel 170
Kerbel, Wiesen- 98
Kernbeißer 80
Kiebitz 148
Kiefer, Berg- 270
–, Zirbel- 270
Klatsch-Mohn 96
Klee, Weiß- 158
–, Wiesen- 98
Kleiber 194
Klippenassel 333
Knabenkraut, Geflecktes 118
Knäuelgras, Wiesen- 90
Knoblauchsrauke 22, 339
Knollenblätterpilz, Grüner 12
Knöterich, Schlangen- 104
Knurrhahn, Roter 308
Köcherfliege 230
Kohlmeise 194
Kohlweißling, Großer 180
Kolkrabe 282
Königskerze, Schwarze 106

Kormoran 240
Kornblume 116
Kornellkirsche 66
Kornrade 104
Krabben 335
Krabbenspinne, Veränderliche 128
Krähenbeere, Schwarze 296
Kranich 240
Kreuzdorn 48
Kreuzotter 142
Krokus, Alpen- 268
Küchenschelle, Alpen- 258
Kuckuck 148
Kuckucksspeichel 325
Kugelassel 56

Laburnum anagyroides 164
Lacerta agilis 142
– *vivipara* 142
Lachmöwe 313
Lagops mutus 278
Laichkraut, Schwimmendes 212
Laminaria saccharinum 290
Lamium album 110
– *maculatum* 110
Landkärtchen 140
Lanius collurio 148
Lärche, Europäische 40
Larix decidua 40
Larus argentatus 318
– *ridibundus* 318
Lasius flavus 136
Laubfrosch 238
Lauch, Bär- 34, 339
Laufkäfer, Hain- 64
Leberblümchen 18
Leccinum scabrum 10
Leimkraut, Stängelloses 264
Lemna minor 216
Leontopodium alpinum 266
Lepisma saccharina 172
Leptinotarsa decemlineata 174
Lepus europaeus 154
– *timidus* 234
Lerchensporn, Hohler 20
Libellenlarven 331
Libellula depressa 226
Lichtnelke, Kuckucks- 104
–, Rote 104
Lieschgras, Wiesen- 90
Limax cinereo-niger 56
– *maximus* 168
Limonium vulgare 294
Linde, Sommer- 164
Linyphia triangularis 60
Lithobius forficatus 58
Littorina littorea 298
Locustella naevia 152
Lonicera periclymenum 52
Löwenzahn, Wiesen- 162, 338
Lucanus cervus 64

Luchs 284
Lumbricus terrestris 170
Lungenkraut, Echtes 28
Lupine, Vielblättrige 343
Luscinia megarhynchos 76
Lutra lutra 254
Lychnis flos-cuculi 104
Lycopodium clavatum 16
Lymantria dispar 68
Lymnaea stagnalis 218
Lymnephilus spec. 230
Lynx lynx 284
Lythrum salicaria 210

Mädesüß, Echtes 210
Maianthemum bifolium 32
Maiglöckchen 34
Maikäfer 64
Mais 94
Malva sylvestris 102
Malve, Wilde 102
Mannsschild, Alpen- 262
– China- 262
Marder 322
Margerite, Wiesen- 112
Marienkäfer, Siebenpunkt- 174
Marmota marmota 284
Martes foina 202
Martes martes 84
Matricaria recutita 112
Mauerassel 56
Mauerpfeffer, Scharfer 96
Mauersegler 186
Maulwurf 200
Maulwurfsgrille 172
Maulwurfshügel 324
Mäusebussard 144
Mauswiesel 154
Meeräsche, Dicklippige 310
Meersalat 290
Meersenf 292
Mehlschwalbe 186
Meles meles 84
Meligethes aeneus 134
Melolontha melolontha 64
Mentha aquatica 210
Menyanthes trifoliata 210
Mercurialis perennis 24
Mergus merganser 242
Microtus arvalis 200
Miesmuschel, Essbare 300
Milchlattich, Alpen- 268
Milvus milvus 70
– *migrans* 70
Milzkraut, Wechselblättriges 22
Mistel 126
Misumena vatia 128
Möhre, Wilde 100
Mönchsgrasmücke 192
Montifringilla nivalis 280
Mosaikjungfer, Blaugrüne 226

Motacilla alba 250
– *cinerea* 250
– *flava* 150
Mücken-Händelwurz 118
Mufflon 286
Mummel 208
Murmeltier, Alpen- 284
Mus musculus 202
Musca domestica 178
Muscicapa striata 190
Mustela nivalis 154
Myosotis sylvatica 28
Myotis daubentoni 252
Myriophyllum verticillatum 204
Mytilus edulis 300

Nachtigall 76
Nachtschatten, Bittersüßer 341
Nagelfleck 68
Natrix natrix 238
Natternkopf 108
Nebelkrähe 196
Necrophorus vespilloides 62
Nectria cinnabarina 14
Neomys fodiens 252
Neottia nidus-avis 36
Nepa rubra 228
Nestwurz, Vogel- 36
Neuntöter 148
Nonnengans 312
Nordseegarnele 304
Notonecta glauca 228
Nucifraga caryocatactes 282
Numenius arquata 148
Nuphar lutea 208
Nyctalus noctula 200
Nymphaea alba 208

Oeceoptoma thoracium 62
Oenanthe oenanthe 280
Ohrenqualle 298
Ohrwurm, Gemeiner 172
Ondatra zibethicus 254
Oniscus asellus 56
Ophrys insectifera 118
Oriolus oriolus 74
Orobanche purpurea 118
Orthetrum cancellatum 226
Oryctolagus cuniculus 154
Ostrea edulis 302
Ovis ammon 286
Oxalis acetosella 20

Pagurus bernhardus 304
Palomena prasina 132
Panorpa communis 66
Papaver rhoeas 96
Papaver sendtneri 260
Papilio machaon 140
Pappel, Zitter- 50
Pararge aegeria 68
Pardosa lugubris 60

347

Register der Arten und Spuren

Paris quadrifolia 32
Parnassius apollo 274
Parthenocissus spec. 166
Parus ater 78
– *caeruleus* 194
– *cristatus* 78
– *major* 194
Passer domesticus 198
– *montanus* 198
Pavie 164
Pechlibelle, Große 224
Pelikanfuß 334
Pelzmotte 180
Perca fluviatilis 232
Perdix perdix 146
Pfaffenhütchen 340
–, Gewöhnliches 122
Pfeilkraut 214
Pfifferling, Echter 12
Phalacrocorax carbo 240
Phalangium opilio 128
Phallus impudicus 12
Phasianus colchicus 146
Philaenus spumarius 132
Phleum pratense 90
Phoca vitulina 318
Phoenicurus ochruros 188
– *phoenicurus* 188
Phragmites australis 216
Phylloscopus collybita 192
Phyteuma spicatum 28
Pica pica 196
Picea abies 38
Picoides tridactylus 276
Pieris brassicae 180
Pinus cembra 270
– *mugo* 270
– *sylvestris* 38
Pirol 74
Planorbarius corneus 218
Plantago major 162
Plattbauch-Libelle 226
Plecoptera spec. 222
Pleuronectes platessa 310
Podiceps cristatus 240
Polydesmus spec 58
Polygonatum multiflorum 34
– *bistorta* 104
Polyommatus icarus 140
Populus tremula 50
Porcellio scaber 170
Posthornschnecke 218
Potamogeton natans 212
Prachtlibelle, Gebänderte 224
Preiselbeere 54, 337
Primel, Mehl- 262
Primula elatior 24
– *farinosa* 262
Procyon lotor 200
Prunella collaris 280
– *modularis* 188
Prunus padus 44
– *spinosa* 120
Psetta maxima 310

Pseudotsuga menziesii 38
Pteridium aquilinum 16
Pulmonaria officinalis 28
Pulsatilla alpina 258
Pustelpilz, Zinnoberroter 14
Pyrrhocorax graculus 282
Pyrrhula pyrrhula 198
Pyrrhosoma nymphula 224

Queller 292
Quercus robur 42

Rabenkrähe 196
Ragwurz, Fliegen- 118
Rainfarn 114
Rana esculenta 238
Rana temporaria 238
Ranatra linearis 228
Ranunculus aquatilis 208
– *ficaria* 18
– *glacialis* 260
– *montanus* 260
– *repens* 158
Raps 94
Rapsglanzkäfer 134
Rattus norvegicus 252
Rauchschwalbe 186
Rauschbeere 54
Rebhuhn 146
Recurvirostra avosetta 314
Regenbremse 136
Regenwurm 170
Regulus regulus 78
Reh 86, 320
Reiherente 244
Rhamnus cathartica 48
Rhododendron 343
Rhododendron ferrugineum 272
– *hirsutum* 272
Rhyssa persuasoria 66
Ringdrossel 280
Ringelgans 312
Ringelnatter 238
Ringeltaube 74
Riparia riparia 248
Rochen-Ei 333
Roggen 92
Rohrammer 250
Röhrenwurm, Bäumchen- 332
Rohrkolben, Breitblättriger 216
Rohrsänger 331
Rohrweihe 246
Rollassel 56
Rosa canina 120
– *pendulina* 270
Rosalia alpina 274
Rosenkäfer 134
Rosskastanie 164
Rötelmaus 82
Rotfeder 234

Rotfuchs 84, 322
Rothirsch 86, 320
Rotkehlchen 188
Rotmilan 70
Rotschenkel 316
Rubus fruticosus 44
– *idaeus* 44
Rückenschwimmer 228
Rumex acetosa 102
Rupfung, Greifvogel 326
Rupicapra rupicapra 286

Saatkrähe 196
Säbelschnäbler 314
Saftkugler, Geranderter 58
Sägetang 290
Sagittaria sagittifolia 214
Salamandra atra 274
– *salamandra* 236
Salbei, Wiesen- 110
Salicornia europaea 292
Salix caprea 50
– *reticulata* 272
Salmo trutta f. *fario* 232
Salticus scenius 170
Salvia pratensis 110
Sambucus racemosa 52
Sanddorn 296, 337
Sandhäufchen 332
Sandklaffmuschel 332
Sandlaufkäfer, Feld- 134
Sandregenpfeifer 244
Sandriffelwatt 335
Sauerklee, Wald- 20
Saxicola rubetra 150
Scardinius erythrophthalmus 234
Schachtelhalm, Wald- 16
Schafgarbe 112
Schafstelze 150
Scharbockskraut 18, 338
Schattenblume 32
Schaumkraut, Wiesen- 102
Schaumzikade, Erlen 132
Scheidenmuschel, Amerikanische 300
Schermaus, Gemeine 252
Schiffsbohrwurm 300
Schilf 216
Schizophyllum spec 58
Schlafapfel 328
Schlammfliege 222
Schlammschnecke, Spitz- 218
Schlehe 120, 337
Schleiereule 184
Schlickwatt 335
Schließmundschnecke 56
Schlüsselblume, Mehl- 262
–, Wald- 24
Schmalbock, Gefleckter 174
Schneckeneier 331
Schneeball, Gemeiner 124
–, Wolliger 124

348

Schneehase 284
Schneerose 258
Schneesperling 280
Schnegel, Großer 168
Schnegel, Schwarzer 56
Schnirkelschnecke 168
Schnurfüßer 58
Scholle 310
Schöllkraut 96
Schwalbenschwanz 140
Schwammspinner 68
Schwanenblume 214
Schwanzmeise 194
Schwarzdorn 120, 337
Schwarzmilan 70
Schwarzspecht 76
Schwertlilie, Sumpf- 214
Sciurus vulgaris 202
Scleroderma citrinum 14
Secale cereale 92
Sedum acre 96
Seeadler 246
Seehund 318
Seeigel, Essbarer 306
–, Skelett 332
Seepocke, Gemeine 304
Seeregenpfeifer 314
Seerose, Dickhörnige 298
–, Weiße 208
Seestern, Gemeiner 306
Seidelbast, Gewöhnlicher 54, 340
Semibalanus balanoides 304
Sempervivum arachnoideum 260
Senecio ovatus 30
Senf, Schwarzer 292
Sepia officinalis 302
Siebenschläfer 202
Siebenstern 26
Silberdistel 268
Silberfischchen 172
Silbermöwe 318
Silberwurz 270
Silene dioica 104
Silphe, Rothalsige 62
Singdrossel 190
Sitta europaea 194
Skorpionsfliege 66
Soldanella alpina 262
Solidago virgaurea 116
Somateria mollissima 312
Sommerwurz, Violette 118
Sorbus aucuparia 44
Sorex araneus 82
Spechthöhle 325
Sperber 70
Spongilla lacustris 218
Stabwanze 228
Star 192
Stechmücke 230
Stechpalme 48
– Meservea- 48

Steinadler 276
Steinbrech, Roter 262
Steinbutt 310
Steinfliege 222
Steinkauz 146
Steinläufer, Brauner 58
Steinmarder 202
Steinpilz 10
Steinschmätzer 280
Stellaria holostea 26
– *media* 160
– *nemorum* 26
Stendelwurz, Breitblättrige 36
Sterna hirundo 316
Sternmiere, Große 26
–, Wald- 26
Stichling, Dreistachliger 234
Stieglitz 152
Stinkmorchel 12
Stinkwanze, Grüne 132
Stockente 244
Storchschnabel, Stinkender 22
Stranddistel 292
Strandflieder 294
Strandhafer 296
Strandkrabbe, Gemeine 304
Strandschnecke, Gemeine 298
Strandroggen 296
Strangalia maculata 174
Straßentaube 184
Streifenwanze 132
Streptopelia decaocto 184
Strix aluco 72
Stubenfliege, Gemeine 178
Sturnus vulgaris 192
Suillus luteus 10
Sumpfdotterblume 208
Sus scrofa 86
Süßwasserpolyp 218
Sylvia atricapilla 192
Sympetrum vulgatum 226

Tadorna tadorna 312
Tagpfauenauge 182
Talpa europaea 200
Tanacetum vulgare 114
Tanne, Weiß- 38
Tannenhäher 282
Tannenmeise 194
Taraxacum officinale 162
Taubnessel, Gefleckte 110
–, Weiße 110
Tausendkraut, Quirlblättriges 206
Taxus baccata 40
Teichfrosch 238
Teichhuhn 246
Teichmolch 236
Teichmuschel 220
Teichrohrsänger 250
Teichrose, Gelbe 208
Teredo navalis 300

Tetrao tetrix 278
– *urogallus* 278
Tettigonia viridissima 130
Teufelskralle, Ährige 28
Tilia cordata 164
– *platyphyllos* 164
Tinea pellionella 180
Tintenfisch, Gemeiner 302
Tintenfisch-Skelett 333
Tollkirsche 30, 341
Totengräber 62
Trauben-Kirsche, Gewöhnliche 44
Trauerschnäpper 76
Trientalis europaea 26
Trifolium pratense 98
– *repens* 158
Trigla lucerna 308
Tringa totanus 316
Tripleurospermum maritimum 294
– *inodorum* 294
Triticum aestivum 92
Triturus vulgaris 236
Troglodytes troglodytes 192
Trollblume 258
Trollius europaeus 258
Turdus merula 190
– *philomelos* 190
– *torquatus* 280
Türkentaube 184
Turmfalke 144
Typha latifolia 216
Tyto alba 184

Uferschwalbe 248
Uhu 72
Ulva lactuca 290
Urtica dioica 158
Urticina felini 298
Urticularia vulgaris 206

Vaccinium myrtillus 54
– *uliginosum* 54
– *vitis-idaea* 54
Valeriana officinalis 212
Vanellus vanellus 148
Vanessa atalanta 182
Veilchen, Wald- 24
Verbascum nigrum 106
Vergissmeinnicht, Wald- 28
Veronica chamaedrys 106
Vespa crabro 176
Vespula germanica 176
Viburnum lantana 124
– *opulus* 124
Vicia cracca 98
Vinca minor 26
Viola arvensis 100
– *reichenbachiana* 24
Vipera berus 142
Viscum album 126
Vogelgelege 334

Register der Arten und Spuren/Bildnachweis

Vogelmiere 160
Vulpes vulpes 84

Wacholder, Gewöhnlicher 120
Waldameise, Rote 66
Waldbaumläufer 78
Waldbrettspiel 68
Waldeidechse 142
Walderdbeere 336
Waldkauz 72
Waldkiefer 38
Waldmaus 82
Waldmeister 24, 338
Waldmistkäfer 64
Waldohreule 72
Waldrebe, Gewöhnliche 52
Waldschabe 62
Waldspitzmaus 82
Waldvögelein, Rotes 36
Waldwolfsspinne 60
Wanderfalke 276
Wanderratte 252
Waschbär 200
Wasseramsel 248
Wasserdost 212
Wasserfledermaus 252
Wasserfloh, Gemeiner 220
Wasserläufer, Gemeiner 228
Wasserlinse, Kleine 216
Wasserminze 210
Wasserpest, Kanadische 206
Wasserschierling 342

Wasserschlauch 206
Wasserskorpion 228
Wasserspinne 220
Wasserspitzmaus 252
Wattwurm 306
Weberknecht 128
Wegerich, Breit- 162
Wegschnecke, Rote 168
Wegwarte 116
Weichkäfer, Gewöhnlicher 134
Weide, Netz- 272
–, Sal- 50
Weidenröschen, Schmalblättriges 20
Weiderich, Blut- 210
Wein, Wilder 166
Weinbergschnecke 168
Weinschwärmer, Mittlerer 138
Weißdorn, Eingriffliger 120
Weißstorch 144
Weißwangengans 312
Weißwurz, Vielblütige 34
Weizen 92
Wellhornschnecke 298
–, Eigelege 333
Wespe, Deutsche 176
Wespennest 325
Wespenspinne 128
Wicke, Vogel- 98
Widderchen 138
Wiesenameise, Gelbe 136
Wiesenhummel 136

Wiesenpieper 150
Wiesenschaumzikade 132
Wildschwein 86, 320
Windröschen, Busch- 18
Wintergoldhähnchen 78
Winterlinde 164
Winterschwebfliege 178
Wolfsmilch, Sonnen- 100
Wollgras, Scheiden- 216
Wühlmausloch 324
Wurmfarn, Gewöhnlicher 16

*X*ylaria hypoxylon 14

Zauneidechse 142
Zaunkönig 192
Zaunrübe 341
Zaunwinde 160
Zea mays 94
Zebraspringspinne 170
Zecke 60
Zilpzalp 192
Zittergras 90
Zoarces viviparus 308
Zuckertang 290
Zunderschwamm, Echter 14
Zwergmotten-Raupe, Fraßspur 329
Zygaena filipendulae 138

Bildnachweis

Alle Fotos von Frank Hecker, außer: Bethge 277u; Albers 25or, 35Mr, 47or, 51Mr, 129u, 131u, 159o, 177o, 261Mr, 263o; Buchner 77M; Danegger 85u, 287u; Hecker/Mestel 75ol, 81o, 81Ml, 85o, 87Mr, 87ul, 147u, 155or, 189Ml, 191ul, 193o, 193ur, 199ul, 199ur, 203o, 241M, 241ul, 241ur, 279Ml, 279Mr, 279ul, 279ur, 287or, 313Ml, 313Mr, 315o, 317ol, 331ur; Hecker/Sauer 21Mr, 29ul, 35ol, 37ol, 37ul, 37ur, 43ur, 45ol, 45ur, 55or, 59ol, 59or, 61 Ml, 65or, 65Ml, 65ul, 65ur, 67ol, 67or, 67Ml, 67Mr, 67ul, 67ur, 69or, 75or, 77ol, 91ol, 91or, 91ul, 91ur, 93ul, 99Ml, 101or, 103Ml, 103Mr, 103ur, 107o, 107Mr, 113ol, 113u, 115M, 119or, 119ul, 123ur, 129Ml, 131M, 133ol, 133or, 135ol, 135or, 135M, 135u, 137ol, 137or, 137M, 137u, 139u, 141Ml, 143 or, 145ur, 149Ml, 153M, 161or, 163ur, 167Mr, 169or, 171 Mr, 171Ml, 173ol, 173or, 173ul, 173ur, 175ol, 175M, 175ul, 175ur, 177Ml, 177Mr, 177ur, 179o, 179o, 179M, 179u, 181o, 181Ml, 185Ml, 187o, 193Mr, 201M, 207o, 207Ml, 207Mr, 207ul, 207ur, 209ul, 215ol, 217Mr, 219Ml, 221M, 221ur, 223M, 225or, 227ul, 229or, 231ul, 231ur, 237Ml, 239ol, 247ol, 253Ml, 253Mr, 259ol, 259ul, 259ur, 261Ml, 261u, 263u, 265ol, 267o, 269u, 270or, 271ul, 273o, 275ol, 275or, 275M, 275u, 285M, 291M, 291ol, 291or, 291u, 299ul, 301ur, 303o, 303M, 303u, 305or, 307o, 309gu, 311o, 311M, 324or, 325ol, 325ul, 325ur, 327ul, 328ur, 329or, 329ur, 330or, 331or, 331ol, 331ur, 332ul, 332ur, 333ol, 333or, 333ul, 333ur, 334ul, 335ur, 336ol, 337ur, 339ul, 339ur, 342ul; Hortig 77u; König 309go, 309o; Laux 13o, 13u, 35or, 39ol, 39or, 39Ml, 39ur, 47Ml, 49ol, 51ul, 99u, 105M, 105u, 109o, 111u, 115Mr, 159Ml, 161M, 163o, 165or, 165Ml, 211u, 213u, 259ol, 261o, 265Ml, 267M, 267ol, 269Mr, 271Ml, 271Mr, 273Ml, 273ul, 273ur, 329ul; Limbrunner 71o, 71M, 73ol, 73M, 73ul, 75M, 79Ml, 79Mr, 145ur, 187u, 201ul, 203ul, 247Mr, 253o, 255ol, 277ol, 277or, 277M, 279ol, 281o, 281Mr, 285ol, 285or; Vilcinskas 309Mu; Zeininger 79o, 185u, 189Mr, 227ol, 241or

Impressum

Mit 741 Farbfotos: 463 von Frank Hecker, 277 von weiteren Fotografen 10 farbige Symbole von Wolfgang Lang; die 10 Fährten stammen von Marianne Golte-Bechtle; die 14 Zeichnungen der Vogeleier von W. Söllner/Kosmos sowie mit 193 Illustrationen von Gerhard Kohnle/Kosmos (S. 94/3, 124/1, 212/2), Marianne Golte-Bechtle/Kosmos (S. 16/1, 16/4, 18/1, 18/2, 20/1, 22/3, 24/2, 24/3, 24/4, 26/2, 28/4, 30/1, 30/3, 32/1, 32/3, 34/2, 34/3, 34/4, 36/1, 38/1, 40/3, 40/2, 42/1, 42/4, 44/2, 44/3, 46/3, 48/1, 48/2, 50/1, 50/2, 52/1, 52/2, 54/1, 54/2, 54/3, 96/1, 98/2, 98/3, 98/4, 102/2, 102/3, 102/4, 104/2, 104/3, 106/1, 106/3, 108/2, 110/1, 110/2, 110/3, 114/4, 118/1, 118/3, 122/4, 126/1, 158/1, 160/3, 160/4, 162/2, 164/1, 164/3, 166/2, 206/1, 206/4, 208/2, 208/4, 210/1, 210/3, 214/2, 214/3, 216/4, 258/1, 258/3, 258/4, 264/2, 264/3, 270/2, 272/4, 294/1, 296/2), Paschalis Dougalis/Kosmos (S. 70/1, 70/2, 70/3, 72/1, 72/2, 72/3, 72/4, 74/3, 76/1, 76/2, 76/3, 80/1, 80/2, 80/3, 144/1, 144/3, 146/2, 148/1, 148/2, 148/3, 148/4, 150/1, 150/4, 152/2, 184/1, 184/2, 184/3, 186/1, 186/2, 186/3, 188/3, 190/2, 192/4, 194/1, 194/3, 196/1, 196/3, 196/4, 198/1, 198/3, 198/4, 240/1, 240/2, 240/3, 242/1, 242/2, 242/3, 244/1, 244/2, 244/3, 246/2, 246/3, 248/1, 248/2, 248/3, 250/1, 250/2, 250/4, 276/1, 276/2, 276/3, 278/1, 280/2, 280/3, 280/4, 282/1, 282/2, 282/3, 312/1, 312/2, 313/3, 314/2, 314/1, 314/2, 314/3, 316/1, 316/2, 318/1, 318/2), Roland Spohn/Kosmos (S. 20/2, 22/4, 30/2, 32/2, 36/1, 38/4, 46/2, 96/2, 96/3, 100/4, 104/1, 108/1, 112/3, 116/2, 118/2, 120/2, 122/3, 158/4, 164/2, 166/3, 266/3, 292/3), Sigrid Haag/Kosmos (S. 26/1, 38/2, 40/1, 42/3, 50/3, 116/1, 268/3, 270/1).

Umschlaggestaltung von eStudio Calamar unter Verwendung von 4 Aufnahmen von Frank Hecker. Das Bild auf der Vorderseite zeigt ein Rehkitz, die drei Fotos auf der Rückseite zeigen junge Blaumeisen, ein Buschwindröschen und ein Tagpfauenauge (von links nach rechts).

Unser gesamtes lieferbares Programm und viele weitere Informationen zu unseren Büchern, Spielen, Experimentierkästen, DVDs, Autoren und Aktivitäten finden Sie unter www.kosmos.de

Gedruckt auf chlorfrei gebleichtem Papier

4. Auflage
© 2011 Franckh-Kosmos Verlags-GmbH & Co. KG, Stuttgart
Alle Rechte vorbehalten
ISBN: 978-3-440-12570-0
Projektleitung: Carsten Vetter
Lektorat: Dr. Stefan Raps/Barbara Kiesewetter
Satz: Barbara Kiesewetter
Produktion: Markus Schärtlein/Siegfried Fischer
Printed in Slovakia / Imprimé en Slovaquie

KOSMOS.
Der Natur auf der Spur.

Detlef Singer
Was fliegt denn da? Der Fotoband
400 S., ca. 800 Abb., €/D 12,95
ISBN 978-3-440-12532-8

Der Klassiker – jetzt komplett neu!

Der komplett neue Fotoband „Was fliegt denn da" bietet neben den ausführlichen Beschreibungen und Merkmalsbestimmungen zu verschiedenen Vogelarten Europas zusätzliche Zeichnungen, Verbreitungskarten sowie Abbildungen zu einzelnen Flugsequenzen.
Das besondere Extra: Zu jeder Vogelart ist die Vogelstimme mit einem Ting-Hörstift abrufbar! Der Stift ist separat im Buchhandel erhältlich.

www.kosmos.de/natur